INVESTIDORES E MERCADOS

INVESTIDORES E MERCADOS

Seleção de Carteiras, Apreçamento
de Ativos e Investimentos

William F. Sharpe

Revisão Técnica
Prof. Milton Barossi Filho
Universidade de São Paulo

Tradução
Wilson Nakamura e Daniel Bergmann

© 2007 by Princeton University Press
© 2008 by Editora Novo Conceito

Todos os direitos reservados, incluindo os de reprodução no todo ou em parte sob qualquer forma. Nenhuma parte desta obra poderá ser reproduzida ou transmitida por qualquer forma e/ou quaisquer meios sem permissão escrita da Editora.

Editora: Bete Abreu
Assistentes Editoriais: Marília Mendes e Sonnini Ruiz
Produtor Gráfico: Samuel Leal
Tradutores: Wilson Toshiro Nakamura e Daniel Reed Bergmann
Revisão Técnica: Professor Milton Barossi Filho (Universidade de São Paulo)
Revisores: Josias Andrade, Ricardo Gozzi e Beatriz Camacho
Capa: Ana Solt
Foto da Capa: Roma Flowers/Nova York
Diagramação e Editoração: Triall

Dados Internacionais de Catalogação na Publicação (CIP)
(Câmara Brasileira do Livro, SP, Brasil)

Sharpe, William F.
    Investidores e mercados / William F. Sharpe ; tradução Wilson Toshiro Nakamura, Daniel Bergmann. -- São Paulo : Novo Conceito Editora, 2008.

    Título original: *Investors and markets*
    Bibliografia.
    ISBN 978-85-99560-17-4

    1. Carteiras (Finanças) - Administração 2. Investimentos 3. Investimentos - Análise 4. Mercado de capitais 5. Títulos financeiros - Preços I. Título.

07-6446   CDD-332.6

Índices para catálogo sistemático:

1. Investidores no mercado de capitais :
    Economia financeira   332.6

Rua Sansão Alves dos Santos, 102 – 2º and. – Cj. 21 – Brooklin Novo
04571-090 – São Paulo – SP
www.editoranovoconceito.com.br

SUMÁRIO

Prefácio vii

Capítulo 1
Introdução 1

Capítulo 2
Equilíbrio 9

Capítulo 3
Preferências 35

Capítulo 4
Preços 63

Capítulo 5
Posições 111

Capítulo 6
Previsões 129

Capítulo 7
Proteção 149

Capítulo 8
Aconselhamento 187

Referências 217

Índice 219

PREFÁCIO

Este livro é baseado nas palestras de finanças que ministrei em maio de 2004 na Universidade de Princeton. A partir do convite para apresentar essas palestras, tive a chance de abordar questões antigas de uma maneira nova e de trazer à tona um grande número de tópicos relacionados à economia financeira com ênfase nas decisões de economia e investimentos individuais.

Agradeço ao professor Yacine Aït-Sahalia, da Universidade de Princeton, ao editor e a Peter Dougherty, da Princeton University Press, pelo convite para realizar este projeto e por me dar conselhos valiosos em todos os momentos.

Este trabalho segue uma forte tradição das raízes de Princeton. Na primeira palestra de Finanças em Princeton (2001), Stephen Ross falou com grande propriedade dos principais resultados associados ao apreçamento de ativos. Esse trabalho agora está disponível como o primeiro livro da série: *Neoclassical Finance* (Ross, 2005).

Em 2001, a Princeton University Press publicou a primeira edição do excelente livro de John Cochrane, *Asset Pricing* (Cochrane, 2001), que se tornou rapidamente um texto-padrão para o público-alvo – estudantes de doutorado em economia e finanças, estudantes avançados de MBA e profissionais da área.

Meu objetivo é seguir o mesmo caminho seguido por Ross e Cochrane, usando uma abordagem diferente e fornecendo diversas extensões. Entretanto, este livro tem uma diferença crucial em relação ao trabalho de Ross e de Cochrane com relação à abordagem e à motivação. Primeiramente me preocupo em ajudar os investidores a tomar boas decisões de investimento e de economia individualmente – geralmente com assistência de investimentos profissionais como os que fazem planejamentos financeiros, gerentes de fundos mútuos, serviços de aconselhamento e gerentes de ações pessoais. Isso requer mais do que apenas o entendimento em apreçamentos de ativos determinantes. Mas para muitas outras aplicações em finanças, é suficiente entender o apreçamento de ativos. Por exemplo, uma empresa que deseja maximizar o valor do seu estoque pode, a princípio, simplesmente considerar o preço dos resultados potenciais associados às atividades. Um indivíduo que trabalha com engenharia financeira que deseja um produto financeiro pode precisar apenas determinar uma forma de duplicar os resultados desejados e computar os custos fazendo isso.

De forma apropriada, Ross se concentra nas habilidades dos apreçamentos de ativos usando apenas informações sobre outros apreçamentos no primeiro capítulo: "Sem Arbitragem: O Teorema Fundamental de Finanças". O título do livro de

Cochrane indica um foco similar, já que ele estabelece logo no prefácio que "agora faremos apreçamento de ativos diretamente". Uma pessoa pode então encontrar portfólios ótimos, mas esse é um lado do resultado da questão de apreçamento de ativos.

No entanto, para determinar o portfólio ótimo individual de investimento, é necessário mais que o apreçamento de ativos. Para usar o jargão econômico padrão, as pessoas deveriam maximizar a utilidade esperada, não apenas o valor do portfólio. Fazendo de forma eficiente, é preciso um entendimento da maneira pela qual o apreçamento de ativos se reflete nas diversas situações dos investidores e nas visões do futuro. Assim, este livro trata dos apreçamentos de ativos e da escolha do portfólio. E, como veremos, trata deles mais como um assunto e não como dois separadamente.

Em um ano e meio em que trabalhei no livro, fui beneficiado com excelentes comentários e sugestões enviados por vários amigos e colegas. Sem implicar nenhuma deles no resultado final, gostaria de agradecer a Yacine Aït-Sahalia, da Universidade de Princeton; Geert Bekaert, da Universidade de Columbia; Phillip Dolan, da Universidade de Macquarie; Peter Dougherty, da Princeton University Press; Ed Fine, da Financial Engines, Inc.; Steven Grenadier, da Universidade de Stanford; Christopher Jones, da Financial Engines, Inc.; Haim Levy, da Hebrew University; Harry Markowitz, da Harry Markowitz Associates; André Perold, da Universidade de Harvard; Steven Ross, do Instituto de Tecnologia de Massachusetts; além de Jason Scott, Jim Shearer, John Watson e Robert Young, da Financial Engines, Inc.

Por fim, gostaria de agradecer a minha esposa Kathy pela ajuda e pelo encorajamento. Somos a prova de que uma artista profissional e um economista financeiro podem viver juntos felizes e de modo produtivo.

Capítulo 1

INTRODUÇÃO

1.1 O Propósito Deste Livro

Este é um livro que aborda o efeito da interação dos investidores no mercado de capitais e as implicações para aqueles que recomendam decisões de investimentos e poupança. Os assuntos são freqüentemente separados por títulos, tais como: Seleção de carteiras e Apreçamento de ativos.

Seleção de carteiras refere-se às formas como os investidores tomam ou deveriam tomar decisões em relação a investimentos e poupança. Aplicações que pretendem descrever o que os investidores fazem são exemplos da economia positiva. Mais comum, entretanto, são as aplicações normativas, designadas a prescrever o que os investidores devem fazer.

Apreçamento de ativos refere-se ao processo pelo qual os preços dos ativos financeiros são determinados e aos relacionamentos resultantes entre retornos esperados e o risco associado àqueles retornos no mercado de capitais. Teorias ou modelos de apreçamento de ativos são exemplos da economia positiva ou descritiva, uma vez que elas se preocupam em descrever os relacionamentos do mundo real. Neste livro objetiva-se uma visão nas qual os tópicos não podem ser adequadamente compreendidos de forma isolada, pelo fato de serem intrinsecamente relacionados. Como será mostrado, os preços dos ativos são determinados como parte do processo de seleção de carteiras realizado pelos investidores. Além disso, uma seleção de carteiras apropriada para um determinado indivíduo depende crucialmente dos retornos esperados obtidos e dos riscos associados para diferentes estratégias de investimento, e estas dependem da forma como os preços dos ativos são ajustados. Nosso objetivo é aproximar estes assuntos em um tópico único ao invés de dois, isoladamente. Portanto, o livro é direcionado para aqueles interessados na identificação das oportunidades existentes no mercado de capitais, para aqueles que investem e poupam para si mesmos e para aqueles que prestam serviços de consultoria financeira para os demais indivíduos.

Pesquisadores acadêmicos irão encontrar neste livro uma série de análises relacionadas às condições do mercado financeiro que vão além dos modelos básicos, que implicam em seleções de carteiras inconsistentes com o comportamento observado. Como foco principal deste livro, trataremos dos efeitos relacionados no apreçamento dos ativos quando hipóteses mais realistas sobre as condições e o comportamento dos investidores são consideradas.

Consultores e gestores de investimentos encontrarão um conjunto de estruturas possíveis para tomarem decisões de forma lógica, caso acreditem que os preços dos ativos reflitam adequadamente as expectativas futuras. É crucial que os profissionais da área de investimentos saibam diferenciar *investimentos* de *apostas*. Mostramos que um modelo de apreçamento de ativos é um ingrediente essencial à prática de investir. Por fim, mesmo conhecendo o grau e a natureza das apostas incorporadas ao gerenciamento e aos instrumentos financeiros, é impossível assegurar que estejam bem fundamentadas.

1.2 Métodos

Este livro utiliza-se, em grande parte, da literatura precedente na área financeira por meio de duas considerações. Primeiro, o conceito de incerteza futura não está baseado na abordagem média/variância preconizada pela teoria de seleção de carteiras de Markowitz (1952) e utilizada como base do original Modelo de Apreçamento de Ativos de Capital (em inglês, CAPM) de Sharpe (1964), Lintner (1965), Mossin (1966) e Treynor (1999). Ao invés disso, nossas análises estão fundamentadas na abordagem estado/preferência da incerteza desenvolvida por Arrow (1953), estendendo o trabalho de Arrow (1951) e Debreu (1951).

Segundo, confiamos, extensivamente, no uso de um programa que simule o processo em que o equilíbrio possa ser alcançado em um mercado de capitais e proporcione uma ampla análise dos relacionamentos resultantes entre preços de ativos e expectativas futuras.

1.2.1 A Abordagem Estado/Preferência

Utilizamos uma abordagem estado/preferência em tempo discreto, com cenários de resultados discretos. Assim, a incerteza é capturada pela atribuição de probabilidades aos cenários futuros alternativos ou aos estados da natureza, sendo que cada estado proporciona um conjunto diferente de resultados de investimentos. Esta abordagem utiliza, explicitamente, formulações em tempo contínuo e distribuições de probabilidades contínuas (tais como a normal e a log-normal), embora seja possível utilizar aproximações discretas dessas distribuições.

Formulações discretas tornam os cálculos matemáticos mais simples. Praticamente, muitos resultados padrões em economia financeira podem ser facilmente obtidos a partir dessas formulações discretas. Sem perda de generalidade, as formulações discretas podem fazer com que os fundamentos econômicos aflorem de forma mais óbvia. Logo, o objetivo da economia financeira é descrever os resultados obtidos quando há interação entre indivíduos. O objetivo da economia financeira como uma ferramenta determinista é ajudar os indivíduos a tomarem boas decisões. Em cada caso, entendemos que o melhor de uma análise econômica é a avaliação da sua utilidade. O termo estado/preferência indica como os tempos e os estados discretos são envolvidos, e que as preferências individuais diante da alternativa de consumo são a regra-chave. Entre outros aspectos, incluem-se investimentos que representam também as atividade produtivas.

1.2.2 Simulação

A simulação possibilita a substituição de derivações algébricas complexas por modelos computacionais de solução numérica. Em vez de formular modelos algébricos complexos com o objetivo de manipular as equações resultantes e obter uma solução fechada, pode-se construir um modelo computacional de mercado, constituído por indivíduos que negociam uns com os outros até que não desejem mais prosseguir nas trocas. Então, é possível examinar as características das carteiras resultantes e os preços dos ativos.

Simulações deste tipo apresentam tanto vantagens quanto desvantagens, que podem ser facilmente entendidas. Podem também refletir situações mais complexas do que freqüentemente se assume quando modelos algébricos são utilizados. Por outro lado, a relação entre as entradas e as saídas pode ser de difícil compreensão, dificultando ou mesmo impossibilitando provar um relacionamento via simulação, embora seja possível refutá-lo.

Considerando, por exemplo, uma assertiva em que uma pessoa tenha preferências do tipo A e ações do tipo B estejam disponíveis, os preços dos ativos em equilíbrio têm características do tipo C; isto é, A + B $\Rightarrow$ C. Pode-se fazer uma simulação apenas com pessoas do tipo A e ações do tipo B e observar que os preços dos ativos em equilíbrio são do tipo C. Mas isto não prova o fato de que um caso como este será, certamente, obtido. Alguém pode repetir o experimento com diferentes pessoas e ações, mas sempre mantendo as pessoas do tipo A e ações do tipo B. Se em um ou mais casos o equilíbrio não é do tipo C, a proposição (A + B $\Rightarrow$ C) será refutada. Mas, mesmo que todos os resultados da simulação confirmem a proposição, não é possível prová-la. O melhor que se pode afirmar é que se muitas simulações produzem o mesmo resultado, a confiança na veracidade desta proposição é elevada. Assim, a simulação é a melhor forma de derivação de proposições que possam conter a maioria ou todas as proposições em conjunto.

No entanto, a simulação de um equilíbrio econômico pode tornar-se um instrumento poderoso. É possível que se produzam exemplos de considerável complexidade, ajudando pessoas a pensar, profundamente, acerca dos determinantes dos preços dos ativos e da seleção de carteiras. Pode, também, tornar-se um poderoso aliado na divulgação da análise de apreçamento de ativos para os demais indivíduos.

1.2.3 O Programa APSIM

O programa de simulação utilizado em todos os exemplos deste livro é conhecido como APSIM, que significa Simulador de Seleção de Carteiras e de Apreçamento de Ativos. Ele está disponível gratuitamente pelo site do autor: www.wsharpe.com, juntamente com os exercícios para cada um dos casos discutidos. O programa, os exercícios associados, as instituições e os códigos-fonte também podem ser obtidos no site. Embora o autor tenha se dedicado a criar um programa de simulação eficiente e confiável, não se pode garantir erros eventuais.

Embora o código de programação C++ para um programa complexo não seja recomendável para a maioria dos leitores, o código-fonte do APSIM fornece documentação para os resultados descritos aqui. No contexto da simulação, isto se apresenta como uma função similar às provas formais dos resultados obtidos através de modelos algébricos tradicionais.

1.3 Pedagogia

Caso o leitor já esteja cursando um MBA em finanças de uma moderna universidade, provavelmente, aprenderá sobre assuntos tais como seleção de carteiras, análise de alocação de ativos, modelo CAPM original, análise de desempenho ajustada ao risco, valores de alfa e beta, índice de Sharpe e índices de fundos. Todo este material foi construído a partir da visão de Harry Markowitz em que o investidor deve focar o retorno esperado e o risco associado ao investimento e, a partir do modelo CAPM original em que se assume que os investidores também se comportem de acordo às hipóteses de Markowitz. A análise média/variância fornece os fundamentos para muitos dos métodos quantitativos utilizados por aqueles que gerenciam carteiras de investimentos ou que proporcionam subsídios aos demais indivíduos quando das respectivas decisões de poupança e de investimento. Por outro lado, se o leitor estiver cursando um Ph.D. na área de finanças de uma moderna universidade aprenderá sobre apreçamento de ativos considerando a hipótese de não-arbitragem, preços de obrigações, mercados completos, *spanning*, núcleos de apreçamento de ativos, fatores de desconto estocásticos e probabilidades de risco neutro. Todos esses assuntos foram construídos na visão de Kenneth Arrow de que um investidor deve considerar resultados alternativos e a quantidade de consumo obtida em cada situação possível. Técnicas baseadas neste tipo de análise são geralmente utilizadas por engenheiros financeiros, mas, freqüentemente, também utilizadas por administradores consultores financeiros.

Capítulo 1 — INTRODUÇÃO

A maioria dos autores que publicam trabalhos nesta categoria começa por *"Preços de Ativos de Capital: Uma Teoria do Equilíbrio do Mercado em Condições de Risco"* (1964). A monografia "Seleção de Carteiras e Mercado de Capitais" (1970) segue absolutamente a tradição média/variância, embora utilize poucos aspectos da abordagem estado/preferência no primeiro capítulo. Predominantemente, o livro *Investimentos* (Sharpe, 1978) utiliza a tradição média/variância, embora a abordagem estado/preferência tenha sido discutida na avaliação de opções. A edição mais recente (Sharpe, Alexander e Bailey, 1999) envolveu, significativamente, a abordagem estado/preferência, embora ainda haja fundamentos da análise média/variância.

Portanto, este ainda não é o estado das artes amplamente aceito. Há fortes argumentos que colocam a análise média/variância como um caso particular no contexto de apreçamento de ativos, pois apesar de ser um caso particular, há vantagens práticas. Isto sugere que seria preferível ensinar alunos de MBA, gerentes de investimentos e consultores financeiros tanto o apreçamento de ativos em geral como o caso particular da análise de média/variância. A principal meta deste livro é mostrar como isso poderia ser efetuado. Assim, ele é parcialmente dedicado para aqueles que poderiam se responsabilizar por essas tarefas, ou seja, os professores. Isto também pode ser feito por aqueles que gostariam de entender mais sobre os tópicos abordados em cursos de doutorado na impossibilidade do aprendizado realizar-se de forma simples (alunos).

1.4 Enfrentando o Problema

Os mercados de capitais são complexos. Trabalhamos com versões estilizadas que não consideram muitas características importantes como impostos, custos de transação etc. Isto equivale à situação em que introduzimos alguns princípios da física, presumindo a hipótese de inexistência de atritos. A justificativa está baseada no fato de que o entendimento dos mercados reais é possível desde que se considere o conjunto das características mais simples.

Embora os mercados simulados sejam mais simples do que os mercados reais, suas características não são facilmente compreendidas. Iniciam-se pelos pontos-chave de um caso muito simples, enquanto ingredientes importantes vão sendo colocados de forma seqüenciada. Então, introduzimos, lentamente, mais detalhes e hipóteses ao modelo a fim de revelar casos mais complexos. Esta abordagem pode levar a frustrações tanto para o autor quanto para os leitores. Mas, ao final, muitos mistérios são resolvidos, estruturas que aparentemente não estão relacionadas exibem convergência, e o leitor paciente acaba por ser recompensado.

1.5 Referências

Os tópicos discutidos neste livro são baseados em trabalhos de diversos autores. Mesmo que muitos trabalhos tenham sido citados, a maioria não foi devido apenas à complexidade do problema tratado. Há uma excelente fonte bibliográfica para aqueles que estiverem interessados na maioria do conteúdo deste livro: Mark Rubinstein's A History of the Theory of Investments: My Annotated Bibliography (Rubinstein, 2006), principalmente para aqueles que estejam interessados em teoria de investimentos.

1.6 Capítulos

Uma breve descrição dos capítulos encontra-se a seguir.

1.6.1 Capítulo 2: Equilíbrio

O Capítulo 2 apresenta as idéias fundamentais da teoria de apreçamento de ativos em um modelo de equilíbrio uniperiódico cujos investidores concordam com as probabilidades dos estados futuros. O foco principal está no conselho freqüentemente sugerido pelos economistas: evitar o risco não-sistemático e assumir uma quantidade desejada de risco de mercado a fim de obter o retorno máximo esperado. Mostramos que, sob certas condições, esse argumento é consistente com o processo de seleção de carteiras em equilíbrio.

1.6.2 Capítulo 3: Preferências

O Capítulo 3 discute as preferências dos investidores. Dado o preço de uma determinada ação, mostram-se formas alternativas sob as quais um indivíduo pode determinar a quantidade a ser comprada ou vendida desta ação. Um ponto-chave é o conceito de utilidade marginal. Há relação direta entre as utilidades marginais dos investidores e as respectivas escolhas por alternativas de investimentos. Mostramos casos que são consistentes com alguns instrumentos financeiros tradicionais, outros que são consistentes com a análise média/variância, e ainda outros que são consistentes com alguns resultados experimentais obtidos pela psicologia cognitiva.

1.6.3 Capítulo 4: Preços

O Capítulo 4 analisa as características do equilíbrio em um mundo cujos investidores concordam com as probabilidades dos estados futuros da natureza sob a hipótese de que não haja fontes de consumo além do mercado financeiro, e de que não haja privilégios em relação às quantidades de consumo para diferentes estados futuros da natureza. O capítulo também introduz a idéia de mercados completos, em que os investidores podem negociar uma determinada carteira de investimentos que replique aquela do contrato estabelecido. Alguns dos principais resultados da moderna teoria de precificação de ativos são discutidos de acordo com suas hipóteses e limitações. Implicações para o processo de seleção de carteiras também são exploradas. Mostramos que o conselho padrão de que um investidor deve evitar o risco não-sistemático e assumir uma quantidade aceitável de risco de mercado a fim de obter o máximo retorno esperado é, provavelmente, o melhor procedimento desde que as ações sejam suficientemente bem diversificadas.

1.6.4 Capítulo 5: Posições

O Capítulo 5 explora as características do equilíbrio e da ótima seleção de carteiras quando os investidores têm posições econômicas diversas além daquelas do mercado financeiro ou diferem em suas preferências quanto ao consumo nos diferentes estados da natureza. Conforme capítulos anteriores, assume-se também que os investidores concordam com as probabilidades dos resultados alternativos futuros.

1.6.5 Capítulo 6: Previsões

O Capítulo 6 discute situações cujas pessoas discordam quanto às probabilidades dos diferentes resultados futuros. Abordagens passivas e ativas ao gerenciamento de investimentos são discutidas. Os argumentos ao índice de fundos são revistos. Para tanto, utiliza-se um dos primeiros exemplos de um caso em que a opinião média de um determinado número de pessoas proporciona uma melhor estimativa de um resultado futuro do que a opinião de inúmeras pessoas. Exploramos, também, o impacto de diferentes informações utilizadas pelos investidores e os efeitos das previsões viesadas e não-viesadas.

1.6.6 Capítulo 7: Proteção

O Capítulo 7 começa com uma discussão sobre um tipo de produto de investimentos que oferece "proteção contra desvantagens" e "potencial de ganhos financeiros". Um "produto de investimento protegido" é um derivativo, pois o seu retorno está baseado na performance de um índice do mercado financeiro. Mostramos que um produto de investimento protegido, baseado num amplo índice do mercado, pode oferecer uma importante regra em que algumas ou todas as preferências dos investidores neste mercado apresentam algumas das características encontradas em estudos comportamentais. Discutimos, também, outras regras que podem ser encontradas em outros tipos de derivativos como opções de compra e de venda. A fim de ilustrar a separação dos retornos de investimentos, introduz-se um fundo confiável que contenha ações com diferentes modelos de *payoff*. Finalmente, discutimos os resultados provenientes de um experimento vinculado às informações formais sobre as utilidades marginais de indivíduos reais.

1.6.7 Capítulo 8: Orientações em mercado

O capítulo final está baseado na premissa de que a maioria das pessoas que investem seja orientada de forma mais eficiente, por meio de uma divisão de trabalho. Seus investimentos são monitorados por consultores financeiros ou analistas de carteiras de investimentos, por exemplo. Revisamos os fatores demográficos ligados à necessidade crescente dos indivíduos pouparem e/ou investirem e, ainda, sugerimos as implicações do princípio da vantagem comparativa a fim de tomar tais decisões de modo eficiente. Discutimos a importância do entendimento das diferenças entre investir e apostar, e a necessidade que os analistas financeiros têm de uma consistência lógica que leve em conta as condições dos mercados financeiros no estado de equilíbrio. O capítulo termina com uma discussão sobre os principais atributos relacionados aos instrumentos financeiros e uma orientação para que os analistas e os consultores que selecionam carteiras de investimentos tenham uma visão clara sobre a determinação dos preços dos ativos.

Capítulo 2

EQUILÍBRIO

Este capítulo mostra como o equilíbrio pode ser obtido em um mercado de capitais, além de descrever suas características. Apresentamos uma série de casos de forma que cada um deles presuma um *acordo* entre os investidores em relação às probabilidades dos resultados futuros. Casos mais complexos e realistas são tratados em capítulos posteriores.

2.1 Negociação e Equilíbrio

Uma definição padrão para equilíbrio é a seguinte:

> Trata-se de uma condição em que todas as influências atuantes são canceladas por outras, resultando em um sistema estável, equilibrado ou imutável.[1]

Admitimos, no entanto, uma definição mais breve: isto é, *uma situação econômico-financeira está em equilíbrio quando nenhuma estratégia de negociação adicional pode ser realizada*. Mas, naturalmente, as negociações realizadas no mundo real raramente param, e quando elas param, devem-se tipicamente ao fato de que os mercados secundários estão, temporariamente, inoperantes. A implicação é que os mercados financeiros nunca procuram um estado de equilíbrio. As condições mudam, há uma nova informação e as pessoas começam a agir de acordo com esta nova informação antes mesmo que esta possa atuar totalmente sobre a velha informação. Na realidade, os indivíduos fazem negociações a fim de se moverem para uma meta de equilíbrio sendo que tal equilíbrio é constantemente variável.

Apesar de a observação ser completamente válida, necessita-se entender as propriedades de uma condição de equilíbrio nos mercados financeiros, pois os mercados, normalmente, são dirigidos para essa posição. E um sistema financeiro mais eficiente ocorrerá quando houver pequenas diferenças entre as condições de mercado e aquelas do equilíbrio total. Além disso, muitos dos propósitos relacionados aos principais aspectos do equilíbrio para a seleção de carteiras referem-se aos níveis dos índices de mercado, ao consumo total e às outras variáveis macroeconômicas, as quais, provavelmente, estão mais próximas dos níveis de equilíbrio de mercado.

---

1 Origem: Dicionário da Língua Inglesa *The American Heritage*®, quarta edição. Direitos autorais para Houghton Mifflin Company, 2000. Todos os direitos reservados.

O entendimento da natureza do mercado financeiro em equilíbrio é um passo crucial para o entendimento dos mercados reais. A meta deste livro é explorar as relações entre as características dos investidores, as oportunidades de investimentos e os principais aspectos da situação que seria obtida, se a negociação fosse realizada até que o estado de equilíbrio fosse alcançado.

2.2 Determinantes e Resultados

A Economia é uma ciência social que trata do comportamento dos indivíduos e dos resultados provenientes das interações destes quando a moeda é introduzida no sistema. Quando tentamos entender as relações de equilíbrio, o foco é descritivo, concentrando-se no que realmente ocorre. A maioria da economia financeira é prescritiva, tentando facilitar a eficiência do processo de tomada de decisões individuais. Essas decisões envolvem pela compra ou venda de ativos financeiros pelos preços negociados em mercado. Ótimas decisões financeiras requerem um entendimento das forças que determinam esses preços. Mais especificamente, uma ótima seleção de carteiras requer um entendimento do equilíbrio.

A Figura 2-1 proporciona uma versão simplificada de uma operação relacionada a uma *economia de troca* com dois investidores. A produção é mostrada e os resultados são representados por um conjunto de *ações*. Inicialmente, os indivíduos começam com carteiras de ações a fim de negociá-las no mercado financeiro até que nenhuma negociação adicional possa ser realizada. Quando este ponto é atingido, cada indivíduo constituiu uma carteira de ação final. As condições em que as negociações foram feitas ou, em algumas circunstâncias, as condições em que as negociações adicionais poderiam ser realizadas, definem os preços das ações; mais apropriadamente, os preços dos ativos. Depois que o equilíbrio é estabelecido, os resultados são determinados. Tipicamente, alguns indivíduos fazem melhor do que outros, dependendo das carteiras escolhidas e da natureza dos eventos. Então, o processo inicia-se novamente.

Em uma economia real, e nos muitos casos discutidos neste livro, admitimos mais de dois investidores, mas os elementos essenciais encontrados na Figura 2-1 serão os mesmos. As negociações realizadas por um indivíduo neste processo dependem das ações que estão ao seu alcance no momento inicial. Outros fatores colocam importantes regras.

Os investidores diferem em localização geográfica, propriedade ou não dos imóveis em que habitam, profissão e assim por diante. Nós denominamos esses aspectos como posição do indivíduo. Se duas pessoas têm diferentes posições, podem desejar a propriedade de diferentes carteiras. Similarmente, os indivíduos podem ter diferentes sensibilidades acerca do risco, das gratificações futuras *versus* gratificações presentes e assim por diante. Denominamos esses aspectos como preferências individuais. Diferenças de preferências direcionam investidores a escolherem carteiras distintas.

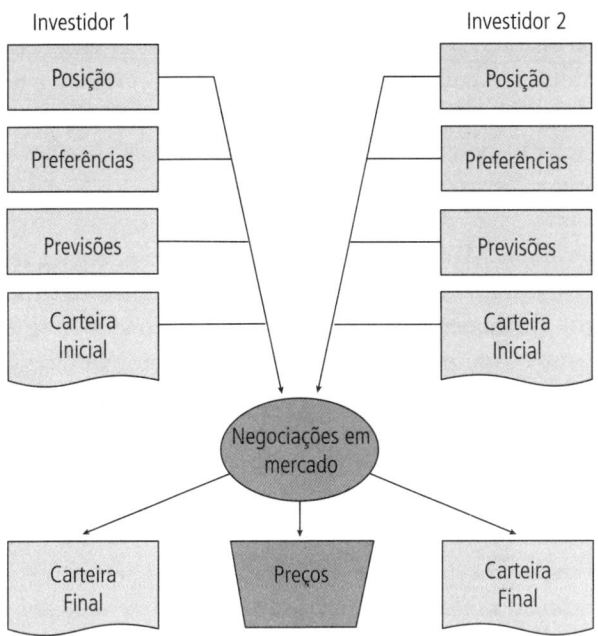

Figura 2-1   Simulação do equilíbrio.

Finalmente, investidores freqüentemente atribuem probabilidades diferentes aos diversos resultados futuros. As previsões de um determinado investidor podem diferir dos demais, direcionando escolhas para carteiras diferentes.

Considerando o que já foi declarado, o futuro determinará um dos muitos resultados alternativos. Os mercados financeiros permitem que os indivíduos compartilhem estes resultados de modo a levar em conta suas diferentes posições, preferências e previsões. Quando se pensa na seleção de carteiras é importante ter em mente que as diferentes pessoas podem possuir diferentes quantidades de uma determinada ação. Isto implica que os indivíduos devem estar aptos a justificar suas decisões de investimentos considerando suas posições, preferências e/ou previsões. Os preços não são determinados por geradores de números aleatórios. São provenientes das negociações atuais e futuras realizadas por pessoas reais. Investidores que não levam isto em conta devem estar cientes do risco incorrido.

Neste livro, analisamos as economias de troca cujos investidores formam carteiras com base em ações existentes. No entanto, os indivíduos concebem as securidades, cujo objetivo é financiar decisões relacionadas às oportunidades de produção a partir dos preços vigentes dessas securidades. Os preços dos ativos, tal como outros preços, são determinados pelas forças conjuntas da oferta e da demanda. No curto prazo, a oferta e a demanda são determinadas pelos indivíduos e pelas instituições que negociam as securidades existentes ou os novos instrumentos financeiros. No longo prazo, entretanto, algumas securidades antigas expiram ou se tornam menos valiosas, semelhantemente às empresas que cessam a sua produção. Além do mais, novas securidades serão criadas a fim de financiar novas decisões de produzir. Concentramos aqui — na determinação dos preços dos ativos e na seleção de carteiras no curto prazo — a principal parte do contexto do longo prazo.

A Figura 2-1 prevê que intermediários financeiros possam auxiliar no funcionamento dos mercados. Mas isto não inclui nenhum dos órgãos de planejamento financeiro, bancos, fundos mútuos ou outros investidores institucionais, mesmo que esses serviços financeiros sejam essenciais para qualquer sistema financeiro moderno. Em nossos exemplos, esses serviços proporcionam condições melhores às pessoas quando de suas respectivas decisões, disponibilizando alguns tipos de novas securidades, e assim por diante. Há vários meios pelos quais as instituições financeiras podem facilitar a troca eficiente dos resultados pertencentes aos investimentos. Recentemente, a estrutura institucional particular encontrada em uma economia dependerá dos custos, das habilidades do *marketing* e de uma certa dose de risco. É extremamente difícil prever a natureza dos serviços financeiros; dessa forma, nós nos concentramos nos aspectos mais fundamentais dos preços dos ativos e nos *payoffs* recentes provenientes das carteiras escolhidas.

2.3 Tempo, Resultados, Títulos e Previsões

A economia financeira trabalha com variáveis como tempo, risco, opções e informação. Indivíduos alocam recursos no tempo através de empréstimos, investimentos em ações e assim por diante. Muitos destes investimentos são de risco, isto é, seus valores futuros são incertos. Alguns permitem a opção de se tomar ou não uma determinada ação — por exemplo, alguém pode comprar um contrato que dá o direito, mas não a obrigação, de comprar 100 lotes de ações da Hewlett Packard daqui a um ano por um preço fixado anteriormente. Finalmente, a informação é usada pelos investidores a fim de se fazer previsões que podem tanto afetar os preços dos ativos como as carteiras selecionadas pelos investidores.

Utilizamos uma estrutura simples, mas potente, a fim de incorporar tais aspectos. Primeiro, dividimos o tempo em datas discretas e intervalos. Examinamos os casos em que há duas datas ("agora" e "depois") e algum período entre os mesmos. Os casos mais realistas poderiam envolver muitas datas e períodos. Não trabalhamos com essas situações explicitamente, mas indicamos alguns meios cujas considerações de longo prazo possam afetar o apreçamento de ativos no curto prazo.

Segundo, assumimos que para cada data futura há dois ou mais resultados alternativos, ou estados do mundo (estados, por simplificação). Alguns ou somente um desses estados realmente ocorre, e há, geralmente, uma determinada quantidade de incerteza sobre o resultado atual.

A incerteza é expressa pela atribuição de probabilidades aos estados alternativos. Assim, se os estados possíveis são tais que (1) choverá amanhã ou (2) o sol brilhará amanhã; os investidores concordarão com a definição desses estados, embora as probabilidades desses estados acontecerem sejam diferentes. Um determinado investidor pode pensar numa chance igual a 40% de que ocorra chuva, enquanto outro pode acreditar numa chance de 60%. As previsões dos investidores são declaradas na forma de um conjunto de probabilidades para os diferentes estados.

Os veículos que os indivíduos se utilizam a fim de realizar suas negociações são os ativos ou títulos. Utilizamos ambos os termos, mas com uma preferência pelo último. Um título proporciona resultados distintos em estados diversos. Assim, a ação de uma companhia de guarda-chuvas pode pagar $5 caso chova e $3 caso o dia fique ensolarado. Assume-se que todos os investidores concordam com o conjunto de dividendos para uma dada ação (aqui: $5 se chover, $3 se não chover). Como indicado anteriormente, pode haver a possibilidade de que os investidores não concordem com as probabilidades dos diferentes estados.

Esta abordagem é denominada de teoria estado/preferência. O fato é que esta abordagem permite uma generalização considerável sem uma demanda excessiva por conhecimentos matemáticos. A objeção principal, freqüentemente encontrada na prática, reside no fato de que uma aproximação com a realidade, demanda a utilização de casos com milhares, milhões, ou bilhões de estados e períodos de tempo. Há declarações de que, por esta razão, abordagens alternativas que se utilizam de distribuições de probabilidades contínuas e/ou conceitos em tempo contínuo são superiores. Este argumento tem mérito, mas muitas relações econômicas importantes podem ser entendidas, mais apropriadamente, por meio de uma abordagem em estados discretos (tempo-discreto) com um número limitado de estados e períodos de tempo. As conclusões qualitativas podem formar a base para a construção de outros tipos de sistemas para aplicações empíricas. Uma das metas deste livro é mostrar que a abordagem estado/preferência oferece uma excelente forma de discutir preços de ativos e seleção de carteiras.

2.4 O Teorema do Risco/Recompensa em Mercado e seu Corolário

Uma das principais discussões deste livro sobre apreçamento de ativos e seleção de carteiras está relacionada à carteira de mercado. Por definição, a carteira de mercado inclui todos os ativos disponíveis no mercado. Um indivíduo com orçamento igual a x por cento do valor de toda a carteira de mercado pode escolher uma carteira cuja composição contenha x por cento das unidades de cada ação disponível.

A teoria média/variância de apreçamento de ativos mais simples (o original Modelo de Apreçamento de Ativos de Capital [CAPM]) conclui que, em equilíbrio, os investidores escolhem combinações da carteira de mercado e tomam emprestados ou emprestam valores de acordo com as proporções determinadas pelos riscos assumidos a fim de obter o máximo retorno esperado. Esses investidores estão diante apenas de uma origem de incerteza — o desempenho do mercado como um todo; ou seja, assume-se somente o risco do mercado. Um investidor que escolhe uma carteira menos diversificada assume, geralmente, tanto o risco de mercado como o risco não-sistemático — incerteza que surge mesmo quando os resultados de mercado são conhecidos.

Na estrutura conceitual do CAPM original, o retorno esperado de um ativo ou de uma carteira é proporcional ao risco de mercado. O risco não-sistemático não é premiado por retornos esperados anormais.

Este princípio pode ser estabelecido, mais genericamente, na forma do Teorema do Risco/Recompensa em Mercado (TRMR):

Apenas e tão somente o risco de mercado é recompensado por retornos esperados mais elevados.

Este resultado descreve os mercados financeiros atuais tornando-se parte de uma teoria econômica positiva. Sob algumas circunstâncias, poderíamos seguir conselhos normativos aos quais chamaremos de Corolário do Risco/Recompensa em Mercado (CRMR):

O investidor não deve tomar riscos não sistemáticos

O CAPM original nos direciona a uma conclusão interessante e, talvez, correta sobre os retornos esperados e os riscos (o TRRM), porém, também se presume que todos os investidores utilizam um índice do mercado financeiro com outras alternativas de investimento livres de risco. De fato, somente uma minoria dos investidores procede desta forma, pois esta implicação é inconsistente com o comportamento observado. Além do mais, o CAPM conclui que a maioria dos investidores deve colocar a maior parte, se não toda, de sua riqueza em uma carteira diversificada de ativos, seguindo o CRRM.

2.5 Casos

Este livro admite um número de possíveis casos, de modo que cada um descreva uma versão, em miniatura, de um mercado de capitais estilizado. Em alguns casos, o CRRM é precisamente válido; em outros, há somente uma aproximação. Isto é, o risco de mercado é uma origem do retorno esperado, mas não somente deste. Em alguns casos, o CRRM representa uma dica de investimento; em outros, pode haver modificações. Ou seja, alguns investidores devem manter risco não-sistemático. Em alguns casos, o risco de mercado pode ser medido da forma especificada pelo CAPM e em outros, uma medida diferente torna-se apropriada.

De forma relevante, cada caso representa uma visão da natureza do mercado de capitais e a mais adequada quando se pretende determinar a estratégia de poupança e de investimento para um investidor. Como indicado anteriormente, qualquer indivíduo que toma decisões ou aconselha outros indivíduos a tomarem decisões deveria ter alguma visão do mercado em questão.

Espera-se que haja uma falta de familiaridade com a teoria e com os trabalhos empíricos de finanças, o que indica uma sólida evidência pela utilização destas visões de mercado. Infelizmente, este não é o caso. As decisões de investimentos referem-se ao futuro. Os aspectos relevantes são as probabilidades de possíveis eventos futuros. Tanto a teoria de investimentos como as práticas financeiras estão relacionadas aos retornos futuros esperados e aos riscos futuros associados. Informações sobre as freqüências de eventos passados, a média de retornos históricos e as variâncias dos retornos históricos podem ser úteis a fim de avaliar alguns cenários futuros. Mas, as condições variam e com elas, os próprios cenários futuros, os preços de títulos e as oportunidades no mercado de capitais. Dessa forma, as evidências empíricas necessitam ser combinadas com os resultados dos experimentos a fim de que os indivíduos tomem decisões em relação aos cenários futuros incertos antes mesmo da adoção de uma visão particular sobre o mercado de capitais.

A maioria das figuras e das tabelas deste livro foi obtida a partir de alguns casos processados com a ajuda do programa APSIM. Dessa forma, os experimentos podem ser reproduzidos por aqueles que estiverem interessados.

2.6 Concordância

Este capítulo segue, basicamente, a tradição do modelo CAPM, quando admite que os investidores concordam em termos das probabilidades dos eventos futuros. A fim de obter resultados mais gerais, entretanto, não utilizamos as hipóteses da análise média/variância para os casos deste capítulo. Em capítulos posteriores, mostramos que as conclusões específicas do CAPM podem ser obtidas, se hipóteses adicionais forem admitidas.

2.7 Caso 1: Mario, Hue e o Peixe

Abordamos um caso a fim de incluir muitos dos fatores encontrados na Figura 2-1 da forma mais simples possível. Enquanto muitos economistas escolhem certas metáforas, como as "árvores" em modelos de apreçamento de ativos, adotamos uma linguagem náutica a fim de elucidar a localização do autor deste livro na costa da Califórnia.

Os protagonistas são Mario, que vive em Monterey e trabalha na companhia de pesca de Monterey, e Hue, que vive na baía de Half Moon e trabalha na companhia de pesca da baía de Half Moon. Os investidores possuem ações das companhias, simbolizadas por MFC e HFC. Somente duas datas são de interesse — presente e futuro. Mario e Hue consomem apenas peixe, e as ações pagam dividendos na forma de peixe. Ambos os atores possuem peixes neste momento e devem confiar no recebimento dos mesmos, na forma de dividendos, no período posterior.

As companhias de pesca proporcionam aos acionistas todos os peixes que forem capturados em data futura. Entretanto, a pesca dependerá de algumas condições da natureza. Dois aspectos são importantes. Primeiro, quantos peixes virão para a costa da Califórnia? Segundo, há mais peixes ao norte (baía de Half Moon) ou ao sul (Monterey)? Há quatro estados futuros diferentes. Mario e Hue concordam em relação às quantidades de peixe em cada um destes estados e fazem previsões sobre as chances de resultados alternativos. A meta deste jogo é estabelecer uma negociação entre ambos até que os peixes — atuais e quantidades futuras — sejam divididos voluntariamente da melhor forma possível.

Neste caso, Mario e Hue têm as mesmas opiniões sobre as quantidades de peixe a serem pescadas no próximo ano. Utilizaremos o termo concordância a fim de denotar tal situação. A maioria da literatura relacionada ao apreçamento de ativos assume, de forma implícita ou explícita, essa hipótese. Por exemplo, muitos livros e artigos analisam os retornos esperados dos ativos. Mas os retornos esperados são calculados usando probabilidades, da mesma forma que os desvios-padrão, as correlações e outras medidas. Caso os indivíduos discordem em relação às probabilidades, então podemos utilizá-las em nossos modelos? Devotamos considerável atenção a este assunto no Capítulo 6. Por enquanto, seguiremos a prática usual.

Ações	Consumo	Renda Fixa	MFC	HFC
Presente	1	0	0	0
PiorS	0	1	5	3
PiorN	0	1	3	5
BomS	0	1	8	4
BomN	0	1	4	8

Figura 2-2   Caso 1: Tabela de títulos.

Neste caso, os mercados são incompletos. Utilizamos este termo a fim de representar uma situação em que algumas negociações não podem ser feitas por meio de todos os títulos disponíveis. Alguns dos casos mostrados em capítulos futuros envolvem o conceito de mercados completos, isto é, todas as negociações podem ser realizadas a partir dos títulos disponíveis, o que acarreta um custo por falta de aderência à realidade.

Aqui, como nos casos subseqüentes, mostramos as entradas e as saídas a partir do programa APSIM. Os títulos proporcionam pagamentos em uma ou mais datas e estados. Genericamente, especificamos a quantidade que cada título paga em cada estado, incluindo o presente.

Os pagamentos proporcionados pelo título em cada estado possível são mostrados pela tabela de títulos (Figura 2-2). Para o caso 1, cada linha na tabela representa um dos cinco estados. O primeiro é o presente ("Agora"). Os outros são nomeados a fim de indicar o tamanho total da pescaria ("Ruim" ou "Bom") e se há mais peixes que vão para o sul ("S") ou para o norte ("N"). As últimas duas colunas mostram os pagamentos (peixe por ação) para cada uma das duas ações. Nenhuma das ações proporciona peixe algum no presente, como os valores da primeira linha. Como será visto, cada companhia possui dez ações. Assim, o total da pescaria é igual a 80 peixes para os estados "RuimS" e "RuimN", com Monterey fazendo melhor em situação anterior e a baía de Half Moon fazendo melhor numa situação posterior. O total da pescaria é também o mesmo (120) considerados os estados "BomN" e "BomS". Como será visto, estas características são altamente relevantes.

A primeira coluna, denominada "Consumo", representa um título que paga um peixe agora e nenhum em qualquer outro estado futuro. Considera-se que o consumo atual possa ser representado por títulos em uma carteira individual, o que torna possível representar decisões de consumir menos (ou mais) agora e consumir mais (ou menos) no futuro como parte de uma seleção de carteira. As decisões cruciais relacionadas a questões de poupança e investimento são integradas com mais decisões tradicionais a respeito da alocação de reservas (poupança) entre os títulos tradicionais. Decisões de poupança e de investimentos são simplesmente parte de uma decisão geral de seleção de carteiras.

Não há unidades do segundo título ("Título livre de risco") no momento em que a história começa. Esse título paga um peixe na data futura, não importando o que aconteça. Assim, pode-se dizer que esse título é livre de risco, pois recompensa o detentor com um peixe em data futura, independentemente dos quatro estados futuros possíveis. Considera-se que tanto Mario como Hue possam negociar o título livre de risco. Somente um dos dois pode ser o proprietário do título livre de risco emitido pelo outro. Formalmente, o "proprietário" do título terá um número negativo de títulos enquanto o comprador terá um número positivo de títulos. Em termos convencionais, o proprietário pegará emprestado o dinheiro e a outra parte (o comprador) terá emprestado o dinheiro a fim de receber um pagamento futuro. Na prática, tais atividades são conduzidas por instituições financeiras. Assim, Hue pode depositar uma quantidade de dinheiro (peixe) em um banco de modo que Mario possa obter um empréstimo (pegar o peixe no momento atual na promessa de pagá-lo com juros em momento oportuno). No caso de dicussão, os títulos livres de risco são feitos diretamente.

Neste caso, e em todo o livro, admitimos apenas títulos com pagamentos que são representados na tabela de títulos pelos números positivos ou zeros. Títulos tradicionais tais como ações, títulos livres de risco e opções proporcionam este tipo de exigibilidade limitada. Títulos mais complexos, tais como *swaps* e contratos futuros, requerem que o proprietário faça pagamentos em alguns estados do mundo e requerem monitoração freqüente do crédito e/ou pagamentos feitos antes da data futura. Permitimos, assim, posições negativas em títulos com exigibilidades limitadas, sujeitas a uma verificação de crédito, como será visto.

Neste caso há quatro ações e cinco estados. Formalmente, se há menos ações do que estados, o mercado é denominado incompleto. Se há muito mais títulos do que estados, o mercado é chamado de completo, pois qualquer combinação de consumo entre os estados pode ser obtida pela escolha apropriada de posições entre títulos disponíveis. Em um mercado incompleto, tal como o do Caso 1, algumas formas de dividir os resultados entre os dois investidores podem não ser obtidas de acordo com os títulos disponíveis. Isto pode ou não excluir planos financeiros mutuamente almejados. Este tópico é explorado em capítulos posteriores.

Inicialmente, Mario tem dez ações da MFC e Hue tem dez ações da HFC. Nenhum dos dois possui títulos livres de risco. Finalmente, cada um tem 49 peixes no presente. A tabela de carteiras para o Caso 1 é mostrada na Figura 2-3.

Carteiras	Consumo	Renda Fixa	MFC	HFC
Mario	49	0	10	0
Hue	49	0	0	10

Figura 2-3   Caso 1: Tabela de carteiras.

As probabilidades de estado são mostradas na Figura 2-4. Cada entrada indica a probabilidade de que um estado indicado venha a ocorrer. As entradas em uma linha que pertençam a uma mesma data somam um, porque somente uma das alternativas ocorrerá. A probabilidade de que o estado atual venha a ocorrer é igual a um. Neste exemplo, boas notícias são mais prováveis do que más notícias. Além disso, se a pescaria como um todo é boa ou má, provavelmente os peixes estarão indo para o norte ao invés de irem para o sul.

Neste caso, os investidores confiam e concordam com as probabilidades em relação aos estados futuros. Esta é uma característica de todos os casos deste capítulo. Em capítulos posteriores, consideramos os casos em que um investidor pode fazer previsões a partir de estimativas distintas de outros investidores.

Capítulo 2 EQUILÍBRIO 19

Probabilidades:	Agora	RuimS	RuimN	BomS	BomN
Probabilidade	1	0,15	0,25	0,25	0,35

Figura 2-4   Caso 1: Tabela de probabilidades.

Tratamos agora das preferências de cada ator. Dois aspectos são relevantes. O primeiro relaciona-se à preferência pelo consumo entre os diversos períodos de tempo. Isto será representado por uma preferência temporal ou desconto. Por convenção, o consumo atual funciona como um numerário, com a preferência temporal indicando o desejo de uma unidade de consumo em data futura, expressa de forma relativa pelo consumo presente. Neste caso, tanto Mario como Hue consideram uma unidade de consumo no futuro tão satisfatória quanto 0,96 unidade no período atual. A primeira coluna da Figura 2-5 ilustra este fato.

Em alguns casos as pessoas têm visões diferentes sobre o desejo de consumir em estados futuros. Assim, Mario pode considerar que o consumo relacionado aos estados do sul é mais satisfatório do que o consumo relacionado aos estados do norte, se os peixes tendem a migrar para o sul no inverno gelado quando a quantidade de nutrientes é mais abundante. Posteriormente, vamos explorar as implicações desses casos, que envolvem preferências entre estados dependentes. Nos casos discutidos nesse capítulo, entretanto, a satisfação pelo consumo em um estado depende somente da quantidade consumida nesse estado e da data (agora ou depois).

Preferências	Período inicial	Aversão ao risco
Mario	0,96	1,5
Hue	0,96	2,5

Figura 2-5   Caso 1: Tabela de preferências.

Outro aspecto relacionado ao tópico de preferências refere-se à atitude do investidor em relação ao risco. Poucas pessoas se sentem confortáveis em uma situação de risco, especialmente quando podem sofrer sérias perdas em relação ao padrão de consumo. Um investidor suportará um determinado risco apenas se os retornos esperados forem compensatórios. Mas os investidores podem diferir a respeito da relação risco e retorno esperados. Como veremos, o conceito de utilidade marginal é útil para caracterizar as atitudes do investidor perante o risco. Isto é discutido em detalhes no Capítulo 3. No momento, é suficiente caracterizar as últimas entradas da Figura 2-5 como medidas numéricas de aversão ao risco. Hue é mais avesso ao risco do que Mario. Dessa forma, sem surpresas, os dois decidem por manter carteiras distintas, em termos de composição.

As Figuras 2-2 até 2-5 mostram as entradas para o Caso 1. Casos subseqüentes incluem características adicionais.

2.8 Negociação

Com o objetivo de melhorar essas situações, Mario e Hue precisam negociar entre si. Eles devem considerar os contratos em que há disposição entre as partes para a realização das negociações e, assim, chegar a um acordo que satisfaça a ambos.

Pode-se esperar que Mario e Hue negociem através de uma estratégia do tipo blefe, do uso de informações ocultas sobre a atual posição financeira etc. Mas nosso interesse não está relacionado a pequenos mercados. Mario e Hue são apenas exemplos que utilizamos para entender economias mais complexas. Assim, assumimos que Mario e Hue lancem mão de um mecanismo de negociação mais apropriado nos mercados em que um número maior de participantes é a regra.

2.8.1 A Regra do Formador de Mercado (Leiloeiro)

Particularmente, invocamos os serviços de um leiloeiro que possui a função de reunir informações e de facilitar as negociações. Por estarmos mais interessados nas propriedades do equilíbrio em um mercado de capitais do que na maneira como ele é estabelecido, adota-se um processo de negociação que melhor se aproxima das operações realizadas nos mercados financeiros atuais.

O trabalho do leiloeiro é conduzir os mercados para cada um dos títulos, executando negociações entre os investidores. O conjunto desses mercados, um para cada título, constitui uma rodada de negociação. Se nenhuma negociação é feita em uma rodada, o processo é completo e o equilíbrio atingido. Se algumas negociações forem feitas em uma rodada, rodadas adicionais serão conduzidas, até quando for necessário. Cada mercado de títulos é conduzido em quatro fases. Primeiro, o leiloeiro coloca os investidores em conjunto a fim de obter informações sobre os preços que estariam dispostos a negociar e, possivelmente sobre as quantidades que eles negociariam para vários preços. Isto é genericamente denominado de descoberta do preço de equilíbrio. Na segunda fase, baseado nas informações obtidas na primeira fase, o leiloeiro anuncia um preço cujas ordens de negociação podem ser realizadas. Na terceira fase, dado o preço anunciado, cada indivíduo submete uma oferta a fim de comprar um número de ações, uma oferta para vender um número de ações, ou nenhuma oferta. Na quarta fase, o leiloeiro executa as ordens. Se houver uma disparidade entre o número total de ações oferecidas para venda e o número total de investidores dispostos a comprá-las, algumas ordens serão parcialmente cumpridas. Se a quantidade demandada excede a quantidade ofertada, todas as ordens de venda são executadas e cada comprador é alocado de acordo com a quantidade proporcional da sua respectiva ordem, em que a proporção é dada pela taxa entre a quantidade total ofertada para venda e o número total de lances ou ofertas. Se a quantidade total de compradores que desejam adquirir ações é menor do que a quantidade total de vendedores, todas as ordens de compra serão executadas com as correspondentes porções de cada ordem de venda. A Figura 2-6 resume esse processo.

Fazer uma rodada de negociações.

Para cada ação de 2 até n:
    Processar a descoberta do preço de equilíbrio.
    Selecionar um preço de negociação.
    Obter quantidades de lances e de ofertas a partir dos investidores.
    Fazer negociações para a menor das quantidades ofertadas.

Se qualquer negociação for feita na última rodada, deve-se fazer outra rodada.

Figura 2-6   Os procedimentos do leiloeiro.

A principal função de um mercado é determinar um preço tal que um número substancial de ações seja negociado. No processo de descoberta do preço, um leiloeiro habilidoso reúne informações suficientes para obter uma boa estimativa do preço para um subconjunto representativo de prováveis compradores e vendedores. Em nossas simulações, o leiloeiro obtém informações a partir de todos os investidores. Um aspecto crucial é o preço de reserva para cada investidor de um determinado título. O conceito é aplicado diretamente: um investidor não comprará ações por um preço que estiver acima do seu preço de reserva e não venderá ações por um preço que estiver abaixo do seu preço de reserva. Em nossas formulações, o preço de reserva para um investidor é único. Posteriormente, mostraremos o porquê deste caso.

Na versão mais simples do nosso processo de negociação, o leiloeiro escolhe um preço de negociação baseado apenas nos preços de reserva dos investidores. Mais especificamente, o leiloeiro calcula (1) a média dos preços de reserva para todos os potenciais compradores, (2) a média dos preços de reserva para todos os potenciais vendedores a fim de formular o preço de negociação entre estas duas quantidades. Um investidor é um potencial comprador para um determinado preço, caso não haja restrições que excluam a compra de algumas destas ações. Analogamente, um investidor é um potencial vendedor para um determinado preço, caso não haja restrições que excluam a venda de algumas destas ações. Neste ambiente típico onde não há restrições, o preço de negociação resultante será a média de todos os preços de reserva dos investidores.

Para os casos descritos neste livro, o leiloeiro considera essa abordagem relativamente simples. Casos assim mostram disparidades entre as situações vivenciadas pelos investidores, o que, entretanto, pode causar diferenças significativas entre as quantidades demandada e ofertada para um determinado preço. A fim de lidar melhor com esses casos, o programa de simulação permite um procedimento intensivo com mais informações. Nessa abordagem, o leiloeiro incentiva os investidores a investigarem quantas ações seriam compradas ou vendidas para vários preços possíveis a fim de escolher o preço que maximizará o número de ações atualmente negociadas; isto é, a menor quantidade demandada ou ofertada. O primeiro preço obtido é o mesmo encontrado no procedimento mais simples. Se há excesso de demanda para o primeiro preço, o próximo preço escolhido encontra-se na metade entre o primeiro preço e o preço de reserva, sem restrições ao que for mais elevado (há excesso de oferta). Se há excesso de oferta para o primeiro preço, o próximo preço escolhido encontra-se no meio do caminho entre o primeiro preço e o preço de reserva, sem restrições ao que for mais baixo (há excesso de demanda). Esse processo pode ser repetido inúmeras vezes, escolhendo-se sempre um preço que se situa na metade entre o preço mais recente com o excesso de demanda ou com o excesso de oferta.

Os mercados reais são muito mais complexos do que nossas simulações. Os negociantes trabalham duramente a fim de estimar os níveis de demanda e de oferta para vários preços, mas que eventualmente não retratam todas as informações perfeitas advindas das prováveis escolhas dos investidores. Por outro lado, as condições raramente sofrem mudanças radicais; assim preços recentes contêm quantidades substanciais de informações que equilibram a oferta e a demanda atuais.

Enquanto os mecanismos do mercado simulado são distantes da realidade, há um equilíbrio plausível a fim de servir aos nossos propósitos.

2.8.2 Demanda e Oferta do Investidor

Como um investidor determina a quantidade a comprar ou vender de um título a partir de um determinado preço de mercado? Se o preço de mercado estiver abaixo do preço de reserva do investidor, manifesta-se um desejo pela compra das ações. Em nossas simulações, as curvas de demanda do investidor são decrescentes — um maior número de ações compradas resulta em um novo preço de reserva menor. Dessa forma, é melhor que um investidor compre ações até que o preço de reserva para uma ação adicional se iguale ao preço de mercado. Se isso for viável, o investidor submeterá uma ordem de compra para aquele número de ações. Se apenas uma quantidade menor pode ser comprada, o investidor submeterá uma ordem para a maior quantidade de compra permitida.

Se o preço de mercado estiver acima do preço de reserva do investidor, manifesta-se um desejo pela venda das ações. Em nossas simulações, as curvas de oferta do investidor são crescentes — um maior número de ações vendidas resulta em um novo preço de reserva maior. Dessa forma, é melhor que um investidor venda ações até que o preço de reserva para uma ação adicional se iguale ao preço de mercado. Se isso for viável, o investidor submeterá uma ordem de venda para aquele número de ações. Se apenas uma quantidade menor pode ser vendida, o investidor submeterá uma ordem para a maior quantidade de venda permitida.

Se o preço de reserva se iguala ao preço de mercado, o investidor não submeterá nenhuma ordem de compra e nenhuma ordem de venda.

Quando são declarados os preços de reserva e determinadas as ordens, presume-se que os investidores evitem prosseguir com o jogo de ofertas e demandas. Nos grandes mercados, esse é provavelmente um comportamento sensato. Mas em um mercado com poucos investidores, um indivíduo pode decidir por um comportamento estratégico proporcionando menos respostas verdadeiras para as perguntas do leiloeiro. Assim, Mario pode declarar que compra ações da HFC somente se o preço estiver bem baixo. Hue pode alterar sua oferta de vendas de ações da HFC em uma rodada a fim de melhorar seus resultados em rodadas subseqüentes etc. Descartamos este tipo de comportamento, assumindo que cada um dos atores proporciona informações verídicas para o leiloeiro não tentando levar em conta os possíveis efeitos de outros atores ou de mercados subseqüentes. Vamos proceder dessa forma, pois a nossa meta é simular um processo de negociação simplificado que possa imitar algumas das características dos mercados reais em que nossos casos sirvam como aproximações.

2.8.3 Um Exemplo de um Mercado para uma Ação

A Figura 2-7 ilustra o processo de divisão em um mercado para uma ação. O gráfico mostra o relacionamento entre o preço por ação (em peixes) e o número de ações demandadas ou ofertadas, se a primeira ação negociada for a ação da HFC. De forma direta, o preço de reserva de Mario é 7, enquanto o de Hue é 5. Isto se deve ao fato de que, inicialmente, Mario não possui ações da HFC e Hue tem somente ações da HFC. Resumindo, ele quer mais ações do que ela.

Para um preço acima de 5, Hue gostaria de vender suas ações da HFC. Sua curva de oferta mostra que quanto maior for o preço, maior será o número de ações disponíveis para a venda. Mario está desejando comprar ações caso o preço esteja inferior a 7. Sua curva de demanda mostra que quanto menor for o preço, maior será a quantidade de ações desejadas para a compra. Para qualquer preço entre 5 e 7, os dois estariam negociando as ações da HFC.

Nesse caso, o leiloeiro pode concentrar-se no intervalo entre os dois preços de reserva. A quantidade demandada será igual à quantidade ofertada para o preço de 6. Este valor pode ser obtido pelo cálculo da média entre os preços de reserva de Mario e de Hue. A este preço, Mario gostaria de comprar 0,68 ações e Hue gostaria de vender para ele 0,68 ações. Assim, o leiloeiro anuncia o preço de mercado igual a 6, verifica as ordens e executa as transações.

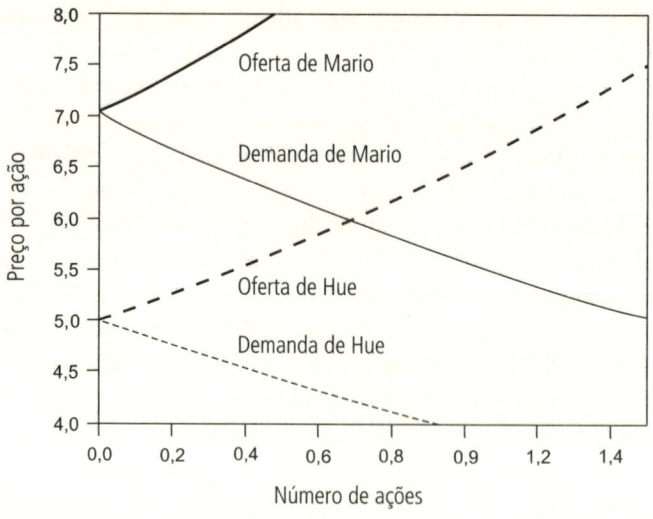

Figura 2-7   Demanda e oferta para as ações da HFC.

2.8.4 Restrições à Compra e à Venda

Parece que não há motivos lógicos que limitem os investidores a comprar ou vender qualquer número de ações desejadas por eles. Nem Mario nem Hue escolheriam, voluntariamente, realizar uma negociação que resultasse em um consumo negativo em qualquer estado. Mas alguns investidores poderiam estar satisfeitos em tomar posições que requeressem pagamentos aos credores para alguns estados da natureza. Por quê? Pelo fato de a maioria dos países proporcionarem tanto recursos financeiros como a possibilidade do não pagamento de dívidas, dada a hipótese de uma declaração de falência. Com o objetivo de evitar esse tipo de possibilidade, o leiloeiro simulado não permite que nenhum investidor submeta uma oferta de compra ou de venda que resultaria, caso executada por completo, em uma decisão de consumir para qualquer estado futuro inferior a um nível mínimo. Isso é colocado como o maior dos (1) muitos níveis de subsistência inferiores e (2) pelos salários dos investidores naquele estado. A primeira restrição é proporcionada pela redução do tempo de processamento, e a segunda é imposta a fim de evitar a possibilidade de que o investidor faça uma promessa que possa ser descumprida pela declaração de falência.

2.8.5 Grau de Precisão da Simulação

Na prática, os mercados e os investidores não esgotam todos os benefícios do processo de negociação, em parte, porque consome recursos. Em nossas simulações, nenhum dos gastos está associado à função de negociação do mercado, prejudicando, em parte, o grau de precisão a fim de reduzir o tempo de processamento. O leiloeiro não abrirá um mercado para certo título se um preço mais (elevado) ofertado estiver apenas um pouco acima do preço de oferta. Similarmente, um investidor pode submeter uma ordem de compra ou de venda que ainda deixaria um pequeno intervalo entre seu preço de reserva e o preço de mercado. O grau requerido de precisão para uma simulação pode ser alterado, se desejado. Como ocorre tipicamente em processos numéricos, uma precisão maior aumenta o tempo de processamento. Para a maioria dos casos deste livro, o nível de precisão foi ajustado para o nível *default* no programa APSIM a fim de proporcionar um equilíbrio entre o tempo de processamento e a precisão.

2.8.6 O Impacto da Negociação nas Condições de Equilíbrio

Enquanto os processos de negociação habilitam investidores a procurar pelo equilíbrio, as condições de equilíbrio final dependem da extensão tanto das condições iniciais como da forma como a negociação é conduzida. Isso é, indubitavelmente, verdadeiro no mundo real. Como indicado anteriormente, nenhuma perda ocorre pela forma em que o processo de negociação é simulado que é tão representativo ou superior a outras abordagens possíveis. Estamos interessados nas propriedades gerais do equilíbrio no mercado de capitais, e não na forma específica em que o equilíbrio pode ser alcançado.

2.9 Equilíbrio

Muitos aspectos do equilíbrio alcançado por Mario e Hue são importantes tanto para os seus próprios interesses quanto para ilustrações de princípios mais gerais.

2.9.1 Carteiras

A Figura 2-8 mostra as carteiras em estado de equilíbrio para Mario e para Hue em relação às suas posições individuais, que são as carteiras de mercado. Desde que nenhum custo de transação é admitido, a carteira de mercado é sempre a mesma; o processo de negociação somente varia as divisões de seus componentes entre os investidores.

Como é possível notar, tanto Mario como Hue estão com carteiras diversificadas. Cada um possui uma réplica da carteira de mercado de ações. Em termos agregados, há um número idêntico de ações de MFC e HFC, e cada um dos investidores escolhe manter quantidades idênticas para as duas ações. Com certeza, Mario tem 62,4% de cada companhia (6,24/10,0) enquanto Hue tem 37,6% (3,76/10,0). Mas contanto que um investidor mantenha a mesma porcentagem das ações disponíveis, afirmamos que o mesmo "mantém a carteira de mercado".

Carteiras:	Consumo	Renda Fixa	MFC	HFC
Mercado	98,00	0,00	10,00	10,00
Mario	48,77	−12,16	6,24	6,24
Hue	49,23	12,16	3,76	3,76

Figura 2-8   Caso 1: Tabela das carteiras de equilíbrio.

2.9.2 Consumo

A determinação dos níveis de consumo dos indivíduos em cada estado é direta diante das carteiras e dos fluxos de caixa dos títulos nos estados. Na Figura 2-9 mostramos as quantidades de consumo em cada estado para cada um de nossos agentes, bem como para o agregado, ao que denominamos de mercado de consumo.

Não surpreende que a quantidade total disponível para o consumo em cada estado seja fixa; as negociações variam apenas a alocação entre os indivíduos.

Quatro aspectos da situação de equilíbrio merecem comentário.

Primeiro, Mario ajustou-se de forma a possuir o mesmo consumo em cada um dos estados piores, conforme Hue. Este também é o caso para os estados bons. Cada um deles é diferentemente diversificado em relação a qualquer risco associado com as eventuais divisões de pesca ocorridas entre o norte e o sul. Nenhum investidor escolheu carregar qualquer risco intrínseco devido ao grau de diversificação do mesmo. É possível para os investidores alocar ativos de modo que nenhum fique sujeito ao risco intrínseco. Neste caso, nossos investidores concordam com as probabilidades dos estados futuros alternativos, tendo em vista os seus interesses mútuos.

Segundo, tanto Mario como Hue, embora em diferentes extensões, mostram-se vulneráveis ao risco proveniente da incerteza acerca do total de peixes a ser pescado. Assim, ambos carregam uma parcela de risco de mercado que não pode ser eliminada pela diversificação. Finalmente, alguém pode carregar o risco intrínseco fundamental. Isso é de grande importância. A teoria do apreçamento de ativos concentra-se na distinção entre o risco associado ao tamanho da economia (risco de mercado) e o risco associado à participação de cada ação na economia como um todo (risco intrínseco). Verificamos que os dois tipos de risco estão associados aos vários e distintos retornos esperados.

Terceiro, Mario escolheu tomar mais risco de mercado do que Hue. Isto não surpreende pelo fato de que é menos avesso ao risco. As carteiras em equilíbrio mostram como isto veio a ocorrer. Hue terminou sua posição com 12,16 em ações, sendo que cada uma paga um peixe se um determinado estado futuro vier a ocorrer. Assim, ela sabe certamente que suas ações proporcionam 12,16 peixes no futuro. Mario, desejando aquelas ações de Hue, terá que pagar 12,16 peixes no futuro. É claro que Hue pagou uma certa quantia para Mario a fim de se efetuar a transação, pois Mario finalizou com 6,24 ações tanto da MFC como da HFC e Hue finalizou somente com 3,76 ações de cada uma. Ambos tomam diferentes quantidades de risco de mercado.

Consumos:	Agora	RuimS	RuimN	BomS	BomN
Mercado	98,00	80,00	80,00	120,00	120,00
Mario	48,8	37,8	37,8	62,7	62,7
Hue	49,2	42,2	42,2	57,3	57,3

Figura 2-9   Caso 1: Tabela de Consumos.

Finalmente, o resultado de fato terá um maior impacto para o bem-estar dos investidores. Isto pode ser visto pela tabela de consumos. Se as condições forem ruins, Mario terá um resultado pior do que Hue, com 37,8 peixes, ao invés dos 42,2 peixes de Hue. Por outro lado, se as condições forem boas, Mario terá um resultado melhor, com 62,7 peixes, comparados aos 57,3 peixes de Hue. Isso coloca um ponto importante em relação aos ganhos advindos da negociação em condições de risco. Ao final de cada negociação, as partes consideram o melhor para si. Mas, quando o estado atual é determinado, alguns investidores estão piores do que se não tivessem negociado no total. Por exemplo, se o estado é RuimS, Mario terá 37,8 peixes, comparados aos 50 que teria sem a negociação. Por outro lado, Hue está melhor, com 42,2 peixes, comparado à quantidade inicial de 30. Uma seleção de carteiras que é desejável antes do fato (*ex ante*) pode mostrar-se indesejável depois do fato (*ex post*). Esta é a natureza do risco.

2.9.3 Ganhos Estabelecidos pela Negociação

Neste caso, dois fatores contribuíram para que os ganhos *ex ante* de Mario e de Hue levassem vantagem através da negociação-diversificação e a divisão de risco de mercado entre eles. Aqui, como em muitos casos no mundo real, ganhos elevados do processo de seleção de carteiras podem vir a partir de uma diversificação adequada. Entre os economistas financeiros, um mantra padrão é "diversifique, diversifique, diversifique". Mas muitos investidores seguem um caminho diferente. Por exemplo, muitas pessoas investem porções significativas de suas poupanças em ações de empresas que as empregam. Isto pode proporcionar um incentivo ao trabalho, mas deixa muito a desejar sob o ponto de vista de investimento. A concentração de uma carteira na ação de uma única companhia expõe o proprietário a um risco intrínseco significativo que poderia ser evitado pelo efeito da diversificação. Mario e Hue estão cientes disso.

Outra desvantagem associada ao investimento em ações de companhias não se encontra presente neste caso, desde que Mario e Hue não confiem em seus empregadores para qualquer renda diferente daquela proveniente de suas ações. Mas muitas pessoas que carregam ações de companhia em planos de aposentadoria estão sujeitas a algum risco quando seus empregadores não ratificam aumentos ou demitem funcionários se os lucros declinarem ou desaparecerem. Um empregado que mantém em carteira a ação da companhia corre o risco de receber dois conjuntos simultâneos de notícias ruins: (1) você está desempregado e (2) sua aposentadoria teve um significativo declínio. A fim de evitar inconvenientes, aconselha-se evitar a posse de grandes quantidades de ações da empresa em que trabalha.

Neste caso, nem Mario nem Hue carregam qualquer tipo de risco intrínseco. Mas Mario carrega mais risco de mercado do que Hue. Isto não é surpreendente, porque Hue é mais avessa ao risco do que Mario. Mas por que Mario escolhe ter mais risco em suas ações do que o risco de mercado? A resposta é que enquanto a sua carteira tiver mais risco do que o de mercado (o que é ruim), o retorno esperado deve ser mais elevado (o que é bom). Por outro lado, a carteira de Hue tem menos risco e retorno esperado do que a carteira de mercado. Ambos alcançam ganhos *ex ante* através de negociações que tomaram diferentes níveis de risco de mercado.

Para alguns investidores, os ganhos *ex ante* por meio de negociações podem não ser altamente sensíveis a pequenas variações na quantidade de risco de mercado. As pessoas, em alguns momentos, vêem estes aspectos no mundo real. Quando apresentamos as conseqüências de alternativas eficientes de estratégias de investimentos, algumas pessoas se deparam com dificuldades em tomar decisões e decidir qual seria a quantidade de risco a ser tomada quando se busca retornos esperados elevados. Naturalmente, enquanto diferenças ocorridas em resultados *ex ante* através de negociações associadas com diferentes carteiras eficientes podem ser pequenas, diferenças ocorridas em resultados *ex post* podem ser mais elevadas.

2.9.4 Preços dos Ativos

Até este momento, focamos nas escolhas das carteiras de Mario e de Hue. Agora é o momento de discutirmos os preços dos ativos.

Os preços dos títulos são utilizados para vários propósitos, inclusive avaliação de carteiras. Por exemplo, um fundo mútuo pode calcular o valor líquido de seus ativos ao final do dia através da utilização de preços de fechamento reportados para os títulos componentes. Tipicamente, o preço de fechamento é o preço da última transação antes do "tempo de fechamento" oficial (16 h para títulos americanos). A transação em questão poderia ter ocorrido imediatamente antes do fechamento ou consideravelmente antes (um fenômeno que tem conduzido alguns gestores de investimento a tentarem lucrar através dos gastos de outros acionistas).

Alguns fundos de renda fixa avaliam suas posições através da utilização do mais alto preço de oferta para cada título, na tentativa de determinar o valor pelo qual a carteira poderia ser vendida. Quando os preços de fechamento estão provavelmente desatualizados, os fundos de ações podem usar um "valor justo", que é freqüentemente estimado pela média entre o preço mais alto de oferta e o preço mais baixo de oferta.

Para a maioria dos propósitos, os investidores estão interessados no próximo preço, não no último. Qual o preço que poderíamos vender posições atuais de uma ação? Qual preço poderíamos comprar ações adicionais? As respostas a estas questões requerem informações atuais relacionadas ao preço de oferta atual e ao preço de oferta, respectivamente.

Seguiremos esta abordagem através da utilização dos preços de reserva dos investidores para cada um dos títulos depois que o processo de negociação estiver acabado. Os resultados para este caso estão na Figura 2-10.

Em equilíbrio, tanto Mario como Hue compraram ou venderam algumas de suas ações conforme suas necessidades. Para cada título, seu preço de reserva foi o mesmo (com duas casas decimais) e, portanto, não houve ganhos anormais pela negociação. Isso não é surpresa. Se houver uma significativa diferença entre o preço de reserva de Mario e o de Hue para um determinado título, cada um poderia ganhar pela materialização do processo de negociação.

Preços dos Títulos	Consumo	Renda Fixa	MFC	HFC
Mercado	1,00	0,96	4,35	4,89
Hue	1,00	0,96	4,35	4,89
Mario	1,00	0,96	4,35	4,89

Figura 2-10   Caso 1: Tabela de preços de títulos.

Na ausência de restrições à negociação, os investidores ajustam suas carteiras até que seus preços de reserva se diferenciem, pelo menos, da quantidade limite requerida para estabelecer o mercado.

A primeira coluna da Figura 2-10 mostra o preço de mercado para cada título. Este é o preço ao qual uma rodada extra de negociação ocorreria se o mercado fosse conduzido conforme o procedimento de negociação simulado. Para todos os casos deste livro, o preço de mercado para um ativo é calculado pela (1) média dos preços de reserva de todos os investidores que poderiam comprá-lo, (2) média dos preços de reserva de todos os investidores que poderiam vendê-lo e (3) média das primeiras duas quantidades. Na maioria dos casos, nenhum investidor encontra restrições ao processo de negociação e, portanto, o preço de mercado é simplesmente a média dos preços de reserva de todos os investidores.

2.9.5 Retornos dos Títulos

O retorno de um título depende do seu preço atual e de seu *payoff* em data futura, e o *payoff* depende dos estados futuros. É simples calcular o retorno de um título em cada estado. Por exemplo, as ações da MFC custam 4,35 e pagam 5,00 para o estado RuimS. Assim, um investidor com um peixe terá um retorno 1,149 peixe naquele estado. O retorno é freqüentemente reportado em variação percentual — aqui, 14,9%. Por conveniência, empregamos o termo retorno total, calculado pela divisão de *payoffs* futuros pelo preço corrente. Os retornos dos títulos para este caso são mostrados na Figura 2-11.

Retornos de Títulos:	RuimS	RuimN	BomS	BomN
Mercado	0,865	0,865	1,298	1,298
Renda Fixa	1,044	1,044	1,044	1,044
MFC	1,149	0,690	1,839	0,920
HFC	0,613	1,022	0,817	1,634

Figura 2-11   Caso 1: Tabela de retornos dos títulos.

2.9.6 Retorno de Carteiras

Podemos calcular os retornos de carteiras de investimentos, admitindo a exclusão do primeiro título (consumo atual). Para isso, calcula-se o valor de todos os demais títulos (multiplica-se o preço de cada título pelo número de títulos possuídos e somam-se os produtos), então divide-se pela quantidade total recebida da carteira em cada estado pelo valor inicial da carteira. A Figura 2-12 mostra os retornos em cada estado para as carteiras de Mario e de Hue e para a carteira de mercado, que inclui as posições de todos os investidores.

2.9.7 Retornos da Carteira e do Mercado

A informação da Figura 2-12 está representada na Figura 2-13. Cada ponto representa um estado e uma carteira, com o retorno de mercado plotado no eixo horizontal e o retorno da carteira plotado no eixo vertical. Por conveniência, os pontos para a mesma carteira são conectados por linhas. Neste caso, a linha mais inclinada mostra os retornos de Mario, a menos inclinada mostra os retornos de Hue e a linha ao meio mostra os retornos da carteira de mercado.

Na Figura 2-13 aparecem somente dois pontos para cada carteira. De fato, há quatro. Mas para cada carteira o retorno é o mesmo em cada um dos dois estados ruins do mercado, e o retorno é o mesmo em cada um dos dois estados bons do mercado. O resultado é que cada um dos pontos da carteira está em uma curva (aqui é uma linha). Este é um resultado de grande relevância. A única origem de incerteza tanto para Mario como para Hue é o retorno total do mercado. Cada um deles toma somente o risco de mercado. O risco intrínseco pode ser diversificado e nem Mario e nem Hue decidem por tomá-lo. Assim, cada um dos investidores está seguindo o instrumento do CRRM.

Retornos das carteiras:	RuimS	RuimN	BomS	BomN
Mercado	0,865	0,865	1,298	1,298
Mario	0,820	0,820	1,362	1,362
Hue	0,910	0,910	1,234	1,234

Figura 2-12   Caso 1: Tabela de retornos das carteiras.

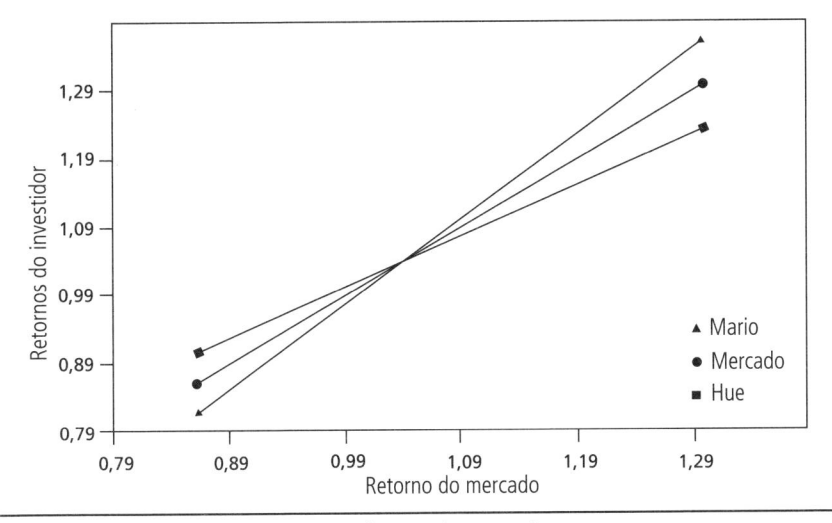

Figura 2-13   Caso 1: Retornos dos investidores e do mercado.

Gráficos dessa natureza são fundamentais ao objetivo deste livro. Alguns indivíduos, cujos resultados da carteira consistem em uma curva única seguem uma estratégia baseada no mercado e tomam somente o risco de mercado. Não há a necessidade de a curva ser uma linha reta a fim de pertencer a este caso, mas a carteira pode proporcionar o mesmo retorno em todos os estados da natureza dado um retorno de mercado. Para um dado investidor qualquer diagrama de dispersão de retornos de y valores para um dado valor x mostra que o investidor está tomando risco intrínseco.

2.9.8 Retornos Esperados

No Caso 1 há uma concordância entre os investidores acerca das probabilidades de estados alternativos, então podemos calcular o retorno esperado para qualquer título ou carteira. Isso é simplesmente a média ponderada dos retornos em estados alternativos futuros, usando as probabilidades dos estados como pesos.

Retornos esperados ocupam o estágio central da teoria financeira. Anteriormente, cobrimos os casos em que as pessoas percebiam retornos esperados de forma diversa. Mas isto não pode ocorrer quando há concordância entre as probabilidades. Os retornos esperados para os títulos em questão são mostrados na Figura 2-14.

Características dos títulos:	Retornos esperados
Mercado	1,125
Renda Fixa	1,044
MFC	1,126
HFC	1,124

Figura 2-14   Retornos esperados dos títulos.

O retorno esperado para os títulos de renda fixa é o retorno atual em todos os estados. Assim, a taxa de juros livre de risco é igual a 4,4%. Ambas ações proporcionam retornos esperados elevados (12,6% e 12,4%). Isto não é surpreendente, pois esses retornos referem-se a ativos de risco mais elevados. Como veremos mais tarde, o risco relevante é a porção relacionada à incerteza sobre o mercado como um todo, mas esta discussão merece um exemplo mais apropriado. Os retornos esperados das carteiras são mostrados na Figura 2-15.

Carteiras	Retornos esperados
Mercado	1,125
Mario	1,146
Hue	1,105

Figura 2-15   Retornos esperados das carteiras.

O retorno esperado de Mario é mais elevado do que o retorno de mercado; o retorno de Hue é o menor dos três. Mario espera um retorno em mercado de 2,1%, enquanto Hue espera superá-lo em 2,0%. É claro que se as coisas forem mal, Mario terá menos peixe do que Hue, como será visto mais adiante. Isto é uma propriedade padrão do equilíbrio — com boas notícias (altos retornos esperados) há más notícias (a possibilidade de perdas). Mario toma tanto riscos mais elevados como um retorno esperado mais elevado. Pelo fato de tolerar níveis de risco mais elevados, ele escolhe uma combinação de risco e retorno esperado também mais elevados.

2.9.9 Prêmios de Risco

Para a maioria dos objetivos torna-se útil focar na diferença entre o retorno e a taxa de juros livre de risco. Isso é geralmente chamado de excesso de retorno. A diferença entre o retorno esperado e a taxa livre de risco é igual ao excesso de retorno esperado. Também denominado de prêmio de risco. A maioria das práticas financeiras é devotada à estimação do prêmio de risco e de seus determinantes. Os prêmios de risco dos títulos e das carteiras para este caso são mostrados nas Figuras 2-16 e 2-17.

Nesse caso, o prêmio de risco de mercado é de 8,1% ao ano. O excesso de retorno esperado de Mario é maior devido à opção por uma maior exposição à incerteza do mercado. O excesso do retorno esperado de Hue é menor por sua menor exposição à incerteza de mercado.

Características dos títulos:	Retornos esperados	Excessos de retorno esperado
Mercado	1,125	0,081
Renda Fixa	1,044	0,000
MFC	1,126	0,083
HFC	1,124	0,080

Figura 2-16   Excessos de retorno dos títulos.

De forma sucinta, pode-se caracterizar os aspectos-chave do equilíbrio:

A recompensa pela espera é de 4,4%
A recompensa por tomar o risco de mercado é de 8,1%.

Claramente são resultados plausíveis e dependem tanto das condições da demanda quanto da oferta. Os principais direcionadores da demanda são as preferências dos investidores e suas posições, enquanto a oferta é direcionada pelos *payoffs* dos títulos, os números totais disponíveis de lotes para aqueles títulos, e as probabilidades dos estados alternativos. Neste livro admitimos apenas trocas econômicas, em que a oferta está fixada, com preços e posições dos investidores determinados pela negociação dos títulos disponíveis. Resultados plausíveis obtidos requerem *inputs* plausíveis. Para a maioria dos casos, experimentam-se diferentes quantidades no que se refere à quantidade total de consumo atual (título 1) até um retorno esperado plausível de um título de renda fixa (recompensa pela espera). Por exemplo, no Caso 1, o retorno esperado do consumo futuro é de 104. Numa economia típica, o consumo futuro esperado é maior do que o consumo atual. A fim de refletir tais condições, ajustamos o consumo atual para menos de 104. Um nível de 100 oferece um equilíbrio com uma pequena taxa de juros livre de risco. Isto conduz à escolha de um nível inicial de consumo igual a 98.

Características das carteiras:	Retornos esperados	Excessos de retorno esperados
Mercado	1,125	0,081
Mario	1,146	0,102
Hue	1,105	0,061

Figura 2-17   Excessos de retornos esperados das carteiras.

Parece estranho que as características do equilíbrio neste tipo de economia de troca sejam sensíveis aos *inputs*. Mas isto não deve ser uma surpresa. Se para os investimentos produtivos disponíveis há uma taxa de juros muito baixa, as empresas aumentam seus fundos oferecendo retornos mais elevado. Isto diminui a quantidade total disponível para o consumo atual e eleva as quantidades a serem recebidas em vários estados futuros, conduzindo a uma taxa de juros mais elevada. A meta deste livro é produzir casos que reflitam expectativas plausíveis para *payoffs* de títulos. Isso freqüentemente lidera a escolha de uma quantidade de consumo atual projetado de acordo com o processo de equilíbrio de longo prazo.

2.10 Resumo

O Caso 1 descreve uma economia muito simples, produzindo um equilíbrio com muitas características de modelos de apreçamento de ativos padrão. Em particular, nossos atores negociam com nenhuma meta social em mente, finalizando suas posições nas quais o TRRM é estabelecido. Além do mais, cada um adota uma carteira consistente com o CRRM de modo que nenhum indivíduo escolha tomar o risco intrínseco. A fim de verificar o porquê destas escolhas, necessitamos aprofundar. Essa tarefa é realizada nos próximos dois capítulos.

Capítulo 3

PREFERÊNCIAS

O processo de negociação utilizado no Caso 1 envolve um certo número de mercados. Em cada mercado, o negociador propõe que Mario e Hue indiquem seus preços de reserva para um título específico, e então denota o número de lotes que estariam dispostos a comprar ou vender através do preço anunciado e baseado nos respectivos preços de reserva. Caracterizamos o comportamento de Mario e de Hue como consistente com curvas de demanda decrescentes e curvas de oferta crescentes. Representamos também cada um deles como tendo graus de preferência intertemporais aversões ao risco. Essa é uma descrição básica de suas preferências. Neste capítulo, tentamos remover a maioria das restrições. Proporcionamos os detalhes dos tipos de preferências exibidos por Mario e por Hue e introduzimos alguns tipos alternativos de comportamento do investidor.

Embora a negociação com peixes fosse útil aos propósitos do Capítulo 2, neste momento deixamos de lado esse conceito particular. Os *payoffs* são unidades de consumo ou reais constantes (reais ajustados pelas variações do poder de compra).

3.1 Utilidade Esperada

É razoável admitir que um indivíduo entrará em uma determinada negociação somente se preferir o resultado obtido ao *status quo*. Outra forma de mostrar isso é afirmar que a meta de um investidor é maximizar sua utilidade esperada associada aos seus investimentos. Por décadas, economistas têm operacionalizado esse conceito assumindo que um investidor procura maximizar a sua utilidade esperada. Como veremos mais tarde, essa não é uma hipótese inócua. Por outro lado, não é necessário ser tão realista como muitos acreditam.

Em geral, a utilidade esperada de uma pessoa dependerá dos níveis de consumos a serem realizados nos estados (χ_1, χ_2, ...) e de suas avaliações a respeito das probabilidades (π_1, π_2, ...):

$$EU = f(\chi_1, \chi_2, ..., \pi_1, \pi_2, ...)$$

Tudo o mais constante, para um estado de consumo e probabilidade positivos, o nível de consumo mais elevado resulta em uma maior contribuição para a utilidade esperada; e uma maior probabilidade de um estado resulta em uma maior contribuição para a utilidade esperada.

Para simular realmente um processo de equilíbrio, outras especificações são necessárias. A fim de manter as coisas simples, assume-se que cada nível de consumo em um estado proporciona uma quantidade de utilidade (u) e que esta utilidade de consumo em um estado é tão maior quanto a quantidade de consumo naquele estado. A utilidade esperada de consumo em um estado é simplesmente a utilidade de consumo naquele estado vezes a probabilidade daquele estado vir a ocorrer. A utilidade esperada total é então a soma das utilidades esperadas para os diferentes estados:

$$EU = \sum \pi_s, u_s(\chi_s)$$

Admitindo que os componentes da utilidade esperada possam ser separados pelas quantidades associadas a cada estado (e tempo), então sua combinação pode implicar em ações inconsistentes com o comportamento atual de algumas pessoas. Pesquisas substanciais resultam em formulações em que a utilidade de consumo de uma pessoa em um período depende das quantidades consumidas em períodos anteriores. Embora seja possível simular tal comportamento, o que não será feito aqui, escolhemos nos concentrar nas implicações da escolha de diferentes tipos de função utilidade.

A equação acima permite-nos assumir que a função utilidade para um investidor seja diferente em um estado em comparação a outro. Este é um importante aspecto para algumas preferências dos investidores, no entanto limitamos as análises a casos em que uma função utilidade para algum estado seja igual àquela para outros estados multiplicados por uma constante. Assim cada investidor é caracterizado por uma única função utilidade e um fator de desconto (d_s) para cada estado, produzindo uma expressão para a utilidade esperada da seguinte forma:

$$EU = \sum \pi_s, d_s u(\chi_s)$$

3.2 Utilidade Marginal

Assim, afirmamos até aqui que apenas a utilidade do consumo deve aumentar com a quantidade consumida. Isso pode ou não ser verdade para o consumo de peixes, mas é quase certo para o caso do consumo generalizado, adquirido, normalmente, com o uso da moeda. Mas qual seria a taxa em que a utilidade aumenta com o consumo? A teoria econômica admite que os consumidores estão sujeitos a utilidade marginal decrescente, logo as taxas de crescimento da utilidade decrescem com o aumento do consumo.

A Figura 3-1 mostra a utilidade de Mario e a Figura 3-2 sua utilidade marginal, ambas as funções do consumo. A utilidade aumenta com o consumo segundo uma taxa decrescente e, assim, a utilidade marginal diminui com o consumo.

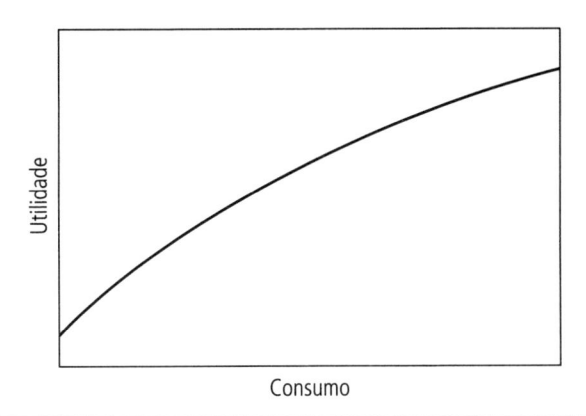

Figura 3-1 Função utilidade de Mario.

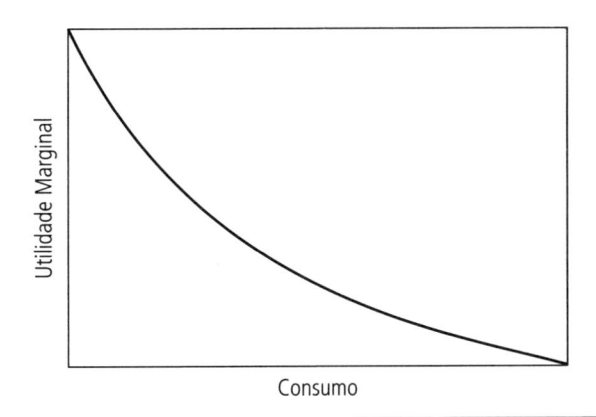

Figura 3-2 Função utilidade marginal de Mario.

Deve-se notar que a taxa pela qual a utilidade marginal de Mario diminui ocorre quando o consumo aumenta. A curva apresenta declividade decrescente, tornando-se menos inclinada conforme nos movemos para a direita. Isto poderia ser uma função complexa com muitos parâmetros. Mas este não é o caso, como é visto na Figura 3-3, que estabelece a relação entre o logaritmo do consumo de Mario e o logaritmo da utilidade marginal; isto é, numa escala "log/log".

A curva de utilidade de Mario resulta em uma linha reta na Figura 3-3. Como uma linha pode ser descrita por dois parâmetros — um intercepto (a) e uma declividade (b), para certo m, a utilidade marginal é dada por:

$$\ln(m) = a - b\ln(\chi)$$

Em termos dos valores originais:

$$m = a\chi^{-b}$$

Para Mario, a declividade da curva é igual a -1,5. Especificamos que o coeficiente de aversão ao risco de Mario foi de 1,5. Veremos o que isto significa: Mario assumiu ter uma função utilidade marginal plotada como uma linha decrescente na Figura 3-3 com uma declividade de -1,5.

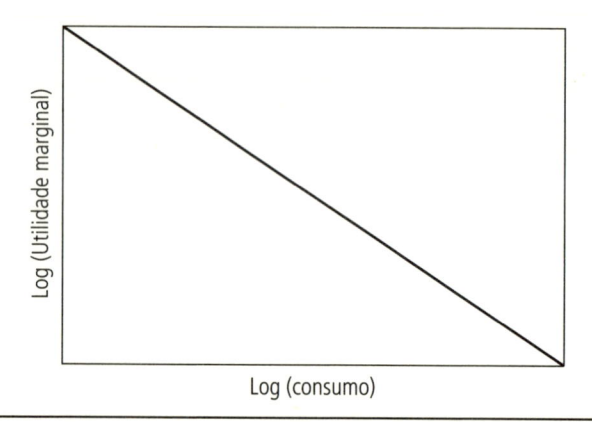

Figura 3-3   Função utilidade marginal de Mario em escala log/log.

Mais precisamente, o valor absoluto da declividade de uma curva de utilidade marginal em um diagrama, em que temos o log da utilidade marginal no eixo vertical e o log do consumo no eixo horizontal, é o coeficiente de aversão ao risco relativo no ponto. Mario exibe um comportamento de *aversão ao risco relativo constante* (CRRA). Assim, a curva de Hue é mais inclinada com uma declividade de -2,5. A frente, veremos algumas implicações das funções de utilidade marginal deste tipo.

Os economistas atribuem uma denominação para a declividade de uma curva quando ambas as variáveis são plotadas em escala logaritmo: "em economia, a elasticidade é a taxa de variação percentual incremental de uma determinada variável em relação à variação percentual incremental de outra variável. Elasticidade é geralmente expressa em valor absoluto, quando o sinal já está fora do contexto" (Wikipedia).

Assim, a aversão ao risco é a elasticidade da utilidade marginal com relação ao consumo. Para investidores com funções utilidade do tipo CRRA, a elasticidade é a mesma para todos os níveis de consumo. A utilidade marginal de Mario diminui em aproximadamente 1,5% para todo aumento de 1% no consumo, enquanto a utilidade marginal de Hue diminui em aproximadamente 2,5%. Os números atuais serão estritamente diferentes, desde que a elasticidade seja medida como a declividade da curva num determinado ponto ao invés da declividade de uma linha conectada a dois pontos.

Investidores com utilidade do tipo CRRA pensam em termos de porcentagem ao invés de variações absolutas. Este comportamento pode ser encontrado em outros contextos. Por exemplo, Stevens (1987) descreve experimentos psicológicos em que a quantidade de sensibilidade está relacionada à intensidade de um estímulo através de fórmula que exibe elasticidade constante da sensibilidade marginal em relação aos estímulos.

Encontramos investidores com diferentes tipos de curvas de utilidade marginal no fim deste capítulo. Antes de abordar este ponto, trataremos dos relacionamentos entre a utilidade marginal e o comportamento dos mercados. O centro destes relacionamentos são os títulos que denominaremos de direitos em estados distintos da natureza.

3.3 Direitos em estados distintos da natureza

De acordo com a abordagem estado/preferência, um título é visto como um conjunto de *payoffs* em diferentes estados da natureza. As corporações lançam títulos que podem ser mantidos diretamente por indivíduos. Mas, nos mercados financeiros modernos, diversas instituições financeiras mantêm um ou mais títulos preexistentes e lançam um ou mais direitos em estados distintos da natureza para o resultado da carteira. Estas atividades podem tanto reduzir como aumentar o intervalo de possíveis modelos de consumo em que os investidores participam. O caso polar é aquele cujas instituições ou proprietários originais proporcionam aos investidores um intervalo completo de escolhas.

Imagine uma instituição financeira (Carmel Bank) realizando a seguinte oferta para alguém que possui um lote das ações da MFC: "Traga-nos um lote da MFC; colocaremos em nossa reserva e lhe daremos um retorno com as seguintes ações de nossa propriedade:

5 ações de $RuimS
3 ações de $RuimN
8 ações de $BomS, e
4 ações de $BomN."

Essas novas ações são conhecidas como direitos em estados distintos da natureza. Segundo o nosso exemplo, uma ação do estado $RuimS proporciona ao proprietário o recebimento de um peixe do Carmel Bank se, e somente se, a pesca for ruim e se os peixes migrarem para o sul; caso contrário, o proprietário da ação não obtém nada. As outras ações são similares, diferenciando somente em relação ao estado em que o pagamento está contingenciado.

Claramente, o Carmel Bank pode arcar com suas obrigações. Não importa qual será o estado que virá a ocorrer, o lote da MFC pagará precisamente o número de peixes requeridos para o cumprimento de suas obrigações.

Genericamente, um estado de direito paga 1 unidade de consumo se, e somente se, um estado específico da natureza vier a ocorrer. Desde que um estado possua tanto a dimensão do tempo como a do resultado, haverá a possibilidade da ocorrência de muitos estados alternativos e de direito associados. A analogia mais próxima do nosso cotidiano pode ser feita a partir de um contrato de seguro de vida. Assim, uma apólice de um ano que paga $100.000 no estado "o segurado morre no fim do ano" e nada caso contrário. Isto é equivalente a $100.000 ações, sendo que cada um paga $1 no estado de "morte". Direitos em estados distintos da natureza são freqüentemente denominados por outros nomes, tais como estados contingenciados, títulos puros, ou títulos *Arrow/Debeu*.

Direitos em estados distintos da natureza são o tipo mais simples possível de um título. Eles são os átomos a partir dos quais os demais títulos são construídos. Um lote da ação da MFC pode ser considerado como sendo composto por cinco ações de $RuimS, três ações de $RuimN, e assim por diante.

3.4 Estados dos Preços de Reserva

Imagine que o leiloeiro no Caso 1 comece perguntando para cada investidor seu preço de reserva em relação a 1 unidade de $RuimS. O que Mario pensaria antes de responder essa questão?

A questão está relacionada à taxa em que Mario está interessado em substituir uma pequena quantidade de consumo no estado 2 (RuimS) pelo consumo no estado 1 (Agora). Assim, isso depende das utilidades marginais de consumo nos dois estados, dos fatores e desconto, e das probabilidades dos estados. Uma pequena variação na quantidade consumida no estado 2 causará uma variação na utilidade esperada de Mario à taxa de:

$$\pi_2 d_2 m(\chi_2)$$

enquanto uma pequena variação na quantidade consumida no estado 1 causará uma variação em sua utilidade esperada à taxa de:

$$\pi_1 d_1 m(\chi_1)$$

A taxa de substituição marginal de Mario é a taxa que ele está querendo negociar nos dois estados:

$$\frac{\pi_2 d_2 m(\chi_2)}{\pi_1 d_1 m(\chi_1)}$$

Por exemplo, se esta for maior do que 0,5 Mario está querendo obter um valor acima de 0,5 unidades de consumo hoje a fim de que consiga uma unidade adicional de consumo se (e somente se) o estado 2 vier a ocorrer.

Como estamos interessados em negociações cujo estado 1 (Agora) serve como numerário, podemos simplificar a expressão da taxa de substituição marginal lembrando que a probabilidade do estado 1 é 1 e, por convenção, tem-se o fator de desconto. Assim, a taxa de substituição marginal para qualquer estado futuro j será:

$$r_j = \frac{\pi_j d_j m(\chi_j)}{m(\chi_1)}$$

Se o preço de uma contingência para o estado j for maior do que isso, o investidor deseja vender algumas de suas unidades. Se o preço for menor, deseja comprar algumas unidades. A taxa de substituição marginal é o preço de reserva do investidor para o estado de contingência j. Da mesma forma, se o preço de reserva para o investidor num estado de contingência for maior do que a maior probabilidade do estado, maior será o fator de desconto (isto é, maior desejo em consumir no estado), e maior será a utilidade marginal da quantidade atualmente planejada a ser consumida no estado. O preço de reserva de um ativo contingente será maior ou menor do que a utilidade marginal da quantidade planejada a ser consumida no presente.

3.5 Características das Curvas de Utilidade Marginal

As curvas de utilidade marginal de Mario e de Hue apresentam duas características relevantes. Primeiro, são contínuas — isto é, podem ser traçadas sem descontinuidades no papel. Segundo, apresentam declividades decrescentes — isto é, a utilidade marginal diminui conforme o consumo aumenta. Essas hipóteses sobre as preferências do investidor são similares àquelas feitas em muitos tipos de análises econômicas não-financeiras. Em todo este livro, limitamos nosso foco aos investidores com essas preferências. Assumimos que um investidor seja capaz de avaliar o seu desejo por uma unidade adicional de consumo a partir de qualquer nível atual possível e que quanto mais possua de um determinado bem, menor será o desejo por uma unidade adicional do mesmo.

É conveniente usar uma descrição formal para esse tipo de relacionamento. Podemos afirmar que para todo investidor, a utilidade marginal é uma função decrescente do consumo em cada estado. O termo "função" indica que há um relacionamento biunívoco entre as variáveis segundo a definição matemática:

a) Uma variável está relacionada com outra quando para cada valor presumido de uma há um valor determinado por outra;

b) Uma regra de correspondência entre dois conjuntos e tal forma que exista um único elemento no segundo conjunto ao qual está atribuído cada elemento do primeiro conjunto. (*The American Heritage® Dictionary of the English Language, Fourth Edition*)

O termo "decrescente" significa simplesmente que quando um valor de um par é maior, o outro é menor. Usamos o termo "função decrescente" para outros contextos. Encontraremos também funções crescentes, cujo termo "crescente" significa que quando um valor em um par é maior, então o outro também o será.

Verificamos que o preço de reserva de um investidor para um ativo contingenciado depende das características de suas curvas de utilidade marginal. Mas o principal ingrediente é a taxa de utilidade marginal do consumo no estado futuro em relação à utilidade marginal do consumo no presente. Se toda utilidade marginal for multiplicada por uma constante positiva, nenhum dos preços de reserva sofrerá variações. Por exemplo, a fórmula para um investidor com aversão ao risco relativa e constante é:

$$m = a\chi^{-b}$$

Claramente, o valor do parâmetro a não tem efeito sobre os preços de reserva ou, ainda, sobre a oferta e a demanda. Isto pode ser colocado para qualquer valor arbitrário positivo e constante. Para um investidor com preferências CRRA, somente o grau de aversão relativa ao risco (b) é o que importa.

Não é difícil mostrar que os investidores com funções de utilidade marginal contínuas e com declividades decrescentes apresentam curvas de demanda com declividade decrescente e curvas de oferta com declividade crescente para os diversos estudos contingenciados. Admitimos, por exemplo, que o preço de um ativo contingenciado é menor do que o preço de reserva de Hue. Ela considerou atrativo comprar uma pequena quantidade — digamos, 1 unidade, conduzindo um consumo planejado maior num estado futuro. Isso diminuirá a utilidade marginal de consumo naquele estado. É claro que ela terá que pagar pelo estado contingenciado, diminuindo a quantidade a ser consumida no presente. Dessa forma, aumentará a utilidade marginal do consumo atual. O resultado líquido é aquele em que a taxa de substituição marginal para um estado contingenciado diminui, proporcionando a compra de uma unidade de consumo menos desejável. Se o preço de reserva resultante ainda exceder o preço de mercado, optará por comprar mais; caso contrário o procedimento encerra-se.

Dada essa linha de raciocínio, é claro que para os preços menores do que o preço de reserva inicial do investidor, menor será o preço de mercado de um estado contingenciado e maior será a quantidade demandada por um investidor com uma função de utilidade marginal contínua e com declividade decrescente. Similarmente, se os preços forem maiores do que o preço de reserva inicial, maior será o preço de mercado de uma contingência e maior será sua quantidade ofertada.

3.6 Preços de Reserva dos Títulos

As características da demanda e da oferta são então estabelecidas para um investidor para os estudos contingentes, embora nenhuma dessas contingências fossem negociadas no Caso 1. Todavia, os investidores mostraram suas demandas e ofertas em relação aos títulos existentes e o equilíbrio foi atingido. Além do mais, não utilizaram somente avaliações das probabilidades, dos fatores de desconto e das funções de utilidade marginais. Como fizeram isto?

A resposta não é complicada. Considere que Hue contemplou a compra de um lote de ações da MFC. Ela sabe que uma ação proporciona 5 unidades de consumo no estado 2, em que cada unidade possui um valor de r_2 na margem. Assim, ela estaria querendo pagar aproximadamente $5r_2$ para um consumo adicional no estado 2 que foi proporcionado por uma unidade adicional de título. Correspondentemente, ela estaria querendo pagar aproximadamente um adicional de $3r_2$ para um consumo adicional proporcionado no estado 3 por uma unidade adicional do título, e assim por diante. De forma geral, se um título i proporciona χ_{ij} unidades de consumo no estado j, o preço de reserva para o título (R_i) será:

$$R_i = \sum \chi_{ij} r_j$$

Isto é consistente com a visão de que um título padrão é composto por parcelas individuais (consumo em diferentes estados futuros), levando à conclusão de que o valor de um título é igual à soma dos valores das parcelas individuais que o constituem.

Neste livro, admitimos apenas títulos que proporcionem um *payoff* positivo ou nulo em cada estado futuro. Supõe-se que esses títulos tenham confiabilidade limitada, uma vez que não são admitidas situações em que o proprietário do título seja obrigado a realizar um pagamento no futuro. Quem vende esse tipo de título não necessita analisar o crédito do comprador, pois tão logo o valor será recebido. Não há a necessidade de o vendedor monitorar a liquidez do comprador depois que a venda for consumada. Entretanto, permitimos que os investidores tomem posições negativas (a descoberto) em relação aos títulos, desde que estejam cientes da verificação do crédito a fim de assegurar que ninguém participe de alguma negociação que prometa pagamentos futuros que podem não ser cumpridos.

É fácil verificar que as curvas de demanda dos investidores em títulos com obrigação limitada têm declividade decrescente e que as curvas de oferta têm declividade crescente. Quanto mais for comprado de um título, os preços de reserva para cada um dos estados futuros em que haja *payoff* vai diminuir. Por motivos similares, as curvas de oferta para os títulos têm declividade crescente. Um investidor com uma função de utilidade marginal decrescente considera uma unidade adicional de um título com uma obrigação limitada que vale menos ou mais do que a que já possui.

3.7 Lances e Ofertas

Mostramos como um investidor determina o preço de reserva para um título, dadas as quantidades atuais de consumo em cada um dos estados. Mas como um investidor determina a quantidade a ser ofertada para a venda ou a quantidade desejada para a compra ao preço anunciado pelo leiloeiro?

O procedimento que está incorporado no simulador é bem simples. Vamos lembrar da situação de Mario quando o primeiro título negociado era HFC. O preço de reserva foi de 7. O de Hue foi de 5, e o leiloeiro anunciou que as propostas e as ofertas seriam negociadas ao preço de 6. Claramente, Mario submete uma proposta para comprar ações, mas quantas?

Para responder a essa questão, o investidor começa por uma compra com tantas ações quantas forem possíveis, até o ponto em que o consumo presente alcance o mínimo permitido (1 unidade na maioria dos casos). Denominamos essa quantidade por Q_H. Em seguida, o investidor calcula o preço de reserva para o título se for realizar a transação. Se o preço de reserva estiver abaixo do preço de mercado, o investidor sabe que está diante de uma oferta elevada, em que realiza uma alteração a fim de que, subseqüentemente, haja o desejo de retornar ao mercado como vendedor. No Caso 1, esta é a situação de Mario. Agora, o investidor conhece os preços de reserva para as duas possíveis propostas: 0 (na qual chamaremos de Q_L) e Q_H. Para a menor quantidade, o preço de reserva está acima do preço de mercado; para a última quantidade o preço de reserva está abaixo do preço de mercado. Claramente, a quantidade ótima está entre os mesmos.

O próximo passo também é simples. O investidor detém duas possíveis quantidades, uma das quais é muito pequena (com um preço de reserva acima do preço de mercado) e outra muito grande (com o preço de reserva abaixo do preço de mercado). Divide a diferença entre elas por dois, obtendo uma nova quantidade Q_M. Então, calcula o preço de reserva para a compra de Q_M ações. Se o preço de reserva obtido for maior do que o preço de mercado, isso não seria uma proposta suficientemente grande e o investidor deveria focar no intervalo entre o seu preço e o Q_H. Então, obtém Q_L a partir de Q_M. Se, por outro lado, o preço de reserva para Q_M estiver abaixo do preço de mercado, isto seria uma proposta muito grande e deveria focar no intervalo entre Q_L e Q_M. O investidor, então, obtém Q_H a partir de Q_M. De outra forma, Mario estreita o intervalo de quantidades.

Mario continua essas operações, estreitando o intervalo cuja proposta ótima é obtida até que a menor das duas quantidades mostre um preço de reserva tão próximo ao preço de mercado, de acordo com a precisão requerida pelo processo de simulação.

Um procedimento similar é utilizado para determinar a quantidade ofertada se o preço de mercado estiver acima do preço de reserva inicial. Nos casos em que as restrições referentes às compras ou às vendas são alcançadas, pode ocorrer a necessidade de pararmos, mesmo embora o preço de reserva resultante esteja acima do preço de mercado (para propostas de compra) ou abaixo (para ofertas de venda). Vamos nos deparar com estes casos mais adiante, quando admitirmos a influência das posições dos investidores sobre os preços.

3.8 Maximização da Utilidade Esperada

Os passos relacionados aos processos de tomada de decisão foram apresentados e discutidos. São rigorosos, racionais e eficientes. Muitas críticas relacionadas à análise econômica financeira tradicional se apóiam na visão de que o mercado de capitais é composto exclusivamente por "pessoas economicamente racionais". Sabemos que os seres humanos não podem ser comparados a máquinas computacionais perfeitas. Afirma-se ainda que os investidores reais utilizam-se de simples abordagens heurísticas quando trabalham com incerteza, incorrendo em erros de lógica e de cálculo, resultando em tentativas descontroladas, cujo objetivo é aumentar o seu bem-estar como um todo.

Há méritos em tais argumentos, sendo ridícula a defesa das nossas características do processo de tomada de decisão como consistente em relação ao comportamento de todo investidor. Entretanto, é inteiramente possível que nossa abordagem represente uma tendência central e que, coletivamente, as ações dos investidores resultem em preços de ativos similares aos que seriam obtidos em um mercado composto por atores racionais.

Nos capítulos posteriores, vamos nos deparar com investidores que realizam previsões incorretas e verificamos que tais erros podem tender a cancelar uns aos outros, o que não afeta, portanto, os preços dos ativos. É possível que um resultado similar seja encontrado caso sejam incorporadas fobias humanas em nosso processo de decisão, o que não deixa as coisas tão simples. Felizmente, nossas hipóteses não são extremas como declaradas. As escolhas realizadas por nossos investidores derivam unicamente de suas funções de utilidade marginal. Como foi mostrado, é possível multiplicar qualquer função de utilidade marginal por uma constante sem que isso afete suas escolhas. Não importa como a magnitude absoluta da função será impactada pela constante. Por exemplo, as mesmas escolhas seriam obtidas se a função de utilidade original fosse multiplicada por uma constante e/ou adicionada por ela.

A função de utilidade marginal do investidor pode ser vista como uma representação de algumas das características de suas curvas de demanda ou de oferta para o consumo em estados alternativos do mundo. A fórmula para o estado do preço de reserva é:

$$r_j = \frac{\pi_j d_j m(\chi_j)}{m(\chi_1)}$$

Vamos admitir a situação em que um investidor é questionado acerca do preço de reserva no estado j, dadas as quantidades atuais de consumo em cada estado. Arbitrariamente, podemos fazer com que $m(\chi_1)$ seja igual a 1. Isto determina $d_j m(\chi_j)$. Em outra situação, perguntamos ao investidor sobre o preço de reserva no estado j, considerando as mesmas quantidades de consumo em todos os demais estados, mas com χ_j' no estado j. A resposta determinará $d_j m(\chi_j')$. Em princípio, alguém poderia usar um conjunto de questões a fim de especificar uma função de utilidade marginal completa que "preveria" as escolhas dos investidores bem como os seus preços de reserva que estão relacionados com as utilidades marginais conforme já assumido.

Isto não é somente uma abordagem que pode ser usada para revelar uma função de utilidade marginal do investidor a partir das escolhas que realizariam em situações hipotéticas. No Capítulo 7, descrevemos um experimento que se utiliza de um método com pessoas reais a fim de proporcionar evidências empíricas sobre as funções de utilidade marginais.

Admitimos, então que os investidores maximizam suas utilidades esperadas sujeitas à hipótese de que os mesmos admitam que unidades adicionais de consumo valem menos do que as unidades detidas.

3.9 Caso 2: Mario, Hue e seus Irmãos Ricos

As funções de utilidade marginais de Mario e de Hue têm declividades constantes quando plotadas contra o consumo em escala log/log. Nós definimos a declividade como sendo o grau de aversão relativo ao risco do investidor. O *default* de nosso programa de simulação é admitir que todo investidor tem uma função de utilidade marginal do tipo CRRA, com investidores diferindo somente pelos respectivos graus de aversão relativos aos riscos. Mas por que denominar a declividade como sendo o grau de aversão relativo aos riscos? A razão é que há um relacionamento entre esta declividade e a quantidade de risco que um investidor toma. Ilustramos isto com um novo caso, então examinamos as fórmulas dos preços de reserva a fim de explicar os resultados.

O Caso 2 é como o Caso 1 em todos os aspectos. Os títulos são os mesmos, com os mesmos *payoffs*. Mario e Hue estão de volta, com os mesmas carteiras e as mesmas preferências. Entretanto, eles estão unidos por seus irmãos ricos. A irmã de Mario, Marie, é duas vezes mais rica do que seu irmão; e o irmão de Hue, Hugo, é duas vezes mais rico do que sua irmã. Entretanto, as preferências parecem ser hereditárias, desde que Mario e Marie possuem aversões relativas ao risco constantes e iguais a 1,5, Hue e Hugo possuem aversões relativas ao risco constantes e iguais a 2,5. As Figuras 3-4 e 3-5 ilustram os novos valores para este caso.

Carteiras:	Consumo	Renda Fixa	MFC	HFC
Mario	49	0	10	0
Marie	98	0	20	0
Hue	49	0	0	10
Hugo	98	0	0	20

Figura 3-4 Caso 2: Tabela de carteiras.

De forma usual, admitimos que todos os investidores são auxiliados por um leiloeiro. Quando a negociação para, suas carteiras, em equilíbrio, estão dadas na Figura 3-6. Não é surpresa, que os menos avessos ao risco do que Mario e Marie terminam com carteiras de maior risco, obtidas pelas carteiras alavancadas, que contém proporções de ações do mercado, enquanto os mais avessos ao risco do que Hue e Hugo detêm carteiras de renda fixa e posições menos expressivas em carteiras proporcionais de ações.

Não surpreende que Marie tenha recursos mais elevados investidos do que Mario, uma vez que é mais rica. Nota-se, portanto, que suas posições são o dobro das de Mario. Em termos de proporção de valor, Marie e Mario têm a mesma carteira. Isto pode ser visto na tabela de retornos da Figura 3-7. Independentemente da disparidade de riquezas, Mario e Marie tomam a mesma quantidade de risco. Conforme tabelas 3-6 e 3-7, isto também é verdade para Hue e Hugo.

O resultado geral. Na ausência de restrições, não importa quais sejam as respectivas riquezas, os dois investidores com o mesmo grau de aversão relativa ao risco concordam quanto às probabilidades e não assumem posições que resultem nas mesmas carteiras medidas em termos das participações relativas dos títulos. De forma equivalente, um investidor com aversão relativa ao risco constante mostra as mesmas proporções de participação dos ativos em carteira, mesmo em situações em que estejam mais ricos ou mais pobres.

Preferências:	Tempo	Grau de aversão ao risco
Mario	0,96	1,5
Marie	0,96	1,5
Hue	0,96	2,5
Hugo	0,96	2,5

Figura 3-5 Caso 2: Tabela de preferências.

Carteiras	Consumo	Renda Fixa	MFC	HFC
Mercado	294,00	0,00	30,00	30,00
Mario	48,77	−12,16	6,24	6,24
Marie	97,55	−24,32	12,48	12,48
Hue	49,23	12,16	3,76	3,76
Hugo	98,45	24,32	7,52	7,52

Figura 3-6   Caso 2: Tabela de carteiras de equilíbrio.

Não é difícil encontrar uma boa explicação ao fato. Considere os preços de reserva de Mario para os estados em que ele obtenha a carteira de equilíbrio. Vamos lembrar que o preço de reserva para o estado j é dado por:

$$r_j = \frac{\pi_j d_j m(\chi_j)}{m(\chi_1)}$$

Dada uma especificação de função de utilidade marginal com aversão ao risco constante, temos:

$$r_j = \frac{\pi_j d_j a \chi_j^{-b}}{a \chi_1^{-b}}$$

então:

$$r_j = \pi_j d_j (\chi_j / \chi_1)^{-b}$$

Retornos de Carteiras:	RuimS	RuimN	BomS	BomN
Mercado	0,865	0,865	1,298	1,298
Mario	0,820	0,820	1,362	1,362
Marie	0,820	0,820	1,362	1,362
Hue	0,910	0,910	1,234	1,234
Hugo	0,910	0,910	1,234	1,234

Figura 3-7   Caso 2: Tabela de retornos das carteiras.

Vamos admitir que Marie detenha uma carteira com a mesma composição, porém com o dobro em quantidade de cada título. Uma vez que o preço de reserva para um estado depende apenas da taxa de consumo deste estado em relação ao consumo atual, Marie terá o mesmo preço de reserva para aquele estado em comparação a Mario. Isso é verdade para qualquer estado. Devemos ainda lembrar que o preço de reserva para um título é obtido a partir de seus *payoffs* através dos estados e de seus preços de reserva para cada estado. Assim, Marie detém o mesmo preço de reserva para cada título em comparação a Mario. Mas, sabemos que Mario está satisfeito com sua carteira, dados os preços em equilíbrio dos títulos. Conseqüentemente, Marie também deve estar satisfeita. Marie gostaria de uma carteira em que cada posição assumida fosse um múltiplo da posição assumida por Mario. Dessa forma, tomam o mesmo risco.

Construimos esses quatro investidores com graus de aversão relativa ao risco constantes e com o mesmo risco embutido em suas carteiras, independentemente, de suas riquezas. Os investidores reais encontram-se neste caso? Observações e introspecções sugerem que muitas pessoas, provavelmente, desejam tomar mais risco em suas carteiras conforme tornam-se mais ricas. Devem estar sujeitas a funções de utilidade marginal com aversão relativa ao risco decrescente. Trabalhamos com essa possibilidade adiante. Mas, primeiro, é preciso discutir os casos menos prováveis em que os investidores têm aversão relativa ao risco crescente, situação em que escolhendo tomar menos risco a medida em que se tornam mais ricos.

3.10 Funções Utilidade Quadráticas

Para os Casos 1 e 2, todos os nossos investidores mostram aversão relativa ao risco constante. Para cada um, a utilidade marginal foi relacionada ao consumo pela fórmula:

$$m = a\chi^{-b}$$

em que a e b são positivos. Adicionalmente, para a propriedade de aversão relativa ao risco constante, essa função tem outras duas propriedades, sendo que cada uma parece consistente com a maioria das preferências. Primeiro, não importa o quanto o investidor vá consumir (X), a utilidade marginal de um consumo adicional é positiva. Mais consumo é sempre preferível a menos. Segundo, a utilidade marginal é infinita se o consumo for nulo. Isso é consistente com a observação de que o consumo é altamente satisfatório se a falta do mesmo for uma alternativa. Um investidor com esse tipo de função de utilidade nunca escolhe, voluntariamente, morrer pela falta de consumo.

Enquanto as funções de utilidade CRRA são usadas em muitas aplicações financeiras, há algumas exceções. Uma hipótese alternativa, muito utilizada, é de uma função de utilidade do investidor que pode ser aproximada por uma equação quadrática:

$$u(\chi_s) = a + b\chi_s - c\chi_s^2$$

dessa forma, a utilidade marginal está linearmente relacionada ao consumo:

$$m(\chi_s) = b - 2c\chi_s$$

As Figuras 3-8 e 3-9 mostram as funções de utilidade e de utilidade marginal para um caso específico de função utilidade quadrática. Observe que, inconsistente com a maior parte do comportamento observado, a utilidade atinge um pico de saciedade (75 neste caso) e então declina. Correspondentemente, a utilidade marginal do consumo torna-se negativa depois que o "ponto de máximo" é encontrado. Ainda pior, a utilidade marginal é finita quando o consumo é nulo. Um indivíduo que se ajusta a este tipo de função utilidade pode escolher a possibilidade de nada consumir.

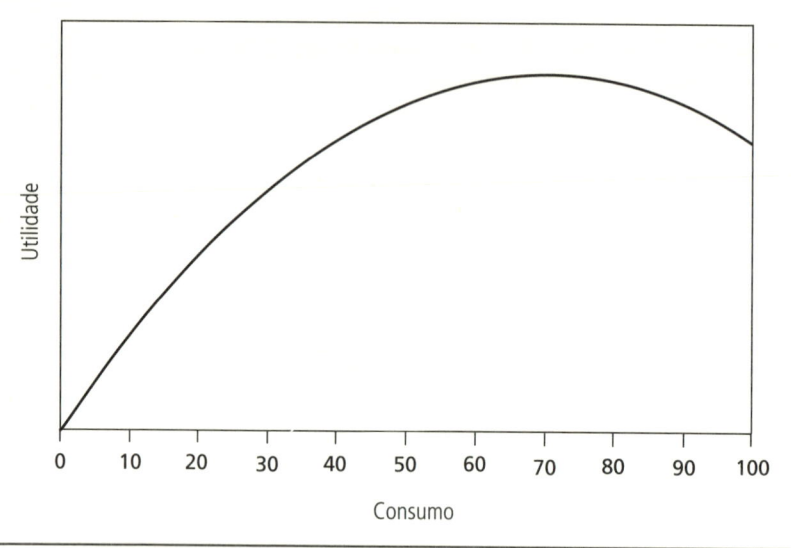

Figura 3-8   Função utilidade quadrática.

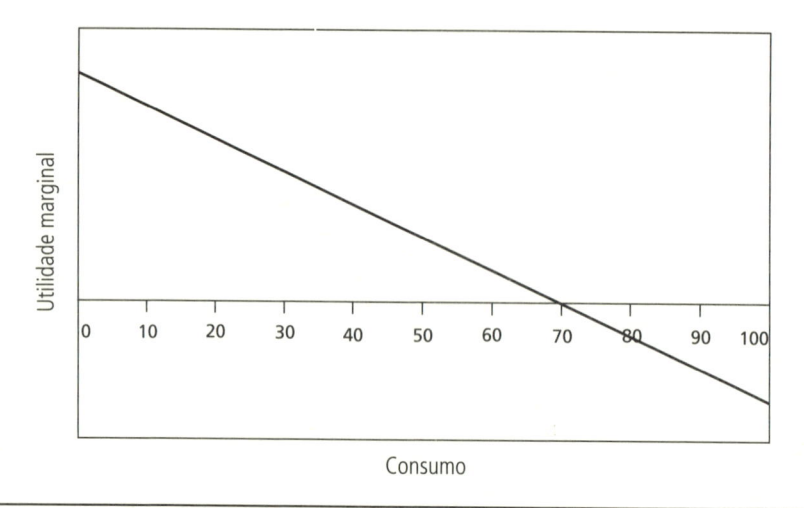

Figura 3-9   Função utilidade marginal com utilidade quadrática.

A Figura 3-10 mostra uma função de utilidade de um investidor em escala duplo-log. Como pode ser visto, a declividade (aversão relativa ao risco) aumenta a medida em que o consumo aumenta. O investidor torna-se mais avesso ao risco conforme sua riqueza aumenta.

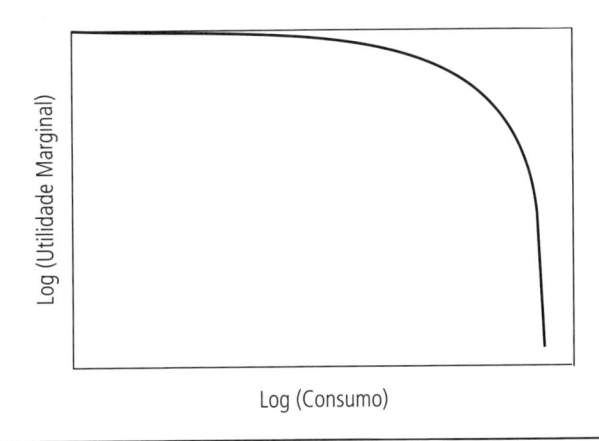

Figura 3-10   Função utilidade marginal com utilidade quadrática em escala duplo-log.

3.10.1 Caso 3: Quentin e sua Irmã Rica Querida

Com o objetivo de discutir e mostrar as implicações das funções de utilidade quadrática, apresentamos Quentin e sua irmã Querida. Cada um começa com carteiras de ações diversificadas, mas Querida tem em carteira o dobro de títulos em comparação a Quentin, conforme mostra a Figura 3-11.

Desde que ambos os investidores tenham utilidades quadráticas, é preciso especificar os tipos de funções de utilidade e seus parâmetros explicitamente, em relação às taxas que descontam seus consumos futuros. As tabelas de entrada associadas são mostradas nas Figuras 3-12 e 3-13.

No simulador, a utilidade quadrática é denotada pelo tipo 1 (em função CRRA é do tipo 2). Apenas um parâmetro é exigido a fim de multiplicar a utilidade marginal por uma constante positiva, tornando possível a utilização da função na seguinte forma:

$$m = 1 - (1/S)\,\chi$$

Carteiras:	Consumo	Renda Fixa	MFC	HFC
Quentin	49	0	5	5
Querida	98	0	10	10

Figura 3-11   Caso 3: Tabela de carteiras.

Taxas de desconto:	Futuro
Quentin	0,96
Querida	0,96

Figura 3-12   Caso 3: Tabela de taxas de desconto.

O valor de S indica o nível de saturação do consumo, em que a utilidade marginal torna-se nula. Na Figura 3-13, este nível é igual a 200 tanto para Quentin como Querida e, portanto, suas utilidades marginais são as mesmas.

Utilidades:	Tipo	Parâmetro
Quentin	1	200
Querida	1	200

Figura 3-13   Caso 3: Tabela de utilidades.

De forma prática, a utilidade marginal nunca deve ser nula (ou, a *fortiori*, negativa). A gestão dessa restrição em simulações é feita pela função de utilidade quadrática pela função CRRA para valores de consumo mais elevados do que 99% de S. Admitimos, ainda, a restrição de que nenhum nível de consumo próximo a um valor positivo muito pequeno seja permitido, assegurando que somente níveis de consumo com utilidade marginal positiva sejam considerados. No Caso 3, todos os níveis escolhidos de consumo estão no intervalo cuja função de utilidade seja quadrática e, portanto, essas precauções não têm nenhum efeito sobre os resultados.

A Figura 3-14 mostra as carteiras escolhidas pelos dois investidores. Os resultados são evidentes. Querida, a mais rica, toma menos risco do que Quentin. De fato, detém menos ações para cada lote escolhido do que seu irmão. Isto reflete um nível menor de aversão absoluta ao risco. Não somente o seu grau de aversão relativa ao risco é menor, como também é o seu grau de aversão absoluta ao risco. Parece ser esse um resultado improvável. Entretanto, segue da curvatura extrema da função de utilidade marginal da Figura 3-10. Uma forma simples de pensar sobre isso é aproximar a curva por uma linha reta no intervalo de consumo em que um investidor tenha recursos suficientes para fazê-lo. Quentin se encontrará na parte superior e esquerda do diagrama, cuja curva é relativamente linear. Assim, obtemos escolhas similares àquelas feitas por um investidor do tipo CRRA que apresenta um grau elevado de aversão relativo ao risco.

É improvável que muitas pessoas tenham funções de utilidade quadrática para aplicar em todo o intervalo de níveis de consumo. Entretanto, em um intervalo de consumo relevante, a verdadeira utilidade marginal do investidor pode muito bem ser aproximada por uma função de utilidade marginal linear, a partir de uma função quadrática. Essa possibilidade não é descartada, pois tanto a moderna teoria de investimentos quanto a prática estão baseadas no comportamento que é consistente com funções utilidade quadráticas.

Carteiras:	Consumo	Renda Fixa	MFC	HFC
Mercado	147,00	0,00	15,00	15,00
Quentin	48,33	−39,52	8,97	8,96
Querida	98,67	39,52	6,03	6,04

Figura 3-14   Caso 3: Tabela de carteiras em equilíbrio.

3.10.2 Preferências do Tipo Retorno/Risco

A hipótese de que as pessoas ajustam-se a utilidades quadráticas em um intervalo de consumo expressivo é de grande valia. Na ausência de preferências por estados dependentes ou de posições de outros investidores, um investidor com função de utilidade quadrática se preocupará somente com a média (retorno esperado) e a variância do retorno de sua carteira. Entre um conjunto de carteiras com os mesmos retornos esperados, um investidor escolherá aquela que apresenta menor variância, não importando como os formatos de suas distribuições de probabilidades possam diferir. Carteiras de variância mínima para um dado retorno esperado são carteiras eficientes na teoria retorno/risco. Investidores com utilidade quadrática podem aproximar a seleção de carteiras em dois estágios: (1) encontrar o conjunto de carteiras eficientes no contexto de retorno/risco, então (2) selecionar a carteira que proporciona a maior utilidade esperada, dada a atitude do investidor perante o risco.

A fim de verificar a razão pela qual retorno e risco sejam estatísticas suficientes para um investidor com função quadrática, quando se deseja escolher entre diferentes carteiras alternativas, note que para um investidor, a utilidade esperada de um conjunto de valores de consumo (X) é dada por:

$$EU = a + bE(\chi) - cE(\chi^2)$$

A variância é simplesmente o valor esperado dos níveis de consumo ao quadrado líquidos das respectivas médias ao quadrado. Isto implica no seguinte:

$$V(\chi) = E(\chi^2) - E(\chi)^2$$

As duas equações combinadas mostram que a utilidade esperada pode ser determinada, unicamente, a partir do retorno esperado e da variância dos retornos de uma carteira:

$$EU = a + bE(\chi) - cE(\chi)^2 - cV(\chi)$$

Como mostramos, os valores dos parâmetros (*a*, *b* e *c*) podem ser resumidos por um único número, por exemplo, o nível de saturação (*S*). Uma abordagem mais comum é aquela que resume as preferências dos investidores em termos da quantidade do retorno esperado adicional que o investidor exige, sob a consideração de uma unidade adicional de risco.

Enquanto a hipótese de utilidade quadrática conduz à situação em que os investidores se preocupam apenas com o retorno e risco de suas carteiras, isto não é suficiente para afirmar que os investidores mostram essas preferências. Uma conclusão justificável admitindo que todas as carteiras de investimentos têm as mesmas distribuição de probabilidades e, portanto, podem ser caracterizadas por parâmetros como média e variância. Então, considerando todas as carteiras com a mesma variância, aquela que apresentar o maior retorno esperado (média) para um nível dado de risco, é claramente superior (esta é a definição de Markowitz para carteiras eficientes).

Infelizmente, esta linha de raciocínio não é geral. Mesmo se todos os retornos provenientes das atividades das corporações se ajustassem à mesma distribuição de probabilidades, isto não é verdade para títulos como derivativos ou opções. Assim, parece melhor trocar a abordagem retorno/risco das preferências por resultados de equilíbrio provenientes das preferências como aproximações da realidade a partir das curvas de utilidade marginal do investidor cujas retas estão contidas em um intervalo relevante de consumo. Em relação a períodos curtos, quando os retornos estão cobrindo uma grande variedade de possibilidades, os resultados retorno/risco podem ser úteis. Mas para as análises que cobrem períodos mais longos, quando os retornos podem variar substancialmente, hipóteses mais plausíveis acerca do comportamento das preferências dos investidores são uma alternativa superior.

3.11 Diminuindo o Grau de Aversão Relativa ao Risco

As pessoas mais ricas tomam mais, menos ou o mesmo grau de risco que as pessoas mais pobres? Apresentamos dois tipos de preferências alternativas. As pessoas com utilidade quadrática tomam menos risco quando se tornam mais ricas. Aquelas que se ajustam a uma utilidade do tipo CRRA tomam o mesmo risco quando se tornam mais ricas. É preciso, então, ao menos um tipo de função que descreva o aumento de risco para os investidores caso tornem-se mais ricos. Assim, necessitamos de uma curva de utilidade marginal, em escala duplo-log, que apresente uma declividade decrescente quando o consumo aumenta.

Há vários caminhos para se atender a este tipo de comportamento. Descrevemos o uso de "curvas em degrau" na próxima seção. Apresentamos aqui um procedimento alternativo que envolve uma única curva. A principal hipótese é a de que existe um nível de consumo mínimo que o investidor admite como absolutamente essencial. Se o mesmo estiver restrito apenas a este nível de consumo para qualquer estado, a utilidade marginal de um consumo adicional será infinita. Sendo M o nível mínimo de consumo, a utilidade marginal do investidor é dada por:

$$m = (\chi - M)^{-b}$$

A Figura 3-15 mostra o relacionamento entre o logaritmo da utilidade marginal e o logaritmo do consumo para o caso em que $M = 20$ e $b = 1$. Todas as quantidades de consumo mostradas estão bem acima de 20. A curvatura é pequena, mas a aversão ao risco diminui quando o consumo cresce.

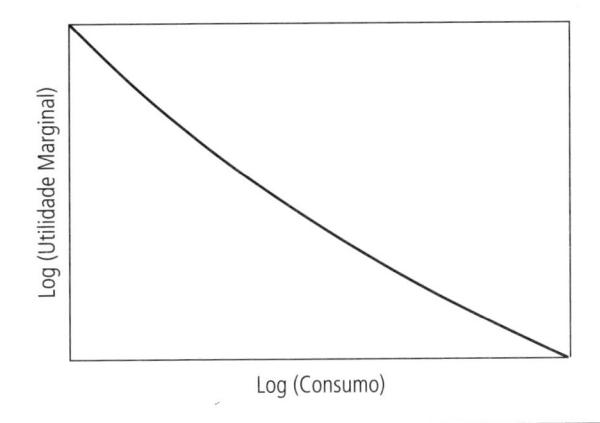

Figura 3-15   Uma função utilidade marginal com aversão relativa ao risco decrescente em escala duplo-log.

3.11.1 Caso 4: David e Danielle

O Caso 4 introduz dois novos investidores, David e Danielle. Ambos possuem um grau de aversão relativa ao risco decrescente (tipo 4 no simulador) com parâmetros idênticos para as curvas de utilidade. Entretanto, Danielle é mais rica do que David.

Os títulos e as probabilidades são as mesmas daqueles encontrados no Caso 1. As carteiras iniciais dos investidores, as taxas de descontos e as utilidades são mostradas nas Figuras 3-16, 3-17 e 3-18, respectivamente. Como mostra a Figura 3-18, tanto David como Danielle têm funções de utilidade do tipo 4 com um nível de consumo mínimo igual a 20 e um grau de aversão ao risco igual a 1.

Carteiras:	Consumo	Renda Fixa	MFC	HFC
David	49	0	5	5
Danielle	98	0	10	10

Figura 3-16   Caso 4: Tabela de carteiras.

Taxa de Desconto:	Futuro
David	0,96
Danielle	0,96

Figura 3-17   Caso 4: Tabela de taxas de desconto.

Utilidades:	Tipo	Consumo mínimo	Grau de aversão ao risco
David	4	20,00	1,00
Danielle	4	20,00	1,00

Figura 3-18   Caso 4: Tabela de utilidades.

A Figura 3-19 mostra as carteiras de David e de Danielle em equilíbrio e a Figura 3-20 mostra os respectivos consumos em cada estado.

Carteiras:	Consumo	Renda Fixa	MFC	HFC
Mercado	147,00	0,00	15,00	15,00
David	49,01	9,14	4,07	4,07
Danielle	97,99	−9,14	−10,93	10,93

Figura 3-19   Caso 4: Tabela de carteiras em equilíbrio.

Consumo:	Agora	RuimS	RuimN	BomS	BomN
Mercado	147,00	120,00	120,00	180,00	180,00
David	49,00	41,7	41,7	58,00	58,00
Danielle	98,00	78,3	78,3	122,00	122,00

Figura 3-20   Caso 4: Tabela de consumo.

Como previsto, Danielle toma mais risco do que David, conforme sua decisão de emprestar dinheiro para este. Além do mais, Danielle é mais rica, sendo capaz de viver melhor do que David não importando o que aconteça.

Ainda há muito o que aprender neste caso. As primeiras duas linhas da Figura 3-21 mostram as quantidades em excesso em relação ao nível mínimo de consumo, e a última linha mostra as taxas de "excesso de consumo" de Danielle em relação a David.

Note que todas as taxas são as mesmas. Cada investidor escolheu "fixar" uma quantidade de consumo em cada estado igual ao mínimo (20, neste caso). Então, com a riqueza remanescente, cada um comprou as mesmas quantidades relativas de unidades de consumo em cada um dos estados. Isso não é surpresa. Depois de assegurar a quantidade mínima de consumo, cada investidor exibe uma aversão relativa ao risco constante de acordo com seus recursos remanescentes. Entretanto, de forma geral, a aversão relativa ao risco declina com o aumento dos níveis de riqueza.

É útil notar a função que usamos em nossos exemplos:

$$m = (\mathcal{X} - M)^{-b}$$

De fato, é bem versátil. Como podemos verificar, um valor positivo de M, interpretado como o nível de consumo mínimo, exibe uma aversão relativa ao risco decrescente. Se M for igual a zero, tem-se uma função de aversão relativa ao risco constante. E se M for um número negativo, exibe uma aversão relativa ao risco crescente. O termo genérico para todas essas manifestações é conhecido como aversão absoluta hiperbólica ao risco (HARA), em que as razões para essa denominação não é escopo da obra.

Enquanto o programa de simulação permite valores de M iguais a zero ou negativos, os casos mais interessantes são aqueles em que valores positivos de M exibem aversão relativa ao risco decrescente, com M interpretado como o nível mínimo de consumo. Isto pode caracterizar a abordagem realizada por alguns investidores quando fazem decalarações do tipo: "tenho que obter pelo menos M a partir dos meus investimentos; depois disso, estou satisfeito em tomar mais risco". A função de utilidade HARA com M maior do que zero é capaz de capturar essas preferências.

Consumo:	Hoje	RuimS	RuimN	BomS	BomN
David	29,0	21,7	21,7	38,0	38,0
Danielle	78,0	58,3	58,3	102,0	102,0
Taxas	2,7	2,7	2,7	2,7	2,7

Figura 3-21   Caso 4: Excessos de consumo em relação aos níveis de consumo mínimos.

3.12 Funções Utilidade Marginal em Degraus

Em experimentos conduzidos por psicólogos cognitivos, indivíduos que demonstram decisões simples acerca da incerteza tendem a fazer escolhas que revelam visões assimétricas sobre pequenos ganhos e perdas a partir de algum ponto de referência. Por exemplo, assume-se que o ponto de referência do investidor para o próximo ano de consumo seja igual a χ_r. Alguém propõe jogar uma moeda. Se o resultado for coroa, o consumo do próximo ano será $\chi_r - \$1$. Se o resultado for, no entanto, cara, o consumo do próximo ano será $\chi_r - \$z$. Qual é o maior valor de z para que o investidor seja incentivado a fazer uma proposta? Quando respondem a essas questões, muitas pessoas indicam que z deveria ser igual ou maior do que \$2, mesmo que as quantidades a serem perdidas ou ganhas sejam mínimas.

Os resultados de numerosos experimentos cognitivos estão resumidos pela Teoria Prospectiva de Daniel Kahneman e de Amos Tversky (Tversky e Kahneman, 1992). Essa teoria assume um modelo de comportamento que difere em muitos aspectos da abordagem de escolha de investimentos usada neste livro. Não estamos preocupados em examinar todos os seus aspectos, preferindo nos concentrar nas visões assimétricas de ganhos e perdas próximas ao ponto de referência.

O caminho direto à reflexão em relação a esse tipo de atitude é representar um investidor, cujas preferências ajustam-se a uma curva de utilidade marginal descontínua, com uma utilidade marginal à esquerda do ponto de referência duas ou mais vezes maior do que a utilidade marginal à direita do ponto de referência. Isto viola a hipótese, de que todos os investidores ajustam-se a funções de utilidade marginal contínua com declividade decrescente. Felizmente, é possível capturar a principal hipótese, mas nunca incluir todos os aspectos essenciais de comportamento advindos da teoria prospectiva. A solução é trocar um ponto de referência fixo por outro mais flexível. Isso requer que as funções de utilidade marginal sejam contínuas com declividade decrescente, mas permitindo que as mesmas tenham "degraus".

Um exemplo útil é proporcionado pela função de utilidade marginal que apresenta três ou mais segmentos, sendo que cada um exibe aversão relativa ao risco constante. Considere que para Kevin um nível de consumo futuro próximo de 50 é muito importante. Para níveis de consumo abaixo de 50, ele tem uma aversão relativa ao risco constante e igual a 2. Para níveis acima de 50,5 (101% de 50), ele tem uma aversão relativa ao risco constante de 2. Mas sua utilidade marginal para consumir no ponto 50 é duas vezes maior do que sua utilidade marginal em 50,5. Representamos isso por um segmento que possui aversão relativa ao risco de 70, desde que para um aumento no consumo de 1% a utilidade marginal seja reduzida por mais da metade (mais precisamente, 1,01-70 = 0,4983).

A Figura 3-22 mostra a utilidade marginal de Kevin como uma função de consumo, enquanto a Figura 3-23 mostra este relacionamento pela utilização da escala duplo-log. A função está plotada por uma curva linear descontínua quando os logaritmos dos valores são utilizados. Por simplicidade, afirmamos que uma função exibe aversão relativa ao risco constante em cada "descontinuidade" do gráfico.

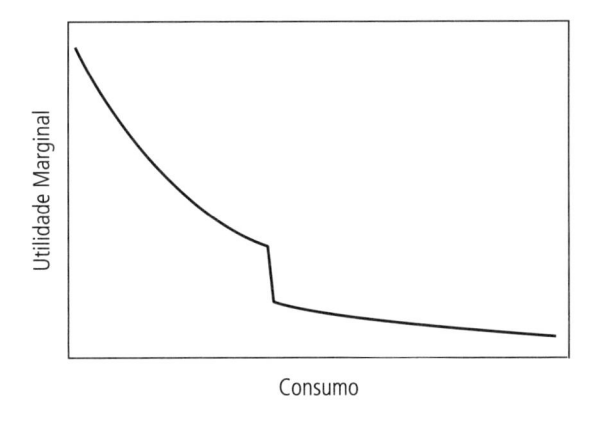

Figura 3-22 Função utilidade marginal em "degrau" com aversão relativa ao risco constante.

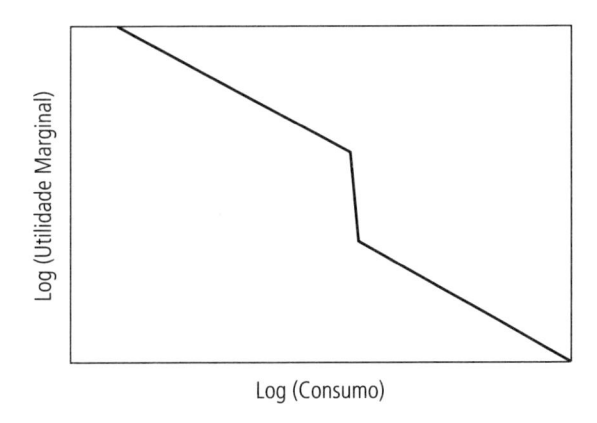

Figura 3-23 Função utilidade marginal em "degrau" com aversão relativa ao risco constante em escala duplo-log.

3.12.1 Caso 5: Kevin e Warren

Com o objetivo de visualizar a ação de um investidor com curva de utilidade marginal em "degraus", utilizamos um caso em que Kevin compartilha o mercado com Warren, que é mais rico do que Kevin. Os títulos são similares aos do Caso 1, assim como as probabilidades de estado. E, como em todos os casos, os investidores concordam com as probabilidades de estado e não mostram posições fora desses intervalos. Suas carteiras iniciais são mostradas na Figura 3-24.

A Figura 3-25 mostra as taxas de desconto dos investidores e a Figura 3-26 mostra os parâmetros de suas funções de utilidade marginal. Warren é um investidor com aversão relativa ao risco constante (tipo 2) e igual a 2. A função de utilidade marginal de Kevin é do tipo 4, com os segmentos conforme descritos.

Carteiras:	Consumo	Renda Fixa	MFC	HFC
Warren	4900	0	500	500
Kevin	49	0	5	5

Figura 3-24   Caso 5: Tabela de carteiras iniciais.

Taxas de Desconto:	Tempo
Warren	0,96
Kevin	0,96

Figura 3-25   Caso 5: Tabela de taxas de desconto.

Utilidades:	Tipo	RiscoPref	RefBaixo	RiscoPref	RefAlto	RiscoPref
Warren	2	2,00				
Kevin	3	2,00	50,00	70,00	50,50	2,00

Figura 3-26   Caso 5: Tabela de utilidades.

Apesar da propensão de Kevin para um nível de consumo igual a 50, tanto ele como Warren podem obter ganhos com a negociação. Depois que o leiloeiro executou seu trabalho, a situação resultante encontra-se nas Figuras 3-27, 3-28 e 3-29.

A tabela de carteiras da Figura 3-27 mostra que Kevin escolheu tomar um pouco de risco por manter ações da MFC e da HFC. E, como em todos os casos anteriores, todos os investidores mantém carteiras com ativos de mercado de maior grau de risco conforme o resultado do Corolário Recompensa/Risco em Mercado. A tabela de níveis de consumos da Figura 3-28 mostra que Kevin decidiu consumir menos do que 50 em alguns estados e mais do que 50 em outros estados. Mas, ainda prefere ficar próximo da respectiva zona de conforto.

Kevin escolheu uma carteira conservadora cujos retornos são encontrados na Figura 3-29. Sua riqueza está menos relacionada à performance do mercado do que a de Warren. Embora Warren tenha tomado um pouco de risco de mercado a mais do que Kevin, o gráfico de retornos do mesmo não se distingue facilmente da curva de mercado desde que sua carteira seja constituída de forma similar à carteira de mercado.

Carteiras:	Consumo	Renda Fixa	MFC	HFC
Mercado	4949,00	0,00	505,00	505,00
Warren	4898,93	−27,70	503,11	503,11
Kevin	50,07	27,70	1,89	1,89

Figura 3-27   Caso 5: Tabela de carteiras.

Consumos:	Hoje	RuimS	RuimN	BomS	BomN
Mercado	4949,0	4040,0	4040,0	6060,0	6060,0
Warren	4898,9	3997,2	3997,2	6009,6	6009,6
Kevin	50,1	42,8	42,8	50,4	50,4

Figura 3-28   Caso 5: Tabela de níveis de consumo.

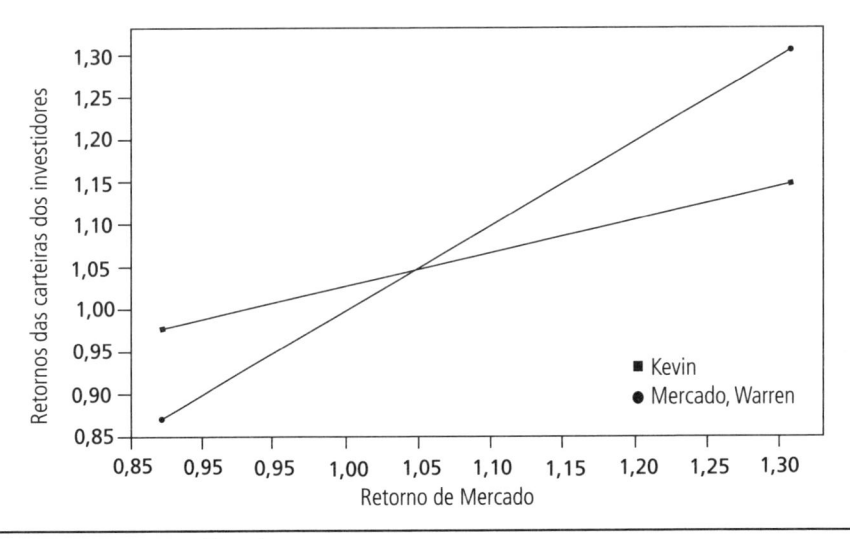

Figura 3-29   Caso 5: Gráfico dos retornos.

3.13 Resumo

Introduzimos quatro tipos de preferências. Não há razões para acreditar que todas as preferências dos investidores sejam descritas apenas por esses quatro tipos de preferências, embora seja possível aproximar qualquer preferência por uma função em escada do tipo CRRA caso sejam utilizadas "descontinuidades" suficentes para tanto. Deve-se admitir que os investidores apresentam diversos tipos de preferências e que o mercado de capitais reflete essa diversidade.

Nossa abordagem de simulação apresenta vantagens sobre os modelos tradicionais, desde que seja possível acomodar investidores com diferentes tipos de preferências. Modelos tradicionais são freqüentemente restritos a admitir que todos os investidores sejam de um determinado tipo ou que pelo menos o mercado atue como se houvesse apenas um investidor cujas preferências são "representativas" daquele conjunto de investidores. Mas, como já foi indicado, a simulação tem desvantagens, em particular a dificuldade quanto ao entendimento fácil do relacionamento entre entradas e saídas. Todavia, há lições gerais a serem aprendidas a partir dos casos que foram apresentados e daqueles que são discutidos em capítulos posteriores.

Capítulo 4

PREÇOS

Este capítulo concentra-se nos preços — os preços dos títulos e dos estados contingentes introduzidos no Capítulo 3. Particularmente, interessa-nos os relacionamentos entre retornos esperados, as várias medidas de risco e as medidas de sensibilidade a variações de outras variáveis em mercado. Introduzimos versões alternativas do Teorema de Recompensa/Risco Esperado em Mercado (TRRM) e investigamos as condições em que uma ou mais versões são válidas. Como em capítulos anteriores, assumimos que os investidores concordam com as probabilidades dos estados futuros, não possuindo posições outras, e que a taxa desconto e as utilidades de todos os estados para uma dada data são as mesmas, deixando para futuros capítulos a investigação das características do equilíbrio, quando todas ou parte dessas hipóteses são violadas.

4.1 Mercados Completos

Definimos que um direito contingenciado é um título que paga 1 unidade monetária se, e somente se, um estado específico vier a ocorrer. Afirmamos que os direitos contingenciados podem ser considerados as origens a partir das quais os demais títulos são formados. Mesmo que algumas das contingências possam ser negociadas explicitamente, isso é um caso raro. Todavia, torna-se útil admitir características da natureza em que todos os direitos contingenciados possíveis sejam negociados. Essa natureza é conhecida pelo termo mercados completos.

Se as instituições financeiras e os mercados operassem sem custos, todos poderiam negociar os títulos padrão com direitos contingenciados da forma como descrita no Capítulo 3. Entretanto, pode ser mais eficiente se o leiloeiro abrir as negociações em um ou mais estados de direito, com vendedores e compradores aptos a realizar as transações. Em um caso assim, cada direito contingenciado, como o título de renda fixa em nossos casos anteriores, tem oferta líquida nula. E, para os demais instrumentos, os compradores teriam que se assegurar de que os vendedores cumpririam as suas promessas.

Para simular um mercado completo, adotamos uma abordagem seqüencial. Permitimos que os investidores alcancem o equilíbrio usando títulos padrão disponíveis; então, abrimos o mercado para a negociação dos direitos contingenciados. Os procedimentos de negociação possíveis utilizados pelo leiloeiro para os direitos contingenciados são os mesmos usados para os títulos-padrão. Em todos os casos deste livro utilizamos um tipo simples de abertura de preços cujas negociações são realizadas em cada mercado usando um preço que se encontre entre a média dos preços de reserva de compra dos investidores e a média dos preços de reserva de venda.

No mundo real há custos financeiros, além de outros, sendo que um mercado completo é a melhor aproximação da realidade. Em alguns casos isto pode ser uma boa aproximação; em outros, uma aproximação pobre. Exploramos esses assuntos em detalhes em capítulos posteriores. Primeiro, examinamos as características dos preços, dos riscos e dos retornos esperados em um mercado completo.

4.2 Caso 6: Quade, Dagmar e Seus Fundos Indexados

O Caso 6 envolve apenas dois investidores: Quade e Dagmar, que operam em um ambiente mais sofisticado do que nos exemplos anteriores. Há agora dez estados futuros da natureza e seis títulos-padrão. A Figura 4-1 mostra a tabela de títulos e a Figura 4-2 mostra a tabela de carteiras iniciais.

Títulos	Consumo	STBond	GovBds	NonGvBds	ValueStx	GthStx	SmlStx
Hoje	1,0000	0,0000	0,0000	0,0000	0,0000	0,0000	0,0000
Depressão 1	0,0000	1,0000	0,9594	0,8897	0,8772	0,7789	0,8560
Depressão 2	0,0000	1,0000	1,0672	1,0470	0,7436	0,7164	0,8062
Recessão 1	0,0000	1,0000	0,8968	0,9038	0,9229	0,9605	0,8989
Recessão 2	0,0000	1,0000	0,9135	0,9289	0,9297	0,9579	0,8207
Normalidade 1	0,0000	1,0000	1,0692	1,0543	1,1506	0,9814	1,1135
Normalidade 2	0,0000	1,0000	0,9636	0,9940	1,1849	1,0584	1,1672
Prosperidade 1	0,0000	1,0000	1,1931	1,3131	1,1086	1,1186	1,1186
Prosperidade 2	0,0000	1,0000	1,0434	1,0377	1,2397	1,3053	1,1915
Boom 1	0,0000	1,0000	1,1063	1,1220	1,1793	1,3374	1,4193
Boom 2	0,0000	1,0000	1,1085	1,1141	1,2947	1,3060	1,2611

Figura 4-1   Caso 6: Tabela de títulos.

Aqueles que têm conhecimento sobre investimentos podem se sentir familiarizados com o nome da maioria dos títulos. O primeiro corresponde à representação usual de consumo presente. O segundo é o título livre de risco que representa os empréstimos — este caso é conhecido como "STBond" indicando um título de renda fixa de curto prazo padrão. Cada um dos títulos remanescentes corresponde a um fundo mútuo indexado — isto é, uma carteira que inclui posições proporcionais para todos os títulos de um determinado tipo. Nesse caso, admitimos que todo título individual está incluído em um e somente um dos cinco fundos mútuos, que representam, respectivamente, títulos públicos, títulos privados, ações de grandes empresas, ações de empresas que pagam dividendos crescentes e ações de pequenas empresas.

Títulos:	Consumo	STBond	GovBds	NonGvBds	ValueStx	GthStx	SmlStx
Quade	515	0	100	100	120	120	60
Dagmar	515	0	100	100	120	120	60

Figura 4-2   Caso 6: Tabela de carteiras iniciais.

Os últimos três fundos são tipicamente formados por ações de empresas e criados por empresas financeiras, com cada ação individual incluída em um fundo específico baseado na capitalização do mercado de suas empresas e no relacionamento entre seu preço de mercado e as características de uma ou mais medidas contábeis (ex., lucros por ação).

Os retornos dos fundos indexados e suas posições iniciais são mostrados nas Figuras 4-1 e 4-2. São projetados de forma que seus retornos totais por dólar investido sejam razoavelmente representativos e que os mesmos possam ser obtidos para diferentes condições econômicas.

Como as denominações já indicam, há diferentes níveis agrupados para o comportamento da economia e os retornos totais obtidos em um mercado (isto é, depressão, recessão) e, para cada nível geral ou estado geral da natureza, uma alocação distinta do retorno total de mercado através das alternativas disponíveis de investimento. Antes do início das negociações, os investidores detêm carteiras de mercado e evitam tomar o risco não diversificável. Assim, Quade terá o mesmo valor final no estado de Depressão 1 e no estado de Depressão 2, bem como Dagmar. Isto também ocorre para todos os pares de estado em mesmo nível econômico. Finalmente, para obter mais credibilidade, o número total de quotas dos fundos é projetado de forma a refletir o tamanho de cada setor.

A Figura 4-3 mostra a tabela de probabilidades. Os estados menos prováveis estão associados à depressão e ao estado de crescimento rápido. Os estados de recessão e de prosperidade são mais prováveis, e a maioria dos seus resultados está associada às condições econômicas normais. Finalmente, para cada nível de resultado econômico possível, há duas divisões igualmente prováveis de todas as saídas da economia.

Quade tem suas preferências representadas pela função de utilidade quadrática; assim, sua aversão ao risco aumenta com o consumo. As preferências de Dagmar são menos surpreendentes; sua aversão relativa ao risco diminui com o consumo. A Figura 4-4 mostra as respectivas taxas de descontos e os parâmetros de utilidade, usando as convenções descritas no Capítulo 3.

Probabilidades	Agora	Depressão 1	Depressão 2	Recessão 1	Recessão 2	Normalidade 1	Normalidade 2	Prosperidade 1	Prosperidade 2	Crescimento rápido 1	Crescimento rápido 2
Probabilidade	1	0,05	0,05	0,10	0,10	0,20	0,20	0,10	0,10	0,05	0,05

Figura 4-3 Caso 6: Tabela de probabilidades.

Descontos:	Futuros
Quade	0,96
Dagmar	0,96

Utilidades:	Tipo	Param 1	Param 2
Quade	1	600	
Dagmar	4	100	2,00

Figura 4-4   Caso 6: Tabela de taxas de desconto e utilidades.

4.2.1 Equilíbrio com Títulos Convencionais

Com o objetivo de examinar as características de um mercado com títulos convencionais, permitimos que Quade e Dagmar negociem com um título de renda fixa de curto prazo e cinco fundos indicados. Quando a negociação termina, notamos que os investidores escolheram diferentes carteiras, confome a Figura 4-5. Quade é mais conservador, escolhendo emprestar $211,4 a Dagmar. Por outro lado, é difícil perceber um padrão. Quade decide por manter uma carteira em que a proporção relativa de títulos privados e ações de grandes empresas é maior do que a proporção relativa de títulos públicos, ações de empresas que distribuem dividendos crescentes e ações de pequenas empresas. Esta divisão não é resultado do fato de que ele discorda quanto às prospectivas futuras acerca dos comportamentos dos preços dos títulos. Nem explica-se pelo fato de ajustar suas carteiras a um melhor ajuste de fontes de recursos, pois não estamos admitindo a possibilidade de solução a descoberto (ou alavancadas). O que pode então estar acontecendo aqui?

Carteiras:	Consumo	STBond	GovBds	NonGvBds	ValueStx	GthStx	SmlStx
Mercado	1030,00	0,00	200,00	200,00	240,00	240,00	120,00
Quade	516,05	211,44	−19,68	111,79	132,14	32,95	28,71
Dagmar	513,95	−211,44	219,68	88,21	107,86	207,05	91,29

Figura 4-5   Caso 6: Tabela de carteiras.

O gráfico dos retornos mostrado na Figura 4-6 esclarece parte da indagação. Observe que os dois investidores escolheram tomar risco não diversificável, pois nenhuma carteira apresenta retornos que resultem de uma função estritamente crescente em relação ao mercado como um todo. Por exemplo, Dagmar, o investidor mais agressivo, tem diferentes retornos para os dois estados de crescimento rápido (mostrados à direita do gráfico), assim como Quade mostra o mesmo resultado. Este é o caso para outros níveis de retorno de mercado. Nenhum investidor obedece a CRRM, portanto.

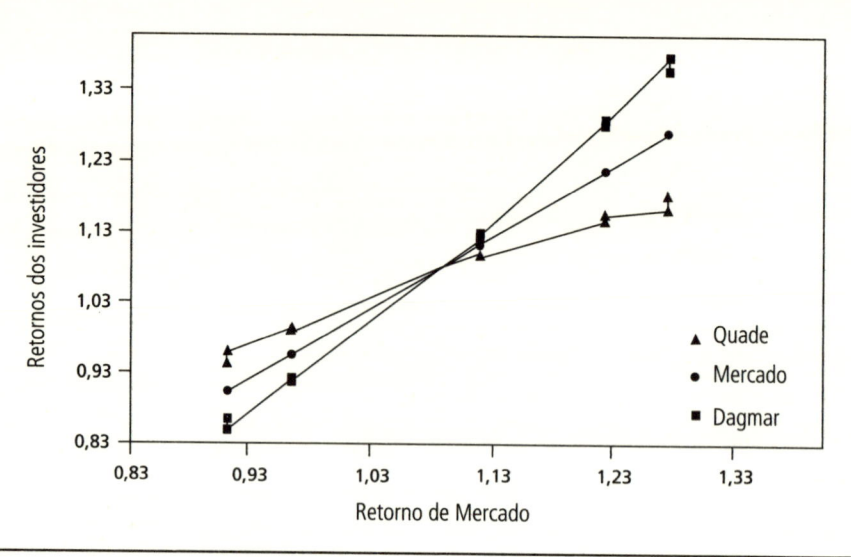

Figura 4-6   Caso 6: Gráfico dos retornos.

Além disso, nenhum dos retornos dos investidores se encontra próximo a uma linha reta que relaciona os retornos das carteiras com o retorno de mercado. Os retornos de Dagmar aproximam-se da curva mais inclinada, começando da esquerda para a direita, enquanto os retornos de Quade encontram-se próximos da curva menos inclinada. Por quê? Porque detém várias funções de utilidade marginal distintas. Dagmar tornou-se menos avessa ao risco, pois é mais rica, enquanto Quade tornou-se mais avesso ao risco. De forma mais específica, nas melhores ocasiões, a aversão ao risco de Dagmar sofreu um aumento em relação à média de todos os investidores, enquanto a aversão ao risco de Quade sofreu uma diminuição em relação a essa mesma média. Podem obter um ganho em termos de utilidade esperada através de um arranjo dos retornos de suas carteiras, como foi feito na Figura 4-6. Mas, não podem fazer isso por meio de combinações da carteira de mercado e empréstimos e, portanto, procuram fazer o melhor por meio das ações existentes. Como resultado, tomam risco não-diversificável.

A Figura 4-7 mostra os preços dos títulos e os dois preços de reserva para os títulos (com três casas decimais). Claramente, não há ganhos adicionais realizados pela negociação de títulos convencionais.

Devido à estabilidade do equilíbrio, os investidores estão, no entanto, frustrados, como podemos observar a partir da tabela de preços da Figura 4-8. Dagmar estaria satisfeita em pagar até 0,085 pela compra de 1 unidade de consumo, se o estado de Depressão 1 ocorresse, enquanto Quade estaria satisfeito pela venda de uma unidade de consumo por um preço acima de 0,079. Ambos poderiam obter ganhos por meio da negociação por um preço que estivesse entre estas quantidades. Há também disparidades entre os preços de reserva de ambos para outros direitos contingenciados.

Preços dos Títulos:	Consumo	STBond	GovBds	NonGvBds	ValueStx	GthStx	SmlStx
Mercado	1,000	0,951	0,952	0,958	0,989	0,947	0,967
Quade	1,000	0,951	0,952	0,958	0,989	0,947	0,967
Dagmar	1,000	0,951	0,952	0,958	0,989	0,947	0,967

Figura 4-7   Caso 6: Preços dos títulos.

Essas situações são ignoradas pelo setor financeiro. Caso novos títulos sejam capazes de atrair uma quantidade suficiente de compradores e vendedores superior ao custo de transação, haverá uma significativa procura das empresas por lucros advindos da introdução dos mesmos em mercado e/ou da criação de mercados para este tipo de negociação.

Nesse caso, não há mercados para a negociação de estados contingenciados. Mas, podemos determinar os preços cujas contingências poderiam começar a ser negociadas. As entradas na primeira coluna da Figura 4-8 mostram os preços que seriam escolhidos pelo leiloeiro usando a forma mais simples do processo de descoberta de preços. Cada preço representa a metade entre a média do preço de reserva para aqueles que estão dispostos a comprar um ativo e a média do preço de reserva para aqueles que estão dispostos a vender o ativo. Nesse caso, os "preços de mercado" são simplesmente as médias dos preços de reserva para os dois investidores.

4.3 Caso 7: Quade e Dagmar em um Mercado Completo

No Caso 7, comparamos as negociações de ativos entre Quade e Dagmar, depois que alcançaram o equilíbrio a partir do uso de títulos convencionais. O processo de negociação é o mesmo para títulos convencionais, sendo que cada estado contingenciado é negociado no lugar dos mesmos e que as rodadas de negociações são conduzidas até que nenhuma rodada adicional seja necessária. Como ocorreu no Caso 6, a forma simples de descoberta de preços baseada nos preços de reserva é utilizada, usando o mesmo nível de precisão exigido que foi escolhido para a negociação de títulos convencionais. Em nossas simulações, os leiloeiros não são remunerados.

Em todos os demais aspectos, o Caso 7 é semelhante ao Caso 6. As únicas diferenças originam-se a partir das negociações dos estados contingenciadas que são conduzidas depois que o processo de negociação de títulos convencionais chegou ao fim. De fato, o Caso 7 foi produzido pela utilização de entradas do Caso 6 e pelas variações de uma variável de controle. Logo, as carteiras de títulos convencionais, em estado de equilíbrio, são as mesmas do Caso 6 (previamente mostradas na Figura 4-5). Além disso, há posições em todos os estados contingenciados, conforme a Figura 4-9.

Preços nos estados da natureza	Agora	Depressão 1	Depressão 2	Recessão 1	Recessão 2	Normalidade 1	Normalidade 2	Prosperidade 1	Prosperidade 2	Crescimento rápido 1	Crescimento rápido 2
Mercado	1,000	0,082	0,082	0,139	0,139	0,170	0,167	0,060	0,061	0,026	0,024
Quade	1,000	0,079	0,082	0,141	0,139	0,174	0,165	0,060	0,062	0,027	0,022
Dagmar	1,000	0,085	0,082	0,138	0,138	0,166	0,169	0,061	0,060	0,026	0,027

Figura 4-8 Caso 6: Preços nos estados da natureza.

Contingências:	Agora	Depressão 1	Depressão 2	Recessão 1	Recessão 2	Normalidade 1	Normalidade 2	Prosperidade 1	Prosperidade 2	Crescimento rápido 1	Crescimento rápido 2
Mercado	0,000	0,000	0,000	0,000	0,000	0,000	0,000	0,000	0,000	0,000	0,000
Quade	−0,018	−5,398	0,273	1,599	0,547	2,736	−1,219	−1,020	1,252	1,595	−7,146
Dagmar	0,018	5,398	−0,273	−1,599	−0,547	−2,736	1,219	1,020	−1,252	−1,595	7,146

Figura 4-9 Caso 7: Estados contingenciados.

Isso proporciona evidências adicionais de que os investidores não estão satisfeitos com sua habilidade em dividir adequadamente os resultados usando somente os títulos convencionais disponíveis. Como optaram pela negociação de estados contingenciadas, partiu-se da idéia de que ambos obtiveram o melhor resultado.

A Figura 4-10 mostra que Quade e Dagmar alcançam as respectivas metas a partir da negociação. Não carregavam o risco não-diversificável em suas carteiras e obtiveram retornos cujas curvas refletem as formas diferentes pelas quais suas aversões ao risco se modificam a medida em que se tornam mais ricos. Haveria mais estados da natureza para que isso se tornasse mais evidente, desde que as linhas utilizadas para conectar os pontos se encontrassem mais próximas das verdadeiras curvas.

Neste mercado completo, vale o CRRM. Dado que Quade e Dagmar são avessos ao risco, faz sentido que os mesmos evitem o risco não-diversificável. Dado um ambiente de investimentos diversificável, os investidores podem fazer isso e ainda arcar com quantidades adequadas de risco de mercado para diferentes níveis de retorno de mercado. Um mercado completo permite que isso ocorra.

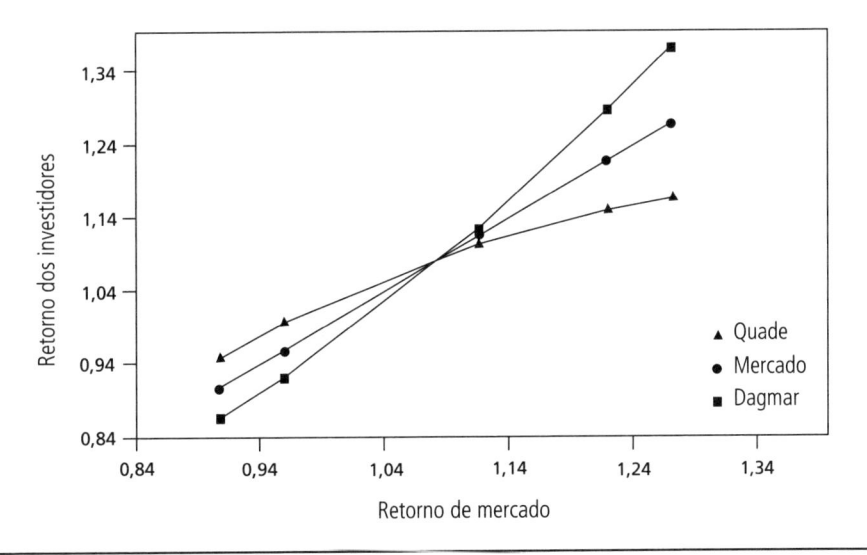

Figura 4-10   Caso 7: Gráfico dos retornos.

4.3.1 Preços dos Estados e dos Títulos

A Figura 4-11 mostra os preços de estado depois que a negociação das contingências foi concluída. Como esperado, para cada estado contingenciado, os preços de reserva dos investidores são os mesmos (para três casas decimais) e iguais ao preço de mercado. Nota-se também que uma contingência de $1 apresenta um preço de $0,082 tanto no estado Depressão 1 como no estado Depressão 2. Como podemos

Preços de estado:	Agora	Depressão 1	Depressão 2	Recessão 1	Recessão 2	Normalidade 1	Normalidade 2	Prosperidade 1	Prosperidade 2	Crescimento rápido 1	Crescimento rápido 2
Mercado	1,000	0,082	0,082	0,139	0,139	0,168	0,168	0,061	0,061	0,026	0,026
Quade	1,000	0,082	0,082	0,139	0,139	0,168	0,168	0,061	0,061	0,026	0,026
Dagmar	1,000	0,082	0,082	0,139	0,139	0,168	0,168	0,061	0,061	0,026	0,026

Figura 4-11 Caso 7: Preços de estado.

verificar, isto reflete o fato de que o consumo total é o mesmo para cada estado e que os dois estados são aqui prováveis. Relacionamentos similares direcionados a outros pares de estados representam diferentes divisões de uma riqueza de mesmo tamanho.

Enquanto a habilidade de negociar em todos os estados contingenciados exclui qualquer necessidade de retornar ao estado de negociação de títulos convencionais, é importante reconhecer que se tais negociações forem contempladas, o equilíbrio para os títulos pode diferir daquele do Caso 6. Entretanto, as diferenças são pequenas nesse caso. A Figura 4-12 mostra os preços dos títulos baseados nos preços de reserva dos investidores após variarem seus níveis de consumo através do uso de títulos convencionais como de estados contingenciados. Algumas destas entradas diferem ligeiramente daquelas da Figura 4-7.

Preços dos títulos:	Consumo	STBond	GovBds	NonGvBds	ValueStx	GthStx	SmlStx
Mercado	1,000	0,950	0,952	0,957	0,989	0,947	0,967
Quade	1,000	0,950	0,952	0,957	0,989	0,947	0,967
Dagmar	1,000	0,950	0,952	0,957	0,989	0,947	0,967

Figura 4-12   Caso 7: Preços dos títulos.

4.4 Preço para cada Chance

Quais são os determinantes dos preços dos estados mostrados na Figura 4-11? Certamente, as probabilidades devem ser relevantes para tanto. Alguém esperaria pagar mais por um título que proporcionasse um determinado pagamento num estado mais provável. Por fim, outras coisas não são iguais para este caso. Nota-se, por exemplo, que há um custo de $ 0,082 para obter $1 no estado Depressão 1 e $0,061 para obter $1 no estado Prosperidade 1, independentemente do fato de que o último estado seja duas vezes mais provável.

Para ajudar a explicar esse fenômeno e proporcionar um fundamento desejável, introduzimos um conceito bem conhecido. Esse conceito é definido por preço para cada chance (PPC) para um estado de contingenciado como o preço dividido pela probabilidade de o estado vir a ocorrer. Em um mercado completo, todos os preços de estado são observáveis. E quando os investidores concordam com as probabilidades, estas são as probabilidades dos estados (basta perguntar para um determinado investidor). O resultado líquido é que os PPCs são únicos e observáveis. Como veremos mais adiante, isto nem sempre é verdade. Neste momento, entretanto, vamos nos concentrar nos casos que envolvem concordância das probabilidades e mercados completos, em que os PPCs sejam conhecidos pelos investidores.

Um estado PPC proporciona uma melhor indicação do que o preço de estado cuja contingência esteja isolada do fato de ser barata ou cara. Por exemplo, imagine uma situação em que um agente oferece uma apólice de seguro cujo prêmio seja o pagamento de $1.000 caso o seu computador seja roubado. A apólice custa $60, ou 6 centavos (0,06) por dólar de cobertura. Você deveria comprar a apólice? A resposta depende da sua avaliação em relação à chance do computador ser roubado. Se você acreditar que há 8% de chance, estaria mais propenso a comprar a apólice do que se pensasse que a chance fosse de 4%. De maneira formal, o PPC é 0,06/0,08, ou 0,75; no último caso, o PPC é de 0,06/0,04, ou 1,50. Quanto menor for o PPC, mais atrativa torna-se a oferta.

Podemos calcular os valores do PPC para os investidores usando seus preços de reserva relacionados aos respectivos estados contingenciados. Pode-se fazer isso para o mercado através do uso dos preços de mercado relacionados aos respectivos estados contingenciados. A Figura 4-13 mostra os resultados para o Caso 7.

Duas características são destacáveis. Primeiro, compensa obter a probabilidade de consumir em um bom estado da natureza (alta saída agregada) do que em um mau estado. Segundo, seus custos são os mesmos para uma dada chance de consumir em estados que possuam a mesma saída agregada. Isto não é um artefato de valores numéricos particulares. Ao contrário, as hipóteses razoáveis sobre as escolhas dos investidores foram feitas a partir da teoria de apreçamento de ativos.

4.5 PPCs e Consumo

O equilíbrio é estabelecido quando as pessoas param de negociar. Em um mercado completo, os estados de preços são determinados e, a partir das probabilidades, os valores do PPC são conhecidos completamente.

Podemos verificar o equilíbrio de outra maneira. Depois que o equilíbrio é estabelecido, imagine que podemos afirmar a Dagmar que ela pode comprar ou vender qualquer quantidade desejada em cada estado contingenciado por seu preço de equilíbrio. Pode-se pensar que Dagmar escolheria exatamente a sua carteira e o seu modelo de consumo atuais. Se for dada a mesma oportunidade para Quade, o mesmo escolheria sua carteira e seu modelo de consumo atuais. A situação é a mesma quando utilizamos os preços propostos pelos investidores a fim de escolher suas carteiras e níveis de consumo atuais.

Afirmamos que para responder essas questões, os investidores não procuram pelos preços de estado, mas pelos valores de PPC. A Figura 4-14 mostra os resultados permitindo comparações entre os valores do PPC para os estados futuros em relação às quantidades consumidas.

Se os custos dos dois estados são idênticos (têm o mesmo PPC), Quade escolhe consumir a mesma quantidade para cada estado. Mas se um estado for mais barato (tem menor PPC) do que outro, Quade escolhe consumir mais no estado mais

PPCs:	Agora	Depressão 1	Depressão 2	Recessão 1	Recessão 2	Normalidade 1	Normalidade 2	Prosperidade 1	Prosperidade 2	Crescimento rápido 1	Crescimento rápido 2
Mercado	1,000	1,635	1,635	1,389	1,389	0,840	0,840	0,607	0,607	0,520	0,520
Quade	1,000	1,635	1,635	1,389	1,389	0,840	0,840	0,607	0,607	0,520	0,520
Dagmar	1,000	1,635	1,635	1,389	1,389	0,840	0,840	0,607	0,607	0,520	0,520

Figura 4-13 Caso 7: Tabela dos PPCs.

	Depressão 1	Depressão 2	Recessão 1	Recessão 2	Normalidade 1	Normalidade 2	Prosperidade 1	Prosperidade 2	Crescimento rápido 1	Crescimento rápido 2
PPC de mercado	1,635	1,635	1,389	1,389	0,840	0,840	0,607	0,607	0,520	0,520
Consumo de mercado	870	870	920	920	1070	1070	1170	1170	1220	1220
Consumo de Quade	453	453	476	476	527	527	549	549	557	557
Consumo de Dagmar	417	417	444	444	543	543	621	621	663	663

Figura 4-14 Caso 7: PPCs e consumo para cada estado futuro.

barato. Dagmar exibe comportamento similar. Por que os investidores agem dessa forma? A razão é que cada um imagina que "mantendo outras variáveis constantes, é menos valioso consumir uma unidade a mais ou a menos". Formalmente, como foi mostrado no Capítulo 3, cada investidor ajusta-se a uma curva de utilidade marginal com declividade decrescente, quando plotada contra respectivos níveis de consumo.

O preço de reserva de um investidor para uma contingência a fim de receber uma unidade no estado j é:

$$r_j = \frac{\pi_j d_j m(\chi_j)}{m(\chi_1)}$$

Na ausência de restrições e para um mercado completo em equilíbrio, um investidor negocia até que seu preço de reserva seja igual ao preço de mercado para o estado contingenciado. Assim:

$$\frac{\pi_j d_j m(\chi_j)}{m(\chi_1)} = p_j$$

Dividindo os dois lados da equação acima pela probabilidade de estado, temos:

$$\frac{d_j m(\chi_j)}{m(\chi_1)} = \frac{p_j}{\pi_j}$$

De forma relevante, a expressão à direita da igualdade é o PPC para o estado.

Admita dois estados com o mesmo PPC. A fim de maximizar a utilidade esperada, um investidor escolhe uma carteira com a mesma quantidade de consumo em cada estado no mesmo período de tempo; caso contrário, ocorre uma discrepância entre o preço de reserva e o preço de mercado para um ou para os dois estados.

Considerando dois estados, j e k, com o estado j tendo um PPC maior do que o do estado k, um investidor escolhe uma carteira que proporcione um preço de reserva elevado pela chance de ocorrência do estado j. Este consumo exige uma utilidade marginal elevada, isto é, menos consumo. Assim, o investidor escolhe consumir menos no estado j do que no estado k.

Para o Caso 7, uma conclusão razoável é que cada investidor escolhe o mesmo consumo para os estados com o mesmos custos (têm PPCs iguais) e menos consumo nos estados em que mais recursos (têm PPCs altos) são gastos.

4.6 Equação de preços

Como veremos mais adiante, desde que haja o equilíbrio para um mercado completo, podemos chamá-lo de PPC de mercado. Convencionalmente, o conjunto de PPCs de mercado é conhecido como equação de preços.

Um aspecto fundamental a esse tipo de equilíbrio encontra-se na Figura 4-15, cuja linha mostra o relacionamento entre os PPCs de mercado (eixo vertical) e o consumo total do mercado (eixo horizontal) para o Caso 7. Por conveniência, os pontos representam os estados que são conectados por linhas; sendo esses, os mais relevantes.

Enquanto há dez estados futuros da natureza para o Caso 7, somente cinco pontos separados são visíveis no gráfico pelo fato de cada ponto incluir dois estados, pois estados com o mesmo consumo agregado possuem os mesmos PPCs. Quando os pontos que representam os estados futuros são conectados, a curva resultante apresenta declividade decrescente. Estas são as características de um mercado completo em equilíbrio, quando as utilidades marginais dos investidores diminuem em relação ao consumo e por outras condições que são mantidas (concordância, utilidades independentes dos estados, nenhuma posição vendida, e a ausência de restrições).

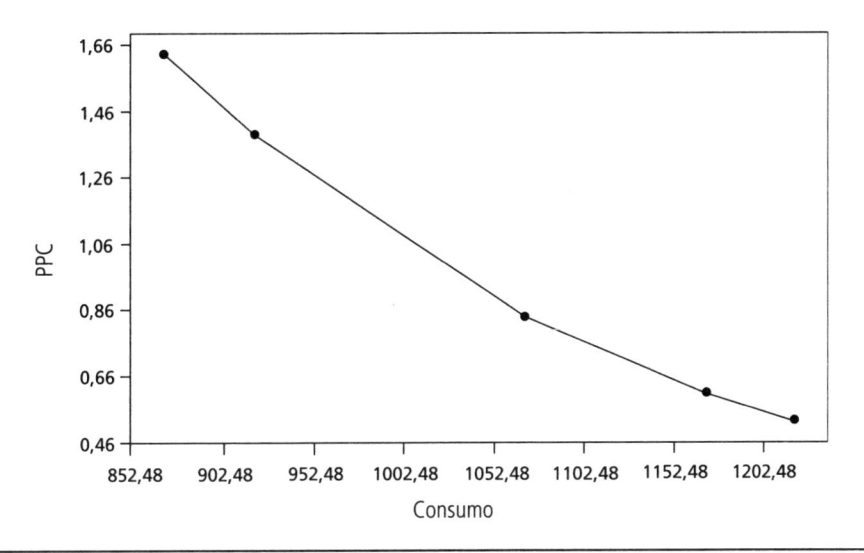

Figura 4-15   Caso 7: A equação de preços e o consumo total.

4.7 Estratégias Baseadas em Mercado

Podemos afirmar que para esse tipo de mercado, todo investidor escolhe tomar apenas o risco de mercado, assegurando a validade do CRRM. Mostramos que de acordo com essa conjectura, cada investidor escolhe consumir mais nos estados mais baratos (baixo PPC) e a mesma quantidade em estados mais caros (PPC). Mas, o consumo total é simplesmente a soma das quantidades consumidas por todos os investidores. Assim, o consumo total será o mesmo para os estados com os mesmos valores de PPCs e menor para os estados com valores menores de PPCs. Formalmente, temos o seguinte:

Todos os níveis de consumo de cada investidor são inversamente proporcionais ao PPL

Assim:

O consumo agregado é inversamente proporcional (somente) ao PPC.

Imediatamente, verifica-se que:

Cada investidor apresenta um nível de consumo diretamente proporcional (somente) ao consumo agregado.

Resumindo, cada investidor segue uma estratégia baseada em mercado.

4.8 Retorno Esperado e Consumo Agregado

Faltam poucos passos para atingirmos a uma versão geral do TRRM. O teorema afirma que apenas o risco de mercado é recompensado por retornos esperados elevados. Necessita-se calcular o retorno esperado para cada estado. Isso é suficientemente simples. Um estado PPC é o preço dividido pela probabilidade. A recíproca é a probabilidade dividida pelo preço. Desde que um estado de contingência pague $1, se o estado em questão ocorrer, a probabilidade do estado é o pagamento esperado. Dividindo isso pelo preço, obtemos o retorno total esperado para a contingência. A Figura 4-16 repete a informação da Figura 4-14, com uma linha extra relacionada ao retorno total esperado para cada estado futuro.

Sabe-se que os PPCs são os mesmos para os estados que possuem os mesmos retornos de mercado e menores para os estados que possuem os mais altos retornos de mercado. Os retornos esperados devem ser os mesmos para os estados que possuem os mesmos retornos de mercado e maiores para os estados que possuem os maiores retornos de mercado.

Um investidor que toma risco não-diversificável escolhe uma carteira que proporciona diferentes *payoffs* em estados com o mesmo retorno de mercado. Mas para esta conjectura, esses estados têm os mesmos retornos esperados. Assim, não há recompensa para retornos esperados elevados e associados ao risco não-diversificável. Portanto, uma parte do TRRM pode ser estabelecida da seguinte forma: não há recompensa para retornos esperados elevados e associados ao risco não-diversificável.

Mostramos que há uma recompensa para retornos esperados elevados e associados a pelo menos um tipo de risco de mercado. Para fazer isso, é útil introduzir o conceito de estados do mercado.

4.8.1 Estados do Mercado

Em todos os casos, os estados foram agrupados em ordem crescente de acordo com o consumo agregado. Isso pode ser arbitrário, mas a razão, por enquanto, ainda não

	Depressão 1	Depressão 2	Recessão 1	Recessão 2	Normalidade 1	Normalidade 2	Prosperidade 1	Prosperidade 2	Crescimento rápido 1	Crescimento rápido 2
PPC de mercado	1,635	1,635	1,389	1,389	0,840	0,840	0,607	0,607	0,520	0,520
Retorno esperado	0,612	0,612	0,720	0,720	1,191	1,191	1,649	1,649	1,924	1,924
Consumo de mercado	870	870	920	920	1070	1070	1170	1170	1220	1220
Consumo de Quade	453	453	476	476	527	527	549	549	557	557
Consumo de Dagmar	417	417	444	444	543	543	621	621	663	663

Figura 4-16 Caso 7: PPCs, retornos esperados e consumos para os estados futuros.

é clara. Todos os estados com o mesmo consumo agregado são vizinhos para um único grupo, com os grupos em ordem crescente de consumo. A Figura 4-17 mostra os estados de mercado para o Caso 7, conhecidos por: Depressão, Recessão, Normalidade, Prosperidade e Crescimento rápido. Cada estado de mercado combina todos os estados com o mesmo retorno de mercado cuja probabilidade é igual à soma das probabilidades dos subestados por meio de um preço de estado que seja igual à soma dos preços dos estados dos seus respectivos subestados. Desde que cada um dos estados, em relação a um grupo, apresente o mesmo PPC, o estado de mercado tem o mesmo PPC, semelhantemente, aos seus subestados. Isso é também verdade para os retornos esperados.

	Depressão	Recessão	Normalidade	Prosperidade	Crescimento rápido
PPC de mercado	1,635	1,389	0,840	0,607	0,520
Retorno esperado	0,612	0,720	1,191	1,649	1,924
Consumo de mercado	870	920	1070	1170	1220
Consumo de Quade	453	476	527	549	557
Consumo de Dagmar	417	444	543	621	663

Figura 4-17   Caso 7: PPCs, retornos esperados e níveis de consumo para os estados de mercado.

4.8.2 Recompensa e Risco de Mercado

A próxima meta é mostrar que é possível obter um retorno esperado elevado tomando o risco de mercado. Inicialmente, admita a decisão dos indivíduos em relação à alocação de investimentos entre os estados de mercado. Assumimos que os respectivos orçamentos sejam suficientes para comprar um título livre de risco que paga $1 em todo estado.

A Figura 4-18 mostra os cálculos relevantes. Da mesma forma, o retorno esperado da carteira é a média ponderada dos retornos esperados de seus componentes, com as proporções dos valores usadas como pesos.

Agora admita a possibilidade de redução do pagamento no estado de mercado Depressão o bastante para diminuir o valor associado a um centavo (0,01) e usar o restante do dinheiro para elevar ao máximo possível os ganhos no estado de mercado Crescimento rápido. Os resultados aparecem na Figura 4-19.

O retorno esperado da carteira é, consideravelmente, maior. Por quê? Porque recursos foram retirados do estado de mercado com o menor retorno esperado e colocado em um estado de mercado com o maior retorno esperado. Como resultado, o retorno esperado da carteira, cujo valor é a média ponderada dos retornos componentes esperados, sofre uma elevação. A maior quantidade de recursos realocada por esta forma resultará em uma carteira com um retorno esperado mais elevado.

	Depressão	Recessão	Normalidade	Prosperidade	Crescimento rápido	Carteira
Pagamentos	1,000	1,000	1,000	1,000	1,000	
Preços de estado	0,163	0,278	0,336	0,121	0,052	
Valores	0,163	0,278	0,336	0,121	0,052	0,950
Proporções de valor	0,172	0,292	0,353	0,128	0,055	1,000
Retornos esperados	0,612	0,720	1,191	1,649	1,924	1,052

Figura 4-18   Caso 7: Retornos esperados para a carteira livre de risco.

	Depressão	Recessão	Normalidade	Prosperidade	Crescimento rápido	Carteira
Pagamentos	0,939	1,000	1,000	1,000	1,192	
Preços de estado	0,163	0,278	0,336	0,121	0,052	
Valores	0,153	0,278	0,336	0,121	0,062	0,950
Proporções de valor	0,161	0,292	0,353	0,128	0,065	1,000
Retornos esperados	0,612	0,720	1,191	1,649	1,924	1,066

Figura 4-19   Caso 7: Retornos esperados para uma carteira que toma o risco de mercado.

Isso demonstra que ao tomar o risco de mercado o retorno esperado pode crescer, apenas e tão somente se isso for feito de forma eficiente. Por exemplo, poderíamos ter começado com o título livre de risco, então o recurso obtido a partir de um estado com retorno esperado elevado seria utilizado para consumir mais em um estado de menor retorno esperado. Isso reduziria o retorno esperado a um nível abaixo da taxa livre de risco! Claramente, nem todos os tipos de risco de mercado são recompensados.

Esse assunto é facilmente desmistificado. Nossos investidores escolheram consumir mais em estados mais baratos (menor PPC). Apresentam estados com os retornos esperados mais elevados. Assim, apenas o risco de mercado tomado por eles será associado às curvas de retorno esperado, cuja declividade seja crescente, conforme mostrado na Figura 4-10.

Nesse caso, a curva de retorno de Dagmar é mais íngreme do que a curva de Quade. Dagmar toma mais risco de mercado e, portanto, é recompensada com um retorno esperado mais elevado, conforme a Figura 4-20.

Necessitamos, ainda, de uma medida formal de risco de mercado a fim de oferecer um significado específico para o TRRM. Este procedimento ocorre em etapas, obtendo uma série de fórmulas de apreçamento de ativos específicos.

Características das carteiras	Retornos esperados
Mercado	1,096
Quade	1,080
Dagmar	1,113

Figura 4-20   Caso 7: Retornos esperados das carteiras.

4.9 Fórmulas de Apreçamento de Ativos

Situações que envolvam acordos, mercados completos, investidores com utilidade marginal decrescente, utilidade independente dos estados e inexistência da possibilidade de assumir uma posição vendida apresentam um número de propriedades consideráveis, sendo que cada uma delas representa características relevantes da teoria de apreçamento de ativos. Apresentamos a seqüência de forma completa. Nos capítulos subseqüentes, discutimos a extensão pela qual cada uma dessas hipóteses pode ou não ser assumida em arcabouços mais gerais.

4.9.1 A Lei do Preço Único

Qualquer investidor apto a comprar ou vender estados contingenciados pelos preços de mercado pode produzir qualquer tipo de título que seja de seu interesse. Vamos imaginar a situação de um título que seja negociado por um preço distinto daquele de uma carteira replicada de estados contingenciados. Qualquer investidor poderia deter lucro pela compra da alternativa mais barata associada à venda da alternativa mais cara. Não é importante o estado futuro da natureza, os ativos comprados gerariam lucro suficiente para realizar o pagamento requerido para que o mesmo seja vendido. A diferença entre o menor preço de compra e o maior preço de venda seria gasta hoje, proporcionando a sensação de "fazer algo por nada". As oportunidades para esse tipo de arbitragem são escassas. Na maioria dos mercados e em quase todos os tempos, a arbitragem não está sempre disponível. Em um mercado completo, o preço de um ativo é igual ao preço de uma carteira replicada com estados contingenciados.

A Lei do Único Preço (LOP) afirma essa relação de forma sucinta:

(LOP) $$P_i = \sum p_s \chi_{is}$$

Em que o índice i representa um título qualquer e P_i seu preço. Uma unidade do título paga χ_{is} para o estado s. Cada pagamento de estado é apreçado pela multiplicação do preço por unidade de pagamento, e os resultados estão resumidos a fim de obter o preço ou o valor presente do título. Uma variante da LOP é amplamente usada em engenharia financeira. Trata-se de uma transformação que não acrescenta muito a versão aqui enunciada e em alguns casos assume algumas propriedades econômicas. Para fins de complementação, descrevemos essa variante de forma breve.

Na versão do texto, p_s é o preço que deve ser pago hoje para receber 1 unidade monetária em uma data futura se, e somente se, o estado s vier a ocorrer. A soma de todos esses estados de preços é a quantidade que deve ser paga hoje para receber certamente 1 unidade monetária em uma data futura; desde que alguns desses estados ocorram. Assim, se a soma desses estados de preços for 0,96, um dólar em uma data futura custa $0,96 hoje. Denota-se isso por d. Agora, imagine que o investidor deseja receber $1 em uma data futura se, e somente se, o estado s vier a ocorrer. O investidor pode tomar emprestado Ps dólares para comprar o estado contingenciado que requer o pagamento de Ps/d em uma data futura, se o estado s vier a ocorrer ou não. Essa quantidade é conhecida como o preço futuro (f_s) de uma contingência para um dólar no estado s. Poderíamos admitir, diretamente, f_s para cada pagamento i_s; a soma dessas quantidades é o custo futuro do título i. Multiplicando esse valor pelo fator de desconto, obtém-se o preço atual. Assim, a LOP pode ser declarada da seguinte forma. Resultado da multiplicação de cada pagamento pelo preço futuro de uma contingência na data correspondente, descontada pela taxa livre de risco. Os engenheiros financeiros utilizam esta abordagem, chamando cada preço futuro pelo nome de "probabilidade de risco neutro", embora isso não esclareça o significado econômico em questão. Enquanto os preços futuros somam 1 (desde que um dólar custe um dólar), estes se diferenciam das verdadeiras probabilidades. Além do mais, na realidade as pessoas não estão neutras ao risco. Todavia, o procedimento é útil, e aqueles que usam essa versão compartilham com a meta de entender os determinantes dos estados de preços.

4.9.2 A Lei do Preço Único Em Um Mercado Incompleto

Em um mercado completo, sem oportunidades de arbitragem, a LOP é mantida e o preço de qualquer título (P_i) é determinado pelos "preços" de seus respectivos *payoffs* (valores de χ_{is}) através dos estados de preços observáveis (p_s).

No entanto, como as coisas se definem em um mercado incompleto, quando observam apenas os preços dos títulos realmente negociados? É possível construir um conjunto de preços de estados contingenciados capaz de replicar todos os títulos negociados, sabendo-se que a equação LOP vale para cada um deles? Rubinstein (1976) e Ross (1977) mostraram que a resposta à inequação é positiva, desde que não existam oportunidades de arbitragem.

A fim de proporcionar uma simples ilustração, retornamos ao Caso 1, em que Mario e Hue negociavam apenas ações das duas empresas pesqueiras e um título livre de risco. A Figura 4-21 mostra as principais informações para o caso. Os preços de estados do mercado proporcionados pelo simulador são mostrados no topo esquerdo da tabela, os *payoffs* dos títulos na tabela situada à direita, e os preços atuais provenientes da situação de equilíbrio estão na primeira coluna da tabela situada no canto inferior esquerdo. Cada entrada na linha inferior da última tabela é calculada pela multiplicação dos preços de estados pelos *payoffs* dos títulos em questão. Nesse caso, cada preço implícito é igual ao preço atual. Assim, os preços de estado na Figura 4-21 correspondem ao preço de cada um dos títulos disponíveis. Verificamos, rapidamente, a razão desse caso. Primeiro, entretanto, é importante entender que outros conjuntos de preços de estado podem ser utilizados.

Preços de estado:	Preços
Agora	1,000
RuimS	0,211
RuimN	0,352
BomS	0,164
BomN	0,230

Desvio-Padrão	0,080

Títulos:	Consumo	Renda Fixa	MFC	HFC
Agora	1	0	0	0
RuimS	0	1	5	3
RuimN	0	1	3	5
BomS	0	1	8	4
BomN	0	1	4	8

Preços dos títulos:	Consumo	Renda Fixa	MFC	HFC
Atual	1,000	0,958	4,350	4,895
Implícito	1,000	0,958	4,350	4,895

Figura 4-21   Caso 1: Preço de estado de equilíbrio.

Preços de estado:	Preços
Agora	1,000
RuimS	0,254
RuimN	0,309
BomS	0,143
BomN	0,252

Desvio-Padrão	0,070

Títulos:	Consumo	Renda Fixa	MFC	HFC
Agora	1	0	0	0
RuimS	0	1	5	3
RuimN	0	1	3	5
BomS	0	1	8	4
BomN	0	1	4	8

Preços dos títulos:	Consumo	Renda Fixa	MFC	HFC
Atual	1,000	0,958	4,350	4,895
Implícito	1,000	0,958	4,350	4,895

Figura 4-22   Caso 1: Preço de estado de equilíbrio.

Qualquer conjunto de preços de estado capaz de produzir preços implícitos iguais aos preços atuais satisfazem a LOP. Para mostrar que outros preços existem, procedemos a duas análises de otimização, sendo que cada uma foca (arbitrariamente) no desvio-padrão dos preços para os estados futuros. A Figura 4-22 mostra os resultados para a primeira otimização, cuja meta é encontrar um conjunto de preços de estado que (1) produza um preço implícito para cada título idêntico ao seu preço atual e (2) proporcione o menor desvio-padrão possível dos preços futuros.

Como pode ser visto, esses preços de estado também apreçam os títulos, mas diferem significativamente daqueles da Figura 4-21. A fim de proporcionar um exemplo mais evidente, a Figura 4-23 mostra os resultados obtidos quando uma análise de otimização é executada para selecionar um conjunto de preços de estado futuro em que (1) cada um é maior ou igual a 0,01, (2) atribui preço aos títulos disponíveis, e (3) maximiza o desvio-padrão dos preços de estado.

Neste caso, os preços de estado estão de acordo com a LOP. Mas, diferem, significativamente, daqueles mostrados em exemplos anteriores. Por construção, qualquer conjunto de preços de estado que proporcione uma diferença entre o preço implícito e o preço atual igual a zero apreça todos os títulos existentes de forma correta. Na ausência de arbitragem, um conjunto de preços de estado também apreça qualquer título, cujos *payoffs* possam ser replicados a partir de alguma combinação com os títulos existentes. Qualquer um dos três conjuntos de preços mostrados nas Figuras 4-21, 4-22 e 4-23 pode reproduzir esse trabalho e outras combinações de preços de estados funcionam bem.

Preços de estado:	Preços
Agora	1,000
RuimS	0,010
RuimN	0,553
BomS	0,265
BomN	0,130

Desvio-Padrão	0,234

Títulos:	Consumo	Renda Fixa	MFC	HFC
Agora	1	0	0	0
RuimS	0	1	5	3
RuimN	0	1	3	5
BomS	0	1	8	4
BomN	0	1	4	8

Preços dos títulos:	Consumo	Renda Fixa	MFC	HFC
Atual	1,000	0,958	4,350	4,895
Implícito	1,000	0,958	4,350	4,895

Figura 4-23 Caso 1: Preço de estado de equilíbrio

Esses exemplos mostram tanto as boas quanto as más notícias acerca da LOP em um mercado incompleto. As boas notícias referem-se à situação em que podemos encontrar um conjunto de preços de estado que apreçam, corretamente, qualquer título replicável aos títulos existentes. As más notícias são, na maioria dos casos, referem-se a um conjunto de preços de estado que não são únicos. Adicionalmente, as más notícias são preços de estado escolhidos que não proporcionam informação útil sobre o preço de compra ou de venda de um "novo" título — isto é, título em que os pagamentos não podem ser replicados a partir dos títulos disponíveis.

No entanto, nem tudo está perdido. A Figura 4-21 mostra que os preços de estado de mercado calculados na análise de simulação para o Caso 1 satisfazem a LOP. E esses preços contém informações sobre os preços cujos estados contingenciado são negociados, inicialmente, se essas negociações forem possíveis. Os preços de estado na Figura 4-21 são os de maior relevância econômica quando comparados aos das Figuras 4-22 e 4-23. Foram obtidos pela minimização ou pela maximização de uma função arbitrária dos preços de estado.

Não é difícil verificar a razão para esse caso. No Caso 1, e para aqueles que são importantes, nenhum investidor está sujeito a restrições à venda ou à compra de qualquer título ou estado contingenciado quando o estado de equilíbrio é atingido. Assim, os preços de reserva de Mario para as contingências são mais elevados do que cada um dos títulos disponíveis, ocorrendo o mesmo com Hue. Calcula-se o preço de mercado para cada um dos estados contingenciados pela média (1) dos preços de reserva de todos os investidores que estão interessados em comprar a contingência e (2) pela média dos preços de reserva de todos os investidores que estão interessados em vender as contingências; o conjunto dos preços de mercado para os estudos de contingências é a média do preço de reserva de todos os investidores.

Em um mercado incompleto, quaisquer preços de estado, sem restrições, apreçam qualquer título que esteja atualmente disponível ou que possa ser replicado a partir dos títulos disponíveis. A média dos preços de reserva dos investidores, sem restrições, produz um conjunto de preços de estado que apreça qualquer título.

Se alguém estiver interessado apenas nos preços dos títulos existentes ou replicáveis a partir da combinação de títulos já existentes, não há necessidade de calcular um conjunto de preços de estado que esteja em conformidade com a LOP. Se, por outro lado, deseja-se estimar os preços em que novos títulos são negociados, é desejável utilizar um conjunto de preços de estado que não apenas aprece os títulos disponíveis, mas que também contenha informação sobre os preços de reserva dos investidores. Em última instância, o único caminho para determinar o preço pelo qual um título é negociado é abrir o mercado de negociação para ele. Além disso, os "preços de estado de mercado" que calculamos fornecem estimativas úteis para esses preços.

4.10 Mercados Suficientemente Completos

Dois tipos de mercado foram descritos até o presente momento. Os investidores em mercados completos podem negociar tanto títulos existentes como estados contingenciados. Formalmente, muitos dos conceitos da teoria de apreçamento de ativos estão baseados na existência de um mercado completo. Mas, nos mercados reais, poucos estados contingenciados são negociados explicitamente. Atualmente, os mercados incompletos são a regra, sem exceção.

O Caso 6 proporciona um exemplo de mercado incompleto. Quade e Dagmar são candidatos a investir em novos títulos que os habilitam a obter retornos anormais da negociação. Isto se torna evidente na Figura 4-8, que mostra disparidades significantes nos respectivos preços de reserva para vários estados contingenciados. No Caso 7, quando a negociação para essas contingências se torna disponível, quantidades substanciais das mesmas são negociadas.

Este não é, necessariamente, o caso para qualquer mercado incompleto. O Caso 1 fornece um exemplo de uma situação distinta. A Figura 4-24 mostra que os preços de reserva de Mario e de Hue e os preços de mercado são calculados pela média de seus preços de reserva em equilíbrio.

Enquanto as negociações nos estados contingenciados não eram permitidas para o Caso 1 e os pagamentos dos títulos existentes não podiam ser replicados para qualquer tipo de contingência, essa situação não se mostrava lucrativa para um banqueiro. Se o leiloeiro abre os mercados para negociações com todas contingências em relação aos preços mostrados na primeira coluna da Figura 4-24, as variações tornam-se insignificantes. Enquanto o mercado for incompleto, o equilíbrio mostra-se consistente com um mercado completo, cujos preços de estado são similares aos mostrados nas saídas da simulação.

Preços de Estado:	Agora	RuimS	RuimN	BomS	BomN
Mercado	1,000	0,211	0,352	0,164	0,230
Mario	1,000	0,211	0,352	0,164	0,230
Hue	1,000	0,211	0,352	0,164	0,230

Figura 4-24   Caso 1: Preços de estado.

Quando o equilíbrio é alcançado com essas características, afirmamos que o mercado é suficientemente completo. Duas definições podem ser usadas para este propósito: (1) para cada estado de contingência, os preços de estado são os mesmos ou (2) se os mercados forem abertos para negociar estados contingenciados, não há negociações. Em um mercado suficientemente completo, os investidores podem alcançar suas metas com os títulos já existentes.

No mundo real e nas simulações, os mercados incompletos estão de acordo com essa definição. Os mercados de capitais atuais possuem custos de transação e as simulações param quando um determinado nível de precisão for obtido. Mas em vários mercados, tanto no real como no simulado, estes podem ser suficientemente completos e estarem de acordo com os resultados das teorias de apreçamento de ativos que assumem a hipótese de mercados completos.

4.11 A Equação Básica de Apreçamento

A equação LOP não incorpora probabilidades. Isto pode ser aplicado mesmo quando os investidores concordam ou não com as probabilidades de estados futuros. Na economia financeira, os valores esperados e outras medidas são baseados nas estimativas das probabilidades de estados. Isso está evidenciado na equação que Cochrane (Cochrane, 2001, p. 8) chamou de equação de apreçamento básica (BPE). A mesma pode ser escrita como:

$$P = E(m\chi)$$

A notação $E(\ )$ representa o valor esperado da expressão que se encontra entre os parênteses. Em termos discretos, a expressão equivalente torna-se:

$$P_i = \sum \pi_s m_s \chi_{is}$$

Em que, os valores de P_i e χ_{is} são o preço de um título i e seus respectivos *payoffs* em vários estados. O símbolo π_s é a probabilidade do estado s e m_s é o fator de desconto estocástico. A maioria da literatura de apreçamento de ativos assume que há uma concordância entre as probabilidades para os diversos estados, então apenas os m valores devem ser determinados. Cochrane enfatiza isso da seguinte forma: "O princípio básico de organização que destaco baseia-se no fato de que tudo pode ser reportado a especializações da equação básica de apreçamento" (Cochrane, 2001, p.xvii).

Quando a LOP é válida, a BPE segue imediatamente, quando o fator de desconto estocástico para um estado for definido por:

$$m_s \equiv p_s/\pi_s$$

Substituindo isto na BPE, temos:

$$P_i = \sum \pi_s (p_s/\pi_s) \chi_{is}$$

O que simplifica a BPE.

É claro que o fator de desconto estocástico para um estado é o valor que denominamos preço por chance (PPC). Em um mercado completo, não há ambigüidades sobre o valor associado ao valor de m. E, como mostra a Figura 4-15, PPCs são representados por funções decrescentes dos níveis de consumo agregados.

4.11.1 A Equação Básica de Apreçamento em um Mercado Insuficientemente Completo

A BPE também é válida em um mercado suficientemente completo com concordância, nenhuma posição vendida e utilidades independentes dos estados, desde que as variáveis relacionadas ao equilíbrio para um determinado mercado sejam equivalentes a um mercado completo em equilíbrio. Entretanto, em um mercado insuficientemente completo, a BPE pode não ser válida, se os preços de estado forem baseados nos preços de reserva dos investidores, como em nossos resultados de simulação. Todavia, pode-se ainda obter uma boa aproximação.

A Figura 4-25 mostra o relacionamento entre o processo de apreçamento, os preços de mercado e os níveis de consumo totais do Caso 6, em que Quade e Dagmar não foram suficientemente servidos pelos títulos disponíveis. Como veremos mais adiante, o relacionamento não representa a verdadeira função. A parte direita do diagrama representa dois estados com os mesmos níveis de consumo agregados e diferentes valores de PPC. Este também é o caso, embora numa proporção menor, para outros níveis de consumo agregado. Todavia, o gráfico é muito semelhante àquele em que o PPC é uma função decrescente dos níveis de consumo agregados.

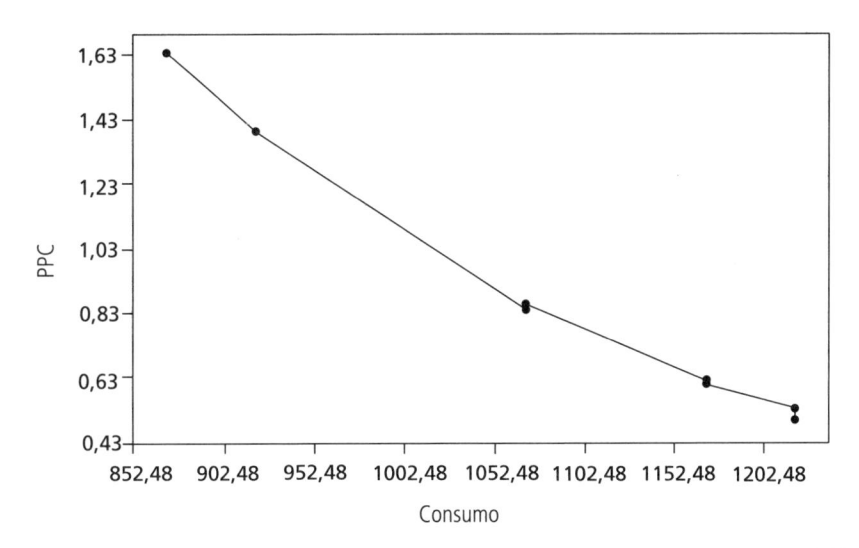

Figura 4-25   Caso 6: O processo de apreçamento e os níveis de consumo totais.

4.12 A Equação de Núcleo Beta

A BPE pode ser manipulada a fim de produzir uma relação relevante que proporcione uma especificidade importante ao CRRM. A derivação é feita a seguir; os leitores que desejam mais detalhes podem, facilmente, preencher as lacunas.

A forma mais simples da BPE para um ativo i é dada por:

$$P_i = E(mX_i)$$

Dividindo os dois lados da equação pelo preço do título, obtemos uma versão em termos do retorno total (X_i/P_i):

$$1 = E(mR_i)$$

Os estatísticos usam freqüentemente uma medida conhecida como covariância. Como o nome sugere, a covariância mede o grau de variação conjunta entre duas variáveis. Formalmente, é o produto esperado do desvio de uma variável em relação à sua média vezes o desvio de outra variável em relação à sua média. Isso implica em um relacionamento que pode ser escrito da seguinte forma:

$$E(mR_i) = \text{cov}(m, R_i) + E(m)E(R_i)$$

Mas, pela BPE sabe-se que o termo do lado esquerdo é igual a um. Além disso, $E(m)$ é igual ao fator de desconto (d), pois é a soma dos produtos dos termos, sendo que cada produto é igual ao estado de probabilidade vezes a taxa do preço de estado pela probabilidade. Isso resulta em:

$$E(R_i) = (1/d) - (\text{cov}(m, R_i)/d)$$

O termo $1/d$ é o retorno total de um ativo livre de risco, que pode ser escrito como r. Por isso, e pelo fato de que a covariância entre duas variáveis é a mesma, não importa qual seja a variável listada em primeiro lugar, obtemos a seguinte equação:

$$E(R_i) - r = -\text{cov}(R_i, m)/d$$

Uma propriedade útil da covariância é a validade da adição. Neste contexto, isso implica que a covariância total de uma carteira é a média ponderada das covariâncias entre seus títulos componentes, usando os valores de mercado como pesos para a carteira. Isso significa que a equação acima vale para qualquer título ou carteira. Para o nosso interesse, a equação acima também é válida para a carteira de mercado:

$$E(R_M) - r = -\text{cov}(R_M, m)/d$$

Dividindo a equação do título *i* pela equação carteira de mercado, obtemos:

$$\frac{E(R_i) - r}{E(R_M) - r} = \frac{\text{cov}(R_i, m)}{\text{cov}(R_M, m)}$$

O termo da direita é uma medida de covariância relativa. Com o intuito de evitar confusões em relação aos termos desenvolvidos, denominamos a fórmula anterior de núcleo-beta:

$$\beta_i^k = \frac{\text{cov}(R_i, m)}{\text{cov}(R_M, m)}$$

Combinando as duas últimas equações, obtemos a equação de núcleo beta:

(KBE) $\qquad\qquad E(R_i) = r + \beta_i^k (E(R_M) - r)$

Isso mostra que as diferenças entre os retornos esperados dos títulos ou carteiras surgem somente através das diferenças entre suas covariância em relação ao núcleo de apreçamento (*m*), desde que todos os outros termos da BPE sejam os mesmos para todo título ou carteira.

4.13 A Equação Beta de Mercado

Em um mercado completo com concordância entre as probabilidades de estados pelos investidores, a equação beta resulta diretamente da LOP, que é válida desde que não haja oportunidades de arbitragem. Isso proporciona uma definição para o conceito de "risco de mercado" que é usado para o TRRM. Mas para a BPE, a carteira de mercado demanda apenas uma regra arbitrária, pois podemos escolher qualquer outra carteira quando derivamos esse relacionamento. A fim de obter o TRRM, é preciso adicionar um componente fundamental.

Em todos os casos que foram considerados até então, os investidores obtêm todos os respectivos níveis de consumo futuros a partir dos retornos dos títulos de suas carteiras. Por esse motivo, podemos utilizar tanto o "consumo agregado" como o "retorno da carteira de mercado". No Capítulo 5 confrontamos os casos em que essas medidas são diferentes. Neste momento, admitimos que não haja outras fontes de consumo além do mercado de títulos.

O relacionamento fundamental é mostrado nos gráficos do núcleo de apreçamento e dos níveis de consumo agregados. Se o PPC é uma função decrescente do consumo agregado, e se o retorno de mercado é igual ao consumo agregado, então em um mercado completo ou suficientemente completo, o PPC torna-se uma função decrescente do retorno de mercado. Pela notação do texto, representamos o relacionamento entre o núcleo de apreçamento e o retorno de mercado total por:

$$m = f(R_M)$$

Substituindo esta expressão na definição do núcleo-beta, obtemos uma definição para o beta de mercado de um título ou de uma carteira:

$$\frac{\mathrm{cov}(R_i, f(R_M))}{\mathrm{cov}(R_M, f(R_M))} \equiv \beta_i^{k(R_M)}$$

Assim, o beta de mercado para um título ou para uma carteira é uma medida padronizada da covariância entre o retorno de um ativo e a função de retorno da carteira de mercado.

Finalmente, o TRRM é representado, precisamente, pelo risco de mercado como sendo o beta de mercado. Explicitamente, o TRRM é dado por:

(TRMR) $$E(R_i) = r + \beta_i^{k(R_M)} (E(R_M) - r)$$

em que $f(R_M)$ é uma função que relaciona o núcleo de apreçamento ao retorno de mercado. O núcleo de apreçamento é uma função decrescente do retorno de mercado, quando TRRM ainda continua válido. O programa APSIM calcula os preços de estado de mercado tanto para os mercados completos como para os mercados incompletos, a partir da utilização dos preços e das probabilidades atuais a fim de obter os valores do PPC, e então proporciona um gráfico que contenha tanto os valores do PPC como o retorno de mercado. Se há relação de um para um entre essas duas variáveis, com os maiores valores de uma associados aos menores valores de outra, o TRRM continua válido. Dos sete casos que examinamos, somente o Caso 6 é uma exceção.

O TRRM é um componente sólido para os casos em que há concordância em relação às probabilidades de estado, os mercados são completos, os investimentos são as únicas fontes de consumo e cada investidor possui o mesmo fator de desconto e a mesma função de utilidade marginal para todos os estados em dado período. Para outros casos, o TRRM pode ou não ser válido e, assim, torna-se uma boa ou uma péssima aproximação.

Como já afirmamos, o TRRM é relativamente geral desde que $f(R_M)$ seja considerada decrescente em relação a R_M. Isso pode representar tanto boas notícias como más notícias: as boas notícias referem-se à capacidade do teorema em cobrir qualquer caso em que o núcleo de apreçamento seja uma função decrescente do retorno de mercado, e as más, ao mesmo motivo. A fim de obter um teorema mais específico, pode-se estabelecer apenas algumas das características de $f(R_M)$. Fazemos isto de forma breve. Primeiro, consideramos as implicações do TRRM generalizado em relação à seleção de carteiras.

4.14 Preferências, o Núcleo de Apreçamento e a Seleção de Carteiras

Os gráficos da Figura 4-26 mostram as características fundamentais de equilíbrio com dois investidores e vários estados possíveis da natureza. Os investidores concordam com as probabilidades, têm utilidades independentes dos estados,

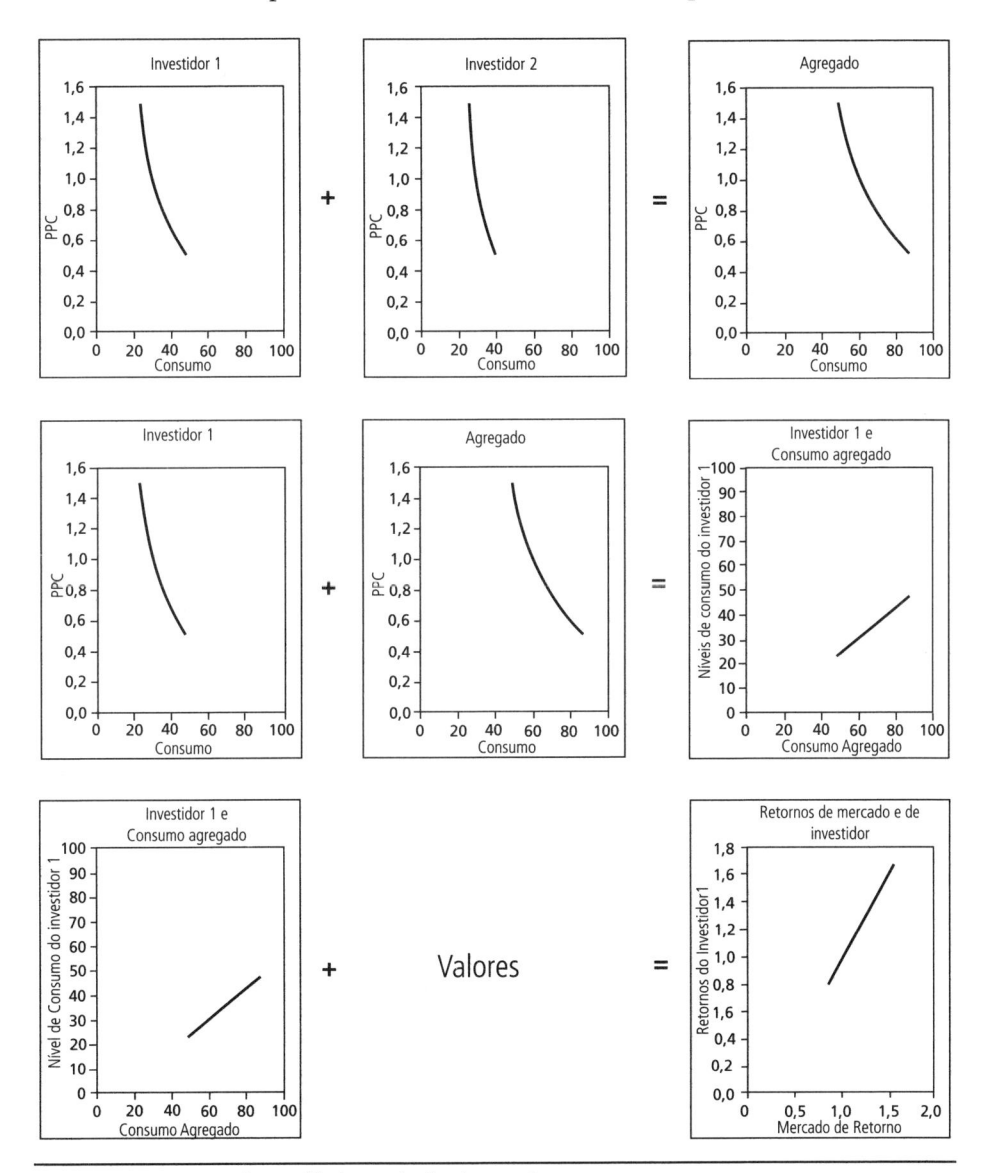

Figura 4-26   Preços de equilíbrio e seleção de carteiras.

nenhuma posição vendida e utilidades marginais decrescente em relação ao consumo. Além do mais, o mercado pode ser tanto completo como suficientemente completo.

Os dois primeiros gráficos da primeira coluna da Figura 4-26 mostram que o consumo de cada investidor é uma função do equilíbrio em relação aos valores do PPC. Nota-se que cada gráfico possui uma declividade decrescente. Isso advém da hipótese de que toda utilidade marginal é decrescente em relação ao consumo. Em equilíbrio, qualquer investidor que não esteja submetido a restrições escolhe uma carteira em que o preço de reserva de cada estado contingenciado seja igual ao preço de mercado, implicando o seguinte:

$$\frac{d_j m(\chi_j)}{m(\chi_1)} = \frac{p_j}{\pi_j}$$

Desde que o termo da direita seja o PPC para o estado, pode-se reescrevê-la como:

$$m(\chi_j) = \frac{m(\chi_j)}{d_j} PPC_j$$

Para os investidores, cujas utilidades são independentes dos estados, d_j é o mesmo para os estados no mesmo período de tempo. Desde que este seja o caso para todos os estados futuros nos exemplos, para um dado investidor a taxa do lado direito da equação é uma constante positiva para todos os estados. Resulta que $m(\chi_j)$ é uma função crescente do PPC. Mas para todo investidor, cuja utilidade marginal diminua com o consumo, $m(\chi_j)$ é uma função decrescente de χ_j. Para todo investidor, o consumo é uma função decrescente do PPC, como foi evidenciado pelos dois gráficos da primeira coluna da Figura 4-26.

O consumo agregado para qualquer estado é igual à soma das quantidades consumidas por todos os investidores de acordo com o gráfico do lado direito da primeira coluna da Figura 4-26. Assim, este também será decrescente.

A segunda coluna da Figura 4-26 repete o primeiro e o último gráficos relacionados à primeira coluna, combinando-os a fim de mostrar o relacionamento entre o consumo agregado e as quantidades consumidas pelo investidor 1 em cada estado. Desde que cada um dos gráficos mostre uma função com declividade decrescente, o último gráfico da coluna mostra que o consumo do investidor 1 aumenta com o consumo agregado. Esta é uma propriedade crucial de equilíbrio em condições aqui assumidas. A última coluna da Figura 4-26 repete o último gráfico da segunda coluna, padronizando as quantidades a partir da divisão entre as quantidades consumidas e os valores presentes das carteiras. O retorno de mercado é igual ao consumo agregado dividido pelo valor presente das quantidades de consumo proporcionadas pelos vários estados da carteira de mercado. Similarmente, o retorno total para o investidor 1 é igual ao seu consumo agregado dividido pelo valor presente das quantidades proporcionadas em vários estados por sua carteira. Desde que o gráfico final seja obtido pela divisão entre suas quantidades com valores constantes, determina-se uma função com declividade crescente.

O gráfico no canto inferior esquerdo da Figura 4-26 mostra que o investidor 1 segue o TRRM (não carrega risco intrínseco). O retorno da carteira dele é uma função crescente do retorno da carteira de mercado. O gráfico resultante possui declividade cresente sem descontinuidades ou degraus. Como afirmado, esta carteira segue uma estratégia baseada em mercado.

De forma relevante, a Figura 4-26 não assume hipóteses sobre as preferências a não ser as relacionadas aos seguintes fatos: cada investidor possui uma utilidade marginal que diminui com o consumo e, ainda, uma utilidade marginal em um estado que depende apenas da quantidade consumida nesse estado e do período de tempo em que esse estado venha a ocorrer.

Para tanto, presume-se que os investidores concordem quanto às probabilidades dos estados futuros e quanto à completude dos mercados ou à suficientemente complitude, possibilitando a validade do TRRM. Nesse contexto, cada investidor deve adotar uma estratégia baseada no mercado (isto é, tomar apenas o risco de mercado). Cada gráfico de retorno para um determinado investidor apresenta uma declividade crescente, sendo que as escolhas dos investidores diferem em relação às próprias preferências. Algumas curvas encontram-se abaixo da linha de 45 graus que representa o retorno da carteira de mercado. Outras se localizam acima desta linha. Mas para qualquer nível de retorno de mercado, a média ponderada de todos os retornos das carteiras dos investidores é igual ao retorno de mercado.

4.15 Modelo de Apreçamento de Ativos de Capital (CAPM)

A curva do último gráfico da Figura 4-26 aparenta uma quase linearidade, mas possui alguma curvatura. Em geral, os investidores com investimentos suficientes optam por adotar estratégias que não são evidenciadas por uma linha reta no gráfico de retorno. Isso fica evidente no Caso 7, conforme a Figura 4-10. Mas há condições em que todo investidor escolhe uma estratégia linear baseada em mercado — uma carteira que proporcione retornos linearmente relacionados com os retornos da carteira de mercado.

Assume-se que todo investidor tenha uma utilidade quadrática. Como foi mostrado no Capítulo 3, um investidor que possui tal utilidade preocupa-se apenas com a média e variância da carteira. Além do mais, sua utilidade marginal é uma função linear do consumo, no mínimo, ao longo de um intervalo de resultados relevante.

A Figura 4-27 mostra o mesmo conjunto de gráficos da Figura 4-26 com uma exceção. Cada um dos dois investidores tem uma função de utilidade quadrática, cuja aplicação se encontra num intervalo de consumo do estado de equilíbrio. Como resultado, o consumo de cada investidor é uma função linear do PPC. Po-

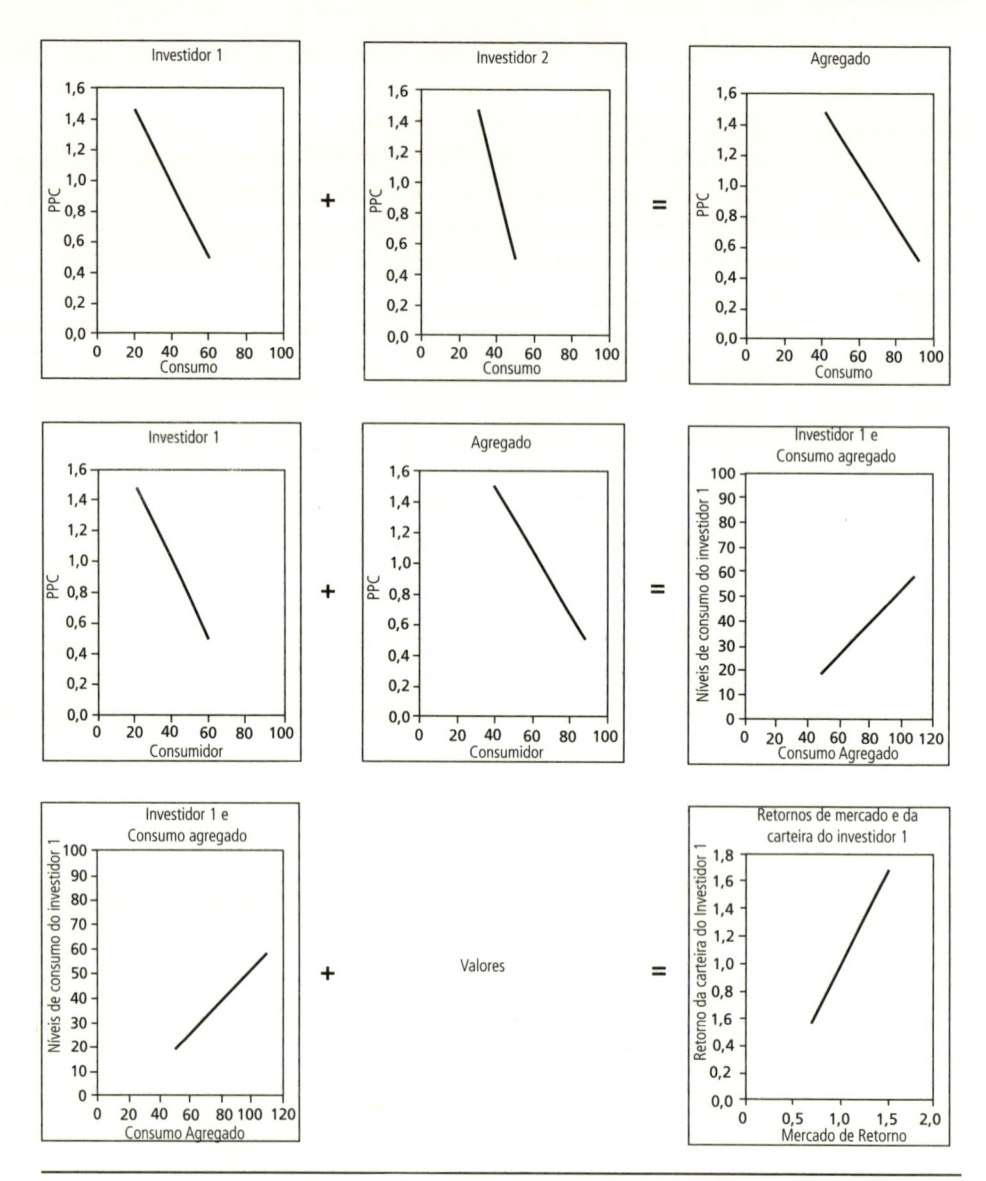

Figura 4-27   Preços de equilíbrio e seleção de carteiras com função utilidade quadrática.

rém, isso é o consumo agregado. E, desde que todos os gráficos da primeira coluna sejam lineares, então todos os demais também são lineares. Esta é a versão original do Modelo de Apreçamento de Ativos de Capital (CAPM) de Sharpe (1964), Lintner (1965), Mossin (1966) e Treynor (1999). Os investidores preocupam-se apenas com o retorno médio da carteira, com a variância, com a concordância sobre as probabilidades dos estados futuros, com as posições compradas e se não estão sujeitos a restrições nas respectivas posições de carteira. As implicações são destacáveis.

Todo investidor escolhe uma estratégia linear baseada no mercado. Isto implica que todo investidor escolhe uma combinação da carteira de mercado com o ativo livre de risco. Essa razão não é fácil de perceber. A carteira de mercado encontra-se na linha de 45 graus e o ativo livre de risco em uma linha horizontal. Qualquer combinação existente entre os dois resulta em uma linha reta que passa pela intersecção das mesmas. Mas em equilíbrio não pode existir outra estratégia que resulte em outra linha reta? Por quê? Imagine que tal estratégia exista. Uma combinação do título livre de risco com a carteira de mercado gera uma linha reta paralela. Cada estratégia tem o mesmo custo. Mas, uma fornece um retorno superior para todos os possíveis estados futuros da natureza. Claramente, alguém poderia vender a descoberto a estratégia inferior e utilizá-la para comprar outra superior. Dessa forma, obtém-se uma arbitragem livre de risco em que se lucra sem o dispêndio de recursos, ou seja, uma possibilidade remota sob a hipótese de mercado de capitais atual.

Analisando a Figura 4-27 admitimos que um mercado completo está disponível. Mas para um investidor que analisa média/variância esse mercado não é necessário. No fim do dia cada investidor escolhe manter uma combinação da carteira de mercado com o título livre de risco. Uma vez que as possibilidades de tomar emprestado e emprestar recursos estão disponíveis, apenas títulos padrão são requeridos. Um mercado com investidores, cuja função utilidade seja quadrática, é suficientemente completo.

Outra implicação referente a investidores que se preocupam apenas com a média/variância de suas carteiras refere-se ao núcleo de apreçamento. Como foi mostrado no primeiro gráfico do lado direito da Figura 4-27, o núcleo de apreçamento é uma função linear do consumo. Isso nos leva à forma mais simples do TRRM.

4.16 A Linha de Mercado de Capitais

A versão geral do TRRM afirma que os retornos esperados são linearmente relacionados aos valores dos betas que são baseados nas covariâncias com a função de retorno da carteira de mercado.

(TRRM) $$E(R_i) = r + \beta_i^{f(R_M)}(E(R_M) - r)$$

A função $f(R_M)$ representa o relacionamento entre o núcleo de apreçamento e o retorno da carteira de mercado.

No modelo CAPM, esta função é linear, isto é:

$$m = a - bR_M$$

A partir das propriedades da covariância, temos que:

$$\text{cov}(R_i, m) = -b\,\text{cov}(R_i, R_M)$$

e:

$$\text{cov}(R_M, m) = -b\,\text{cov}(R_M, R_M)$$

A covariância entre o próprio retorno de mercado é a variância do retorno de mercado. Assim, o beta do TRRM pode ser simplificado por:

$$\beta_i \equiv \frac{\text{cov}(R_i, R_M)}{\text{var}(R_M)}$$

Esta medida é denominada beta sendo assim uma convenção seguida.

O caso especial do TRRM implica que o retorno esperado de um título ou carteira é uma função linear do risco de mercado em que é medido pelo beta.

De acordo com a tradição, como em Sharpe (1970), chamamos essa relação de linha de mercado de capitais:

(LMT) $\qquad E(R_i) = r + \beta_i[E(R_M) - r]$

Esse resultado é familiar em finanças.

4.17 A Linha de Mercado de Capitais Eficiente

A relação da SML é fácil de aplicar desde que nenhum parâmetro seja requerido para $f(R_M)$. Entretanto, isso se relaciona à hipótese de que o núcleo de apreçamento seja uma função linear do retorno da carteira de mercado. Isso requer que, em média, a aversão absoluta ao risco dos investidores diminua com o aumento do consumo, ou seja, uma hipótese pouco plausível.

Em períodos de tempo muito curtos em que o intervalo de possíveis retornos de mercado são relativamente pequenos, e a aproximação possa ser feita pelo núcleo de precificação a partir de uma função linear do retorno da carteira de mercado, a SML pode ser, aproximadamente, válida. No entanto, há aproximações melhores.

Para longos períodos de tempo com grandes intervalos de possíveis resultados, pode ser preferível usar uma função em que o logaritmo do PPC seja uma função linear do logaritmo do retorno total da carteira de mercado. Isso representa um mercado em que as preferências médias dos investidores refletem uma aversão relativa ao risco constante.

Nesse mercado, o logaritmo do núcleo de apreçamento é uma função linear do logaritmo do retorno de mercado:

$$\ln(m) = a - b\,\ln(R_M)$$

De forma equivalente:

$$m = AR_M^{-b}$$

Neste caso, o MRRT torna-se:

$$\frac{E(R_i) - r}{E(R_M) - r} = \frac{A\,\text{cov}(R_i, R_M^{-b})}{A\,\text{cov}(R_M, R_M^{-b})}$$

Cancelando o termo constante, que aparece tanto no numerador como no denominador, e escolhendo um nome que reflita o fato da função ajustada utilizar o poder do retorno de mercado, define-se o poder do beta de um título ou de uma carteira como:

$$\beta_i^p \equiv \frac{\text{cov}(R_i, R_M^{-b})}{\text{cov}(R_M, R_M^{-b})}$$

Isso oferece uma versão especial do MRRT que denominamos de equação da linha de mercado de capitais eficiente (PSML):

(PSML) $$E(R_i) = r + \beta_i^p(E(R_m) - r)$$

Essa versão requer o parâmetro denotado por (b): a elasticidade do núcleo de apreçamento em relação ao retorno da carteira de mercado. Nas simulações, calculamos isso por meio de uma análise de regressão, com a variável independente definida por $\ln(R_m)$ e a variável dependente por $\ln(m)$. A declividade da reta de regressão é usada como o valor de b para calcular os valores eficientes de beta.

4.18 Valores de Alfa

Apresentamos dois casos especiais do teorema MRRT: SML e PSML. Se as condições do CAPM são atendidas, todos os retornos esperados dos títulos ou das carteiras estão de acordo com a SML, em relação a uma linha que conecta a carteira de mercado e o ativo livre de risco em um diagrama cujo eixo vertical seja dado pelo retorno esperado e o eixo horizontal, por beta. Por outro lado, alguns dos pontos podem divergir da linha. A Figura 4-28 mostra os resultados para o Caso 7.

A diferença entre o retorno esperado de um ativo e o retorno esperado para um determinado valor de beta encontrado sob a SML é denominada alfa. Em um gráfico da SML, tal como o da Figura 4-28, o valor de alfa é mostrado pela distância vertical entre um ponto e a SML. Como verificamos pela figura, os valores de alfa são pequenos neste caso, mas alguns dos títulos apresentam valores positivos de alfa e outros pontos apresentam valores negativos de alfa.

Para o Caso 7, os valores de alfa são pequenos quando a eficiência dos betas é utilizada, como se evidencia pela Figura 4-29. Enquanto a função constante da aversão relativa ao risco ajustada não representar perfeitamente o núcleo de apreçamento, o ajuste será quase perfeito.

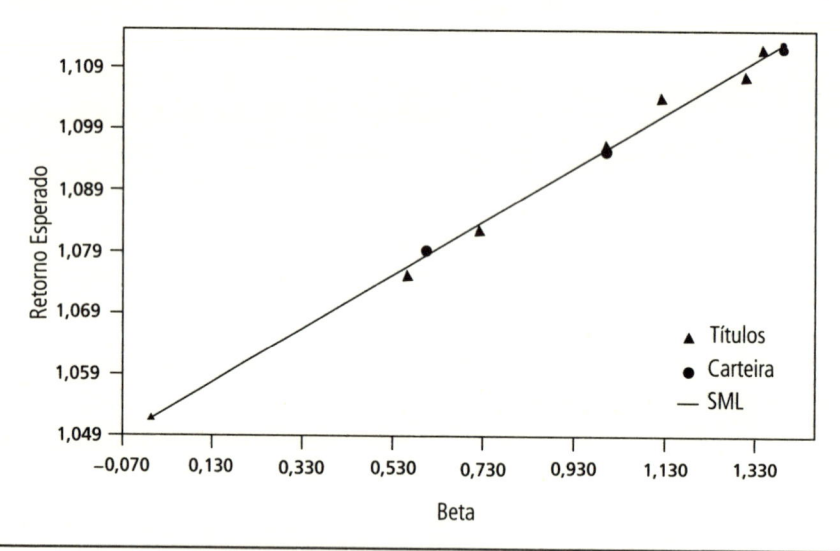

Figura 4-28   Caso 7: A linha de mercado de títulos.

Nota-se que os valores positivos e negativos de alfa não se originaram porque os títulos foram "apreçados de forma incorreta" à medida que refletem os erros referentes às hipóteses dos investidores em relação às probabilidades dos estados da natureza. Ao invés disso, refletem o fato de que nem os valores de beta padronizados e nem os valores eficientes de beta proporcionam medidas adequadas e completas do risco de mercado. Entretanto, em ambos os casos, a aproximação é aceitável.

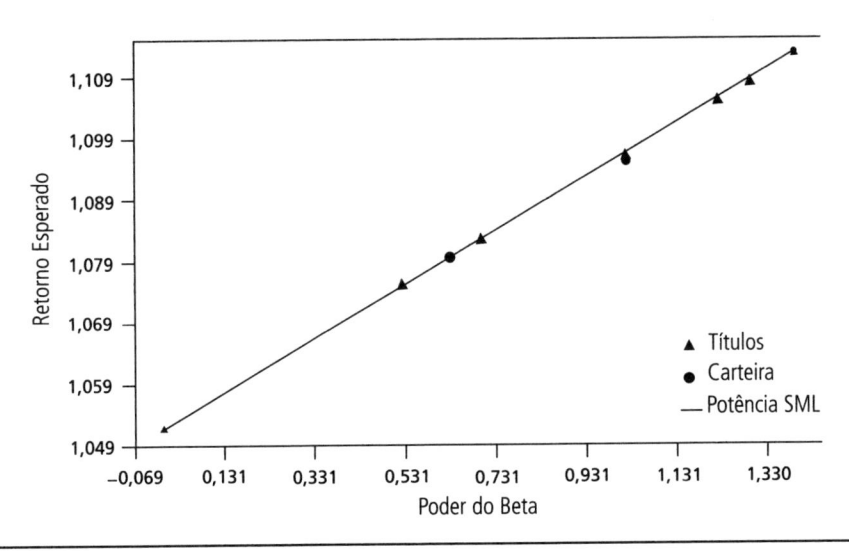

Figura 4-29 Caso 7: A eficiência da linha de mercado de títulos.

4.19 Índice de Sharpe

Se os investidores se preocupam apenas com a média e a variância do retorno de suas carteiras e que haja a possibilidade de emprestar e tomar emprestado à taxa de juros livre de risco; a preferência por uma carteira pode ser avaliada pelo cálculo do índice de Sharpe: isto é a taxa obtida entre (1) o retorno em excesso da carteira em relação à taxa de juros livre de risco e (2) o desvio-padrão do retorno em excesso. No modelo CAPM, a carteira de mercado tem o mais alto índice de Sharpe possível. A razão é relativamente direta. Se um investidor pode emprestar ou tomar emprestado o quanto desejar, qualquer carteira pode ser alavancada em qualquer direção. Uma combinação com uma proporção igual a k investida em um ativo de risco e $1-k$ em um ativo livre de risco tem retorno em excesso esperado de k e um desvio-padrão igual a k vezes o desvio-padrão do ativo de risco. O índice de Sharpe dessa combinação é o mesmo daquele obtido pela carteira de risco.

Agora, imagine que um investidor escolha entre duas alternativas: (1) investir em uma carteira A mais o direito de emprestar ou tomar emprestado o quanto for desejado ou (2) investir em uma carteira B mais o direito de emprestar ou tomar emprestado o quanto for desejado. Se a carteira A tem índice de Sharpe mais elevado do que a carteira B, então, para qualquer desvio-padrão, uma combinação de A mais o direito de emprestar e de tomar emprestado pode proporcionar um retorno esperado maior do que uma combinação de B mais o direito de emprestar ou tomar emprestado. Se o investidor se preocupar apenas com o retorno esperado e com o desvio-padrão do retorno, a carteira A é preferida, sendo que os empréstimos utilizados servem para obter um nível ótimo de risco.

No modelo CAPM, todo investidor se preocupa apenas com o retorno esperado e com o desvio-padrão do retorno. Se for possível emprestar e tomar emprestado à taxa de juros livre de risco o quanto for desejado, nenhuma carteira, em estado de equilíbrio, tem um índice de Sharpe superior ao índice da carteira de mercado. Por quê? Se este for o caso, todo investidor escolhe esta carteira ao invés da carteira de mercado, obstruindo o mercado.

No modelo CAPM, todo investidor também mantém uma carteira com um determinado índice de Sharpe dado pelo mercado. Assim, cada investidor adota uma estratégia linear baseada no mercado, com um gráfico de retorno que resulta em uma linha reta.

Em casos mais complexos, nenhum desses resultados pode se manter precisamente, embora os desvios sejam relativamente pequenos. A Figura 4-30 mostra os cálculos para o Caso 7. Quade escolheu uma carteira com o maior índice de Sharpe em comparação a outras carteiras do mercado, enquanto Dagmar escolheu aquela com o menor índice de Sharpe em comparação a outras carteiras do mercado.

Características da Carteira:	Retornos esperados	Retornos em excesso esperados	Desvios-Padrão do retornos	Índices de Sharpe
Mercado	1,096	0,044	0,116	0,378
Quade	1,080	0,027	0,071	0,383
Dagmar	1,113	0,060	0,162	0,372

Figura 4-30   Caso 7: Índices de Sharpe das carteiras.

A Figura 4-31 mostra os retornos esperados e os desvios-padrão dos retornos tanto para as carteiras como para os títulos do Caso 7. De acordo com Sharpe (1970), a linha que une os pontos em que se encontram o ativo livre de risco e a carteira de mercado é denominada linha do mercado de capitais (CML). A declividade da linha que foi traçada a partir do ativo livre de risco até o ponto que representa uma carteira ou um título fornece o índice de Sharpe. Se o CAPM é válido, toda carteira ou todo título está ao longo da CML ou abaixo dela e as carteiras escolhidas pelos investidores encontram-se sobre a CML. Neste caso, os títulos encontram-se abaixo da CML, mas, pelo menos, uma possível carteira (Quade) encontra-se acima desse título e, pelo menos, um investidor (Dagmar) escolhe uma carteira que esteja abaixo deste.

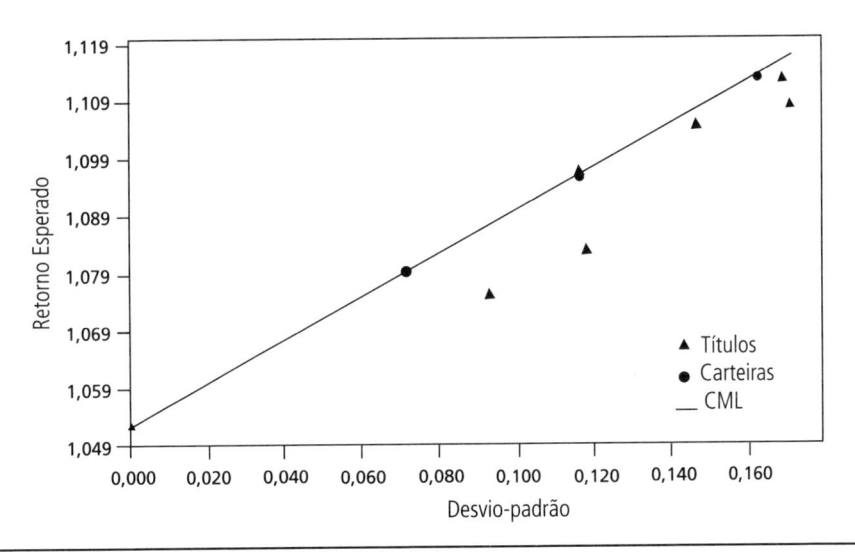

Figura 4-31   Caso 7: A linha de mercado de capitais.

Por que Dagmar escolhe uma alternativa de investimento com um desvio-padrão mais elevado em relação a uma combinação que pode ser obtida a partir da carteira de mercado e com empréstimos de mesmo retorno esperado? A razão é que sua estratégia apresenta outra propriedade desejável. Isso pode ser visto pela Figura 4-32, que mostra um gráfico de retorno e as combinações de carteira de mercado com ativo livre de risco que proporcionam o mesmo retorno esperado.

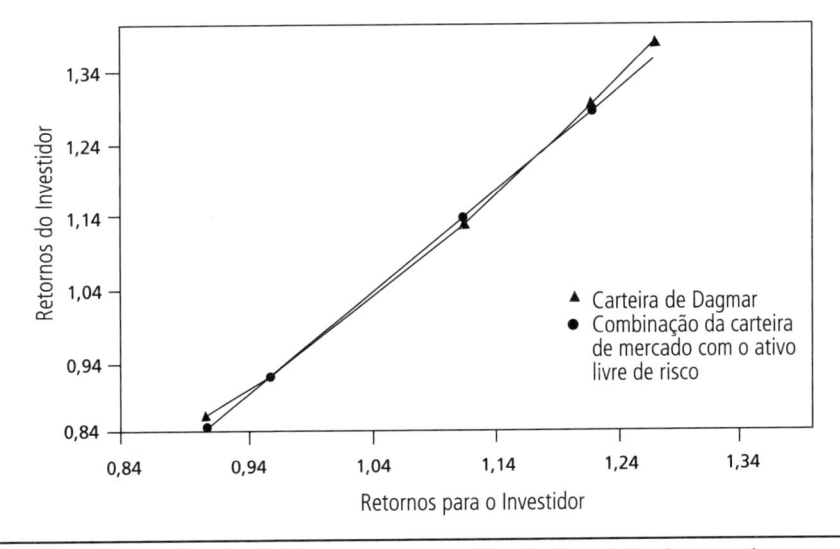

Figura 4-32   Caso 7: Carteira de Dagmar e uma combinação da carteira de mercado com o ativo livre de risco.

Enquanto a carteira de Dagmar supera a estratégia linear baseada em um mercado em momentos normais, é igual ou maior de acordo com outros mercados. Em particular, a carteira de Dagmar aposta numa estratégia de mercado linear em tempos de retornos extremos de mercado. Dados suas preferências e os preços dos títulos, Dagmar assume que essas características são suficientemente desejáveis caso ocorram pequenos aumentos nos desvios-padrão dos retornos dos títulos.

Enquanto os índices de Sharpe para o Caso 7 não são completamente consistentes com as propriedades da CML do CAPM, as diferenças são imperceptíveis. A fim de mostrar outras situações que possam distorcer as características do CAPM, o programa de simulação produz um "gráfico da CML" tal como foi mostrado pela Figura 4-31.

4.20 Caso 8: O Investidor Representativo

Como é possível verificar, em um mercado completo com concordância em relação às probabilidades dos estados futuros, tanto os preços de estado como as probilidades de estado são conhecidos. Assim, o núcleo de apreçamento é observável se o mesmo puder ser aproximado por uma função do retorno de mercado; assim, a forma generalizada do MRRT continua válida e o risco de mercado é medido pelo beta de um ativo em relação a uma função do mercado, que foi determinada pelo núcleo de apreçamento.

Admitimos, em seguida, um mercado com um único investidor que detenha a carteira de mercado. Esse investidor não entra em negociação, desde que os preços sejam determinados, unicamente, por seus preços de reserva relacionados aos respectivos estados de contingência. Como resultado, cada valor de PPC é igual ao preço de reserva do investidor para o estado em questão, dividido pela respectiva probabilidade. Repetindo a fórmula mostrada anteriormente:

$$\frac{d_j m(\chi_j)}{m(\chi_1)} = \frac{p_j}{\pi_j}$$

Rearranjando:

$$m(\chi_j) = \frac{m(\chi_j)}{d_j} = PPC_j$$

Se a função de utilidade marginal for a mesma para todos os estados em um dado instante, podemos utilizar um único fator de desconto (d) para todos os estados no tempo 2. Além do mais, como veremos mais adiante, as escolhas praticadas pelos investidores não são afetadas, se todas as suas utilidades marginais forem multiplicadas por uma constante. Por conveniência, podemos assumir que $m(\chi_1)$ seja igual a um. Depois dessas mudanças, para todos os estados no instante 2 temos:

$$m(\chi_j) = \frac{1}{d} PPC_j$$

Isso resolve o mistério relacionado à notação utilizada pelo núcleo de apreçamento na literatura de economia financeira. Cada valor do núcleo de apreçamento (PPC) pode ser admitido como igual a uma constante (d) vezes a utilidade marginal $m(\chi_j)$ do investidor representativo para a quantidade associada de consumo total χ_j.

Dado um conjunto de valores PPC, podemos calcular as utilidades marginais para um investidor representativo em relação às quantidades de consumo agregado. Além disso, em um mercado incompleto, mais do que um conjunto de preços de estado, pode ser consistente com os preços dos títulos observados. Por essas razões, os economistas exploram a eficácia em aproximar os dados observados assumindo que os preços são consistentes com aqueles de um mercado que possua um investidor representativo e uma função de utilidade marginal específica.

O programa de simulação proporciona um exemplo para esse tipo de calibragem por meio de um caso em que o investidor representativo apresenta aversão relativa ao risco constante. Neste caso, a equação pode ser escrita como:

$$\chi_j^{-b} = \frac{1}{d} PPC_j$$

Aplicando logaritmo aos dois lados da equação acima, temos:

$$\ln(PPC_j) = \ln(d) - b \ln(\chi_j)$$

Mas essa é a equação que o simulador ajusta a partir dos dados a fim de derivar o coeficiente (b) para os cálculos da eficiência de beta. Uma regressão pelo método dos mínimos quadrados é utilizada, sendo que o estado futuro constitui uma observação; os valores de $\ln(\chi_j)$ são observações para a variável independente e os valores de $\ln(PPC_j)$ são observações para a variável dependente. O coeficiente de declividade resultante é b e o seu intercepto é $\ln(d)$. A fórmula anterior é uma representação da aversão ao risco do investidor e a última serve para obter o fator de desconto. A qualidade do ajuste aos dados observados é dada pelo coeficiente R^2 da regressão. A saída do Caso 7 é mostrada na Figura 4-33. Nesse caso, o mercado com um investidor com função utilidade quadrática (Quade) e um investidor que possui uma aversão relativa ao risco decrescente (Dagmar) pode ser bem representado por um único investidor com aversão relativa ao risco constante.

A fim de ilustrar melhor esse fato, criamos o Caso 8. Agora, temos somente um investidor, Rex, que mantém todos os títulos do Caso 7 e possui preferências como mostradas na Figura 4-33. A Figura 4-34 compara os preços dos títulos dos Casos

7 e 8. Mesmo que não sejam os mesmos, nenhum dos preços do Caso 8 difere em mais do que 1% dos preços do Caso 7.

Nesse exemplo, Rex aproveitou muito bem sua função. O mercado no Caso 8 é similar, se não exatamente o mesmo, ao do Caso 7. Rex representa a situação do Caso 7. Genericamente, estamos preocupados em comparar as características de um investidor com as de um investidor representativo, por meio das diferenças existentes entre sua carteira e a carteira de mercado, no que se refere às suas preferências, previsões e posições. Infelizmente, nem sempre esse é o caminho ideal. Primeiro, devemos lembrar que em mercados que não são suficientemente completos, pode-se produzir investidores representativos alternativos, dependendo dos preços de estado utilizados. Pior ainda, com discordância entre as probabilidades entre os investidores alternativos. Diferenças na posição dos investidores adicionam outros fatores de complicação. Finalmente, nenhuma forma funcional padrão para as preferências do investidor representativo pode ser capaz de replicar os preços dos títulos em equilíbrio com grande precisão.

Aproximações dos núcleos de apreçamento:	Parâmetros
Aversão ao risco	3,399
Desconto	0,936
R^2	0,999

Figura 4-33   Caso 7: Resultados das aproximações dos núcleos de apreçamento.

A noção de que um único investidor detenha um conjunto relativamente simples de preferências capaz de representar um mercado complexo proporciona uma comodidade para aqueles que construíram modelos de mercados financeiros. No entanto, na maioria da aplicações econômicas, é importante que as hipóteses utilizadas não sejam simples demais.

Preços dos títulos	ST Bond	Gov. Bond	Não-Gov. Bond	Value Stx	GthStx	SmlStx
Caso 7	0,950	0,952	0,957	0,989	0,947	0,967
Caso 8	0,944	0,946	0,951	0,981	0,940	0,961
Diferença Porcentual	–0,65	–0,61	–0,63	–0,75	–0,70	–0,71

Figura 4-34   Casos 7 e 8: Preços dos títulos.

4.21 Relacionamentos *Ex ante* e *Ex post*

Este livro concentra-se no relacionamento existente entre variáveis econômicas antes do fato em si e nas implicações desse relcionamento para o processo de seleção de carteiras. De maneira formal, afirmamos que nossas análises trabalham primeiro com valores *ex ante*. Mas é difícil medir esses valores. Em anos recentes, economistas têm pesquisado a partir de resultados e de experimentos em que alguns indivíduos colocam as regras aos participantes do mercado financeiro a fim de obter medidas de previsão individuais sobre o futuro. Todavia, a maior parte da pesquisa empírica nessa área confia na análise dos resultados atuais em relação a vários períodos. As freqüências históricas dos resultados são utilizadas como aproximações a fim de prever as probabilidades de resultados futuros alternativos. Dessa forma, os dados medem os resultados atuais a partir de períodos anteriores (resultados *ex post*), ao invés de previsões do que pode ocorrer no próximo período (previsões *ex ante*).

Seria ótimo se (1) o equilíbrio *ex ante* fosse o mesmo em cada período do passado e (2) se os possíveis resultados alternativos ocorressem com freqüências iguais às suas probabilidades *ex ante*. Infelizmente, na maioria dos casos, nenhuma das duas condições anteriores verifica-se na prática. Assim, pode-se analisar com considerável ceticismo os vários "testes" de modelos de equilíbrio dos mercados financeiros.

Ilustramos a natureza do problema a partir dos resultados de equilíbrio do Caso 7. No gráfico da SML na Figura 4-28, os seis títulos situam-se próximos da linha representando as combinações do retorno esperado com o beta em que podem ser obtidas através de ponderações da carteira de mercado com valores relacionados a empréstimos. As diferenças são pequenas, pois o maior valor de alfa obtido é igual a 0,003 (0,3% ao ano) e o menor valor sendo igual a -0,002 (-0,2% ao ano). A SML é uma boa aproximação para o relacionamento *ex ante* entre o retorno esperado dos títulos e os respectivos betas.

Agora, imagine que esse relacionamento no estado de equilíbrio possa ser mantido por 25 anos. A fim de simular um registro histórico possível para esse intervalo, utilizamos um procedimento de Monte Carlo, via gerador de números aleatórios. Uma urna é preenchida com bolas identificadas pelos nomes dos estados. Cinco porcento das bolas são identificadas por "Depressão 1", outras 5% "Depressão 2", e assim por diante. Para cada um dos 25 anos, uma bola é selecionada e os retornos dos títulos para o estado associado fica registrado no histórico. Este registro é utilizado para calcular os retornos médios dos títulos, os retornos da carteira de mercado e os valores dos betas dos títulos. A Figura 4-35 mostra os relacionamentos *ex post*, com os retornos médios colocados no eixo vertical e os valores de beta realizados no eixo horizontal.

Os valores históricos de alfa mostram que os valores absolutos são bem maiores do que os representados por valores esperados. O título de renda fixa do governo obteve o melhor registro, com um alfa de 0,0103 ou 1,03% ao ano. O valor do fundo de ações obteve o melhor desempenho em comparação às classes de ativos de risco, com um alfa de 0,0091, ou 0,91% ao ano. O maior perdedor foi o fundo de ações de empresas que pagam dividendos crescentes com um alfa de -0,0245 ou -2,45% ao ano.

Este é um exemplo simples. Mas, os números do Caso 7 foram escolhidos por serem razoavelmente representativos dos retornos que possam ser obtidos a partir de carteiras, incluindo os títulos de cada uma dessas classes de ativos. E, devido à diversificação em relação a cada uma das carteiras, obtivemos um registro *ex post* para os 25 anos que diferem, substancialmente, dos valores *ex ante*.

Os resultados da Figura 4-35 são baseados em apenas um registro dos 25 anos. A fim de obter uma visão mais geral dos possíveis resultados em relação ao período de 25 anos, repetimos nossa análise através da geração de 1.000 possíveis registros para os 25 anos. A Figura 4-36 mostra a distribuição dos 6.000 valores de alfa resultantes dos seis títulos a partir de 1.000 simulações. Enquanto quase que 40% ficaram entre -0,5% ao ano e 0,5% ao ano, mais do que 60% ficaram fora desse intervalo. De forma mais evidente, ocorrem casos em que uma classe de ativos encontra um valor de alfa 10 vezes maior do que o seu valor esperado.

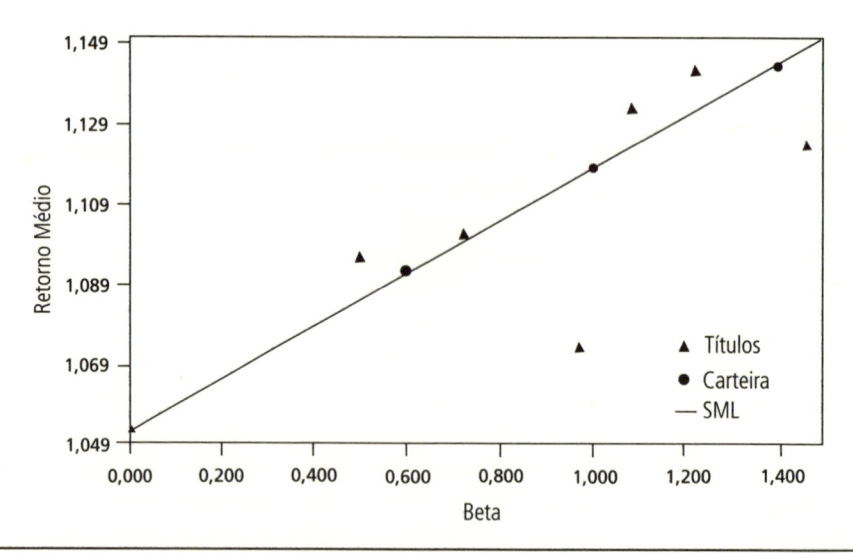

Figura 4-35   Caso 7: Linha de mercado de títulos *ex post:* 25 anos.

Esses resultados ilustram o intervalo de possíveis disparidades entre os valores *ex ante* e *ex post* nos mercados financeiros. Retornamos a este tópico no Capítulo 8. Neste momento, torna-se suficiente lembrar a recomendação da SEC (Securities and Exchange Comission — equivalente à CVM, Comissão de Valores Mobiliários) norte-americana para investidores em fundos mútuos: "O desempenho passado não é um indicador confiável para o desempenho futuro". Podemos adicionar: "...e, freqüentemente, nem para o desempenho esperado no passado".

4.22 Resumo

Este capítulo cobriu os casos que envolvem uma concordância dos investidores sobre as probabilidades dos estados futuros, a falta de outras fontes de consumo e a ausência de preferências dependentes dos estados entre os resultados do mesmo período de tempo. Examinamos as condições em que qualquer tipo de contingência pode ser negociada ou quais resultados equivalentes podem ser obtidos a partir dos títulos disponíveis — condições que serão relaxadas em capítulos posteriores. Todavia, os exemplos deste capítulo se baseiam na literatura de investimentos atual.

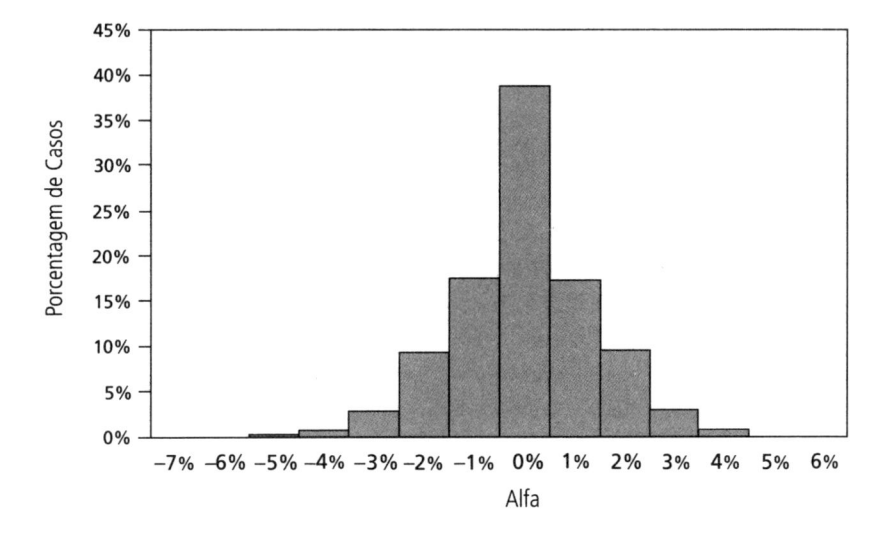

Figura 4-36   Caso 7: Valores *ex post* de alfa: valores simulados mil vezes no intervalo de 25 anos.

Nessas circunstâncias, os retornos esperados dos títulos ou das carteiras são, unicamente, uma função das relações existentes entre seus retornos e os retornos da carteira de mercado como um todo. Mais especificamente, o retorno esperado de um título ou de uma carteira está relacionado à sua covariância com a função do retorno da carteira de mercado. Assim, o MRRT afirma o seguinte:

Apenas o risco de mercado é recompensado por retornos esperados mais elevados com o risco de mercado medido a partir da função do retorno da carteira de mercado, cuja determinação é feita pelo núcleo de apreçamento.

Dado isso, os investidores devem tomar apenas o risco de mercado. E, nessas circunstâncias, procedem dessa forma, pois os mesmos concordam em relação às probabilidades dos eventos futuros. Assim, o MRRT afirma o seguinte:

Não se admite tomar o risco não-diversificável.

Equivalentemente:

Deve-se seguir uma estratégia baseada em mercado.

Nessas circunstâncias, todos os investidores procedem dessa forma.

Os resultados seguem a partir da hipótese plausível de que quanto menos um investidor consome, maior é o valor dado para o consumo adicional. Os preços dos ativos em equilíbrio refletem essa hipótese. O custo da possibilidade de que ocorra um consumo num estado ruim (baixo consumo agregado) é maior do que a possibilidade de que ocorra um consumo num estado bom (alto consumo agregado). A partir disso, segue a existência do prêmio pelo risco da carteira de mercado *vis-à-vis* o investimento livre de risco, o desejo de estratégias baseadas no mercado que sejam mais ou menos agressivas para os investidores com, respectivamente, maior ou menor grau de tolerância ao risco, e muitos outros aspectos de instrumentos de investimentos padrão.

São circunstâncias, teoricamente, confortáveis favorecendo os instrumentos utilizados pelos economistas financeiros. Mas os mesmos acreditam que todos agem de acordo com os resultados teóricos, que nem sempre são válidos.

Muitos investidores tomam risco não-diversificável. Os pontos encontrados no gráfico do retorno não se encontram perfeitamente ajustados sobre a curva de declividade crescente. Por que os investidores fazem isso? Quais seriam os instrumentos que poderiam ser oferecidos aos investidores em uma situação em que este tipo de comportamento ocorre? Este tópico é abordado nos Capítulos 5 e 6.

Capítulo 5
POSIÇÕES

5.1 Diversidade dos Investidores

Nos casos analisados, os investidores mostram uma diversidade substancial. Detêm carteiras iniciais distintas e diferentes funções de utilidade marginal. Por outro lado, mantém algumas características similares. Mais importante, concordam com as probabilidades dos estados futuros da natureza. Além disso, ninguém possui outra fonte de consumo que não seja o mercado financeiro. Finalmente, nenhum investidor é favorecido por algum estado futuro específico; isto é, para cada investidor, as respectivas utilidades marginais de consumo em estados futuros com o mesmo consumo são as mesmas.

Neste capítulo, investigamos os casos em que os investidores são mais heterogêneos. Primeiro, consideramos o impacto das fontes extra de consumo, que denominamos de posições dos investidores. Então, examinamos o possível impacto das diferenças nas preferências dos investidores por consumo em diferentes estados da natureza — as diferenças que podem também refletir a influência de posições externas. Conforme analisado anteriormente, assumimos a hipótese de que todos os investidores concordam com as probabilidades dos estados futuros da natureza, deixando para o Capítulo 6 a análise dos possíveis efeitos de discordância em relação às mesmas.

5.2 Salários e Colaterais

Para a maioria das pessoas, os investimentos são a única fonte de consumo. Outras fontes incluem salários, rendas e consumos obtidos a partir de bens duráveis e ativos físicos tais como a propriedade de um imóvel. A fim de simplificar este tópico, dividimos todas essas outras fontes de consumo em duas categorias: salário e colaterais. Os colaterais incluem itens como casas e carros que podem ser negociados a fim de que o dinheiro seja utilizado para se tomar outras posições que demandam pagamentos em alguns dos estados futuros da natureza. Os salários não podem ser usados para este fim, primeiro, devido às leis de falência. Em muitos países, se um determinado débito exceder a quantidade de ativos, torna-se possível o decreto da falência, desfazendo-se dos débitos que excedem aquela quantidade de ativos a fim de manter um rendimento para subseqüentes serviços laboriais.

Nesse campo há pontos não conclusivos. As pessoas podem tomar somente empréstimos sem efeito colateral, desde que a falência possa envolver estigmas sociais, dificuldade em obter créditos futuros e assim por diante. O custo para realizar um empréstimo pode também ser maior do que a maior dívida tomada por um indivíduo em relação à porcentagem do valor de ativos declarados como colateral. Mas esses aspectos são representados de forma bem razoável pela alocação de consumo original dos salários atuais e de outros ativos situados entre nossas categorias especificadas como salário e colaterais.

Nos propósitos das simulações, os salários e os colaterais são representados por tabelas que indicam a quantidade de consumo proporcionada em cada estado da natureza. As leis de falência levam em conta que para cada estado um investidor pode consumir a partir de fontes estritamente maiores do que o consumo proporcionado pelo salário em um determinado estado. O resultado líquido é a fuga de qualquer negociação que resultaria numa situação em que um investidor possa ingressar para o estado de falência e não cumprir a promessa de pagamento em algum estado. Nenhum procedimento é necessário para o colateral, desde que a parte, para a qual o pagamento é devido, possa se apropriar da propriedade, caso necessário.

5.3 Caso 9: As Posições que Afetam Carteiras, Mas Não Preços

A fim de manter um certo grau de simplificação, retornamos ao Caso 1 para ilustrar os efeitos desses novos aspectos. O Caso 9 é similar ao Caso 1, existindo poucas diferenças. Mario inicia com os mesmos benefícios da companhia de pesca de Monterey, exceto que a metade destes é proporcionada pelo pagamento de uma aposentadoria que pode ser usada como colateral, com o restante em ações negociáveis. Hue está em uma posição similar em relação à companhia de pesca da Baía de Half Moon. As Figuras 5-1 e 5-2 mostram estas novas entradas. O restante é similar ao Caso 1.

Carteiras:	Consumo	Renda Fixa	MFC	HFC
Mario	49	0	5	0
Hue	49	0	0	5

Figura 5-1 Caso 9: Tabela de carteiras.

Colateral:	Agora	RuimS	RuimN	BomS	BomN
Mario	0	25	15	40	20
Hue	0	15	25	20	40

Figura 5-2   Caso 9: Colateral.

De forma mais realista, assumimos que os mercados sejam incompletos de modo que Mario e Hue negociam somente as duas ações pertencentes aos lotes que detém e o título de renda fixa. As carteiras resultantes dos títulos negociáveis diferem daqueles do Caso 1 em relação aos cenários previstos, conforme mostram as Figuras 5-3 e 5-4. Mario ajusta sua carteira a fim de refletir o fato de que sua renda extra seja equivalente às cinco ações da MFC e Hue ajusta sua carteira a fim de refletir o fato de que sua renda extra seja equivalente às cinco ações da HFC. O consumo total em cada um dos estados futuros é, assim, o mesmo tanto para o Caso 1 como para o Caso 9.

Carteiras:	Consumo	Renda Fixa	MFC	HFC
Mercado	98,00	0,00	10,00	10,00
Mario	48,77	−12,16	6,24	6,24
Hue	49,23	12,16	3,76	3,76

Figura 5-3   Caso 1: Carteiras de equilíbrio.

Carteiras:	Consumo	Renda Fixa	MFC	HFC
Mercado	98,00	0,00	5,00	5,00
Mario	48,77	−12,16	1,24	6,24
Hue	49,23	12,16	3,76	-1,24

Figura 5-4   Caso 9: Carteiras de equilíbrio.

Desde que Mario e Hue estejam identificados aos mesmos modelos de consumo entre os estados, como fizeram no Caso 1, as respectivvas utilidades marginais de consumo, os preços dos títulos, os preços de estado, os retornos esperados e os valores de beta são os mesmos. Mas, tanto as carteiras de Mario como as de Hue contendo títulos negociáveis são diferentes nessas duas situações. As mudanças podem ser observadas pela comparação dos gráficos da linha de mercado de capitais (CML) das Figuras 5-5 e 5-6.

Tanto Mario como Hue escolhem carteiras de títulos negociáveis com índices de Sharpe menores do que o índice da carteira de mercado. Isso não compete somente a eles, desde que cada um leve em conta não somente o risco da sua carteira, mas também a forma de ajuste a outras fontes de consumo.

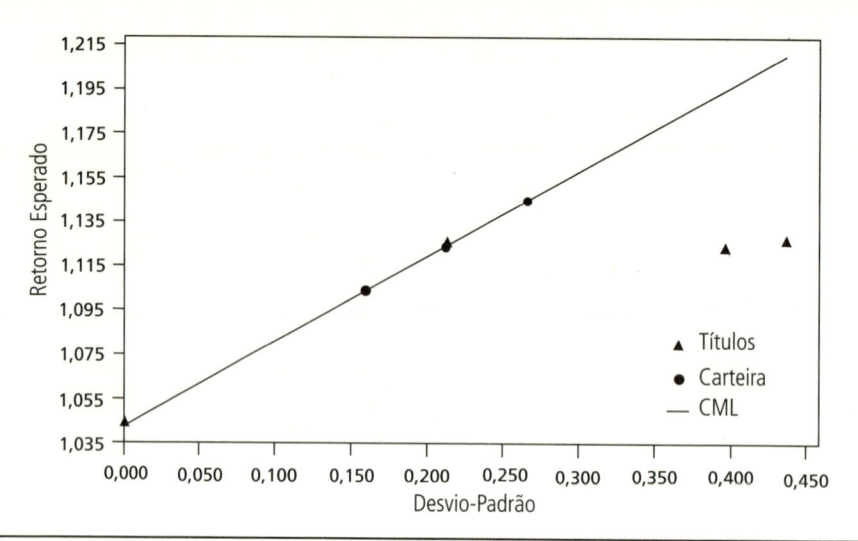

Figura 5-5   Caso 1: Linha do mercado de capitais.

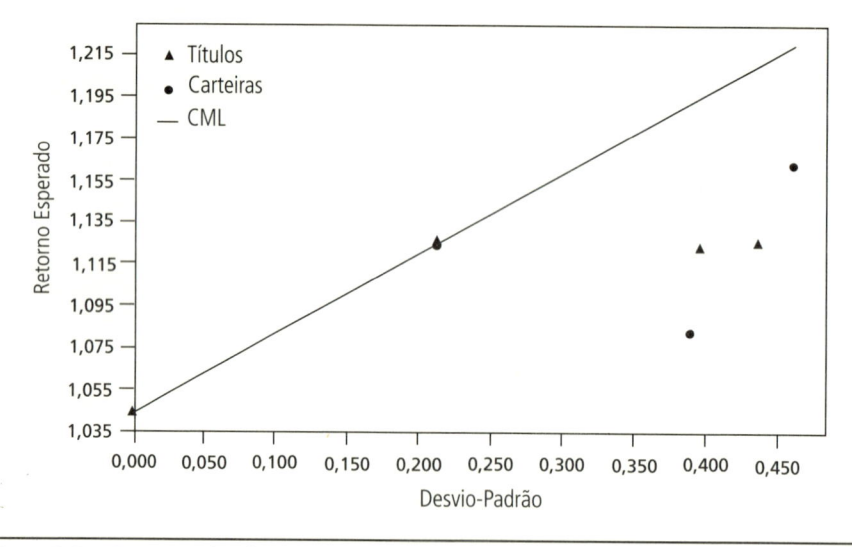

Figura 5-6   Caso 9: Linha de mercado de capitais.

Neste caso, o MRRT continua válido, pois a carteira de mercado mostra *payoffs* futuros que são proporcionais às quantidades de consumo agregado, desde que os retornos da carteira de mercado sejam iguais aos de uma carteira que inclua todas as fontes de consumo agregado. Claramente, entretanto, o MRRT não continua válido, como podemos verificar no gráfico da Figura 5-7; isto é, os pontos não estão conectados por linhas.

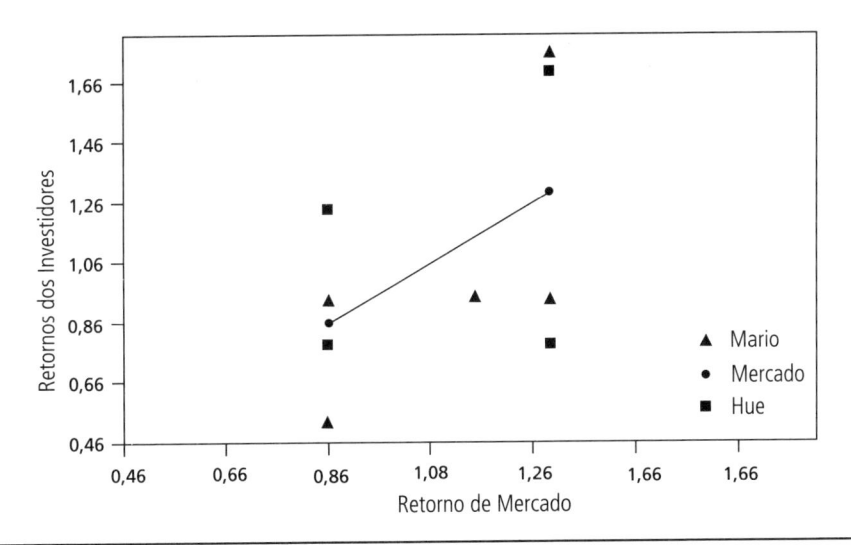

Figura 5-7 Caso 9: Gráfico dos retornos.

Mario, cujos retornos são mostrados por triângulos, toma risco não-diversificável, assim como Hue, cujos retornos são mostrados por quadrados. Os dois fazem isto para a mesma quantidade de consumo total para cada um dos pares de estados que mostrem o mesmo nível de consumo agregado. Incluímos todo o consumo quando medimos tanto as carteiras individuais como a carteira de mercado; dessa forma, o MRRT torna-se válido.

O Caso 9 envolve uma fonte extra de consumo que pode ser usada como colateral. Entretanto, no estado de equilíbrio, somente Mario incorre em alguma obrigação a fim de realizar pagamentos, e o mesmo escolhe uma carteira que proporciona pagamentos suficientes para cobrir sua obrigação para todo estado da natureza. A fonte extra de consumo pode ter sido, claramente, salários. Os resultados devem ser exatamente os mesmos, desde que a restrição de "ausência de falência" seja válida.

Isso enfatiza um ponto, cuja discussão foi realizada anteriormente. A partir de uma visão mais pura, geralmente descarta-se a hipótese de que um investidor adquira somente ações de sua própria empresa. Há um forte argumento para que o investidor mantenha uma carteira com ações de outras empresas, incluindo os seus concorrentes! Ao menos, desloca-se parcialmente esse bom conselho de investimento para aqueles que estejam interessados no desempenho das empresas. Parece improvável que a diretoria de uma determinada corporação tenha vontade de saber se o executivo-chefe detém quantidades significativas investidas em ações de empresas concorrentes como também se existe a rejeição ao investimento na empresa que comanda. O argumento primordial para que haja o investimento em ações de uma empresa está baseado na hipótese de que o investidor tem um maior interesse por questões relativas a sua empresa. O argumento contra este tipo de investimento confirma que a falta de diversificação não é uma boa política.

Se as ações de uma empresa estão sendo mantidas, é importante que o investidor escolha uma carteira que complemente os pagamentos dessa ação. Aqueles que rejeitam tomar tais posições, quando realizam suas decisões de investimentos obtém, quase que certamente, carteiras sub-ótimas.

5.4 Caso 10: Posições Que Afetam Preços e Carteiras

Uma característica fundamental do Caso 9 refere-se aos estados cujo consumo, proporcionado por ações, for o mesmo (ex., RuimS e RuimN), o consumo proveniente dos salários e dos colaterais também é o mesmo e, assim, temos o consumo total proveniente de todas as fontes. Uma vez que Mario e Hue estão interessados em todas as fontes de consumo, deduz-se que os preços de ativos mostram iguais valores de PPC para todos os estados. Se as fontes de consumo não ligadas ao investimento fossem opções como as fontes de consumo ligadas aos investimentos no Caso 9, a presença de posições significativas não afeta os preços dos ativos embora haja o intuito de que as pessoas tomem risco não-diversificável em suas carteiras.

Mas e se essa condição for violada? O Caso 10 proporciona um exemplo. Este é similar ao Caso 9, com uma diferença. Primeiro, assumimos que Mario e Hue possuem rendimentos além dos seus salários em vez do colateral. Segundo, em relação às quantidades iniciais, Mario pode realizar um trabalho extra a fim de que obtenha cinco peixes adicionais para qualquer um dos dois estados em que os peixes se dirijam para o sul. A tabela de salários resultantes é mostrada na Figura 5-8. Tanto Mario como Hue não possuem colaterais. As entradas são as mesmas do Caso 9.

Salários:	Agora	RuimS	RuimN	BomS	BomN
Mario	0	30	15	45	20
Hue	0	15	25	20	40

Figura 5-8 Caso 10: Salários

Como foi feito anteriormente, o consumo total proporcionado pelas carteiras de títulos negociáveis é o mesmo para os dois estados intitulados como "Ruim". É também o mesmo para os estados intitulados como "Bom". Mas isso não é verdade para o consumo total proveniente dos salários e nem para o consumo total.

A Figura 5-9 mostra o gráfico do núcleo de apreçamento que foi utilizado em outros casos, em que o valor do PPC para cada estado está relacionado ao consumo total naquele estado. Não há nada de excepcional nessa figura: estados de consumo agregado mais elevado são mais baratos à medida em que mostram um preço por chance menor.

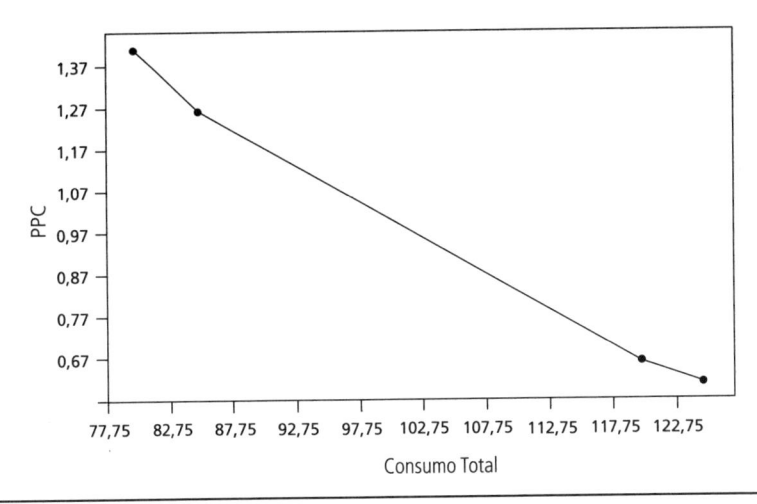

Figura 5-9 Caso 10: O núcleo de apreçamento e o consumo total.

Não podemos, no entanto, nos distanciar da hipótese básica de que o retorno da carteira de mercado é proporcional ao consumo agregado. Sabe-se que o retorno da carteira de mercado é o mesmo para qualquer um dos quatro estados (RuimS, RuimN, BomS e BomN). Quando plotamos os valores do PPC contra os retornos da carteira de mercado, obtemos um gráfico diferente (Figura 5-10) do mostrado na figura anterior. Como é possível verificar, os dois estados intitulados como Ruim, que têm os mesmos retornos de mercado, mostram diferentes valores de PPC. Assim, os retornos esperados também são distintos. O mesmo pode ser dito para os dois estados intitulados Bom. O retorno esperado não é uma função do retorno do mercado e, portanto, o MRRT não é válido.

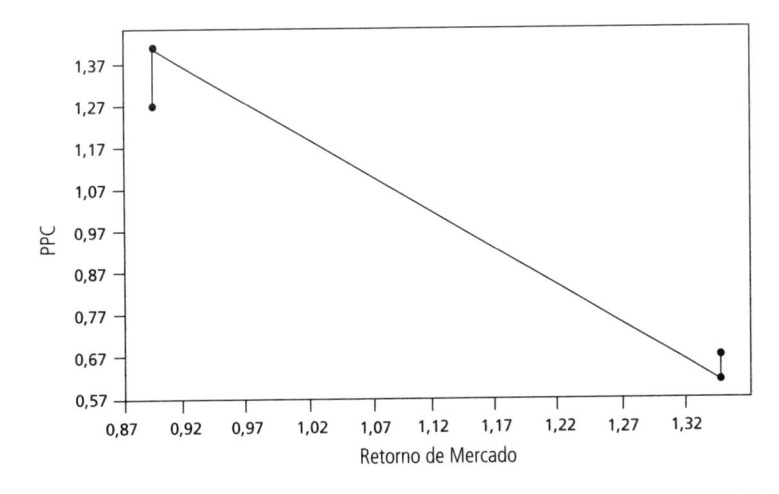

Figura 5-10 Caso 10: O núcleo de apreçamento e o retorno de mercado.

Além disso, o gráfico do retorno esperado do título contra os valores de beta, mostrado na Figura 5-11, não é familiar. O que explica esses resultados? A resposta é direta. Quando nos defrontamos com o mercado de capitais, observa-se apenas uma parte do processo. Em princípio, nossa visão deveria incluir todas as formas de ativos, tais como: capital humano, bens tangíveis e ativos financeiros. A carteira de mercado inclui, portanto, todo o capital e, assim, os valores de beta são mensurados corretamente e tudo funciona de forma mais adequada, conforme a teoria de apreçamento de ativos.

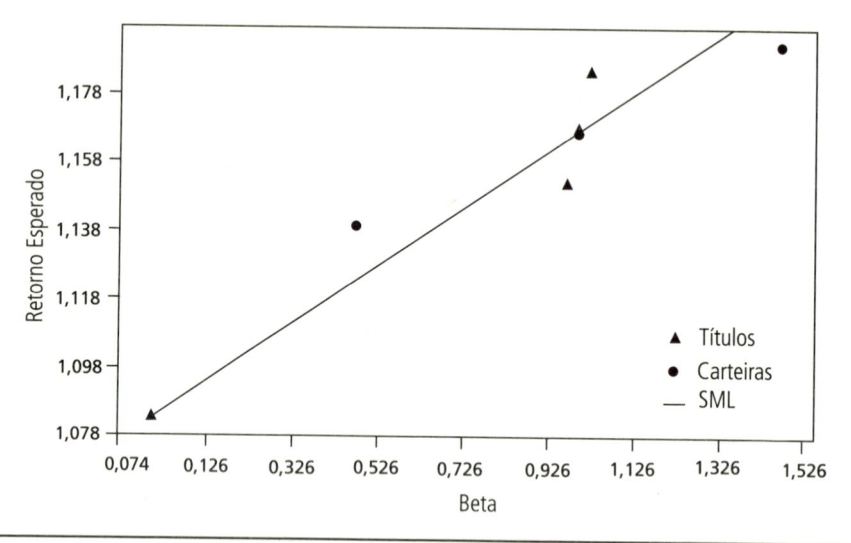

Figura 5-11   Caso 10: A linha de mercado de títulos

Mas isso não afeta de forma significativa as estimativas dos retornos esperados, os valores de beta e outras medidas dos títulos negociados, o que permite deixar de lado o capital humano e o capital tangível. A maioria dos analistas espera que a realidade esteja mais vinculada ao Caso 9 do que ao Caso 10. Se isto ocorre, os retornos esperados podem ser similares, se não idênticos, a todos os estados em que o retorno da carteira de mercado seja o mesmo. Então o MRRT é válido, de forma aproximada. Todavia, os investidores que detêm fontes diversas de consumo devem tomar o risco não-diversificável a fim de que suas carteiras complementem os demais ativos. Como resultado, o MRRT não é válido para as carteiras de investimento. Isso não é tão ruim assim, pois os profissionais de planejamento financeiro e outros consultores procedem dessa forma em um mundo onde todos concordam a respeito das probabilidades de resultados futuros.

5.5 Viéses de Localização e de Impostos

Verificamos que as posições tomadas pelos investidores podem afetar tanto as carteiras como os preços dos ativos. Duas causas prováveis dessa diversidade se originam a partir das diferenças no padrão de impostos e da localização. Em muitos países, formas diferentes de rendimentos são taxadas por alíquotas distintas. Além do mais, as pessoas podem pagar diferentes taxas de impostos a partir da mesma fonte. Nos EUA, por exemplo, os juros provenientes de título de renda fixa que são repassados aos estados e municípios não estão sujeitos a certos impostos cujos pagamentos devem ser feitos pelos juros de outros títulos de renda fixa. Para os indivíduos com elevada alíquota de imposto marginal, estes títulos de renda fixa são atrativos. Para aqueles com baixa alíquota de imposto marginal, são menos atrativos. E para aqueles que poupam, via aposentadoria com diferimento de impostos, tais títulos de renda fixa não oferecem vantagem fiscal. Como resultado, os títulos municipais são apreçados a fim de oferecer lucros, antes dos impostos, menores do que os títulos não-dedutíveis de impostos, que possuem duração e qualidade de crédito similares. Os preços dos ativos refletem isto, e as pessoas ajustam suas carteiras apropriadamente; com muitos investidores, altamente tributados, possuindo uma parte maior de sua riqueza no mercado de títulos municipais; com muitos investidores, cuja tributação não é excessiva, possuindo uma parte menor de sua riqueza em títulos municipais e, com exceções raras e freqüentemente sem explicações, os títulos municipais estão isentos de diferimento de impostos.

Tanto os países em que os investidores atuam como as respectivas moedas acabam por afetar o retorno das carteiras. Enquanto os títulos provenientes dos EUA constituem metade do valor dos títulos negociados no mundo, mais da metade dos norte-americanos investe sua riqueza em títulos americanos. Os europeus mantêm uma porção desproporcional de sua riqueza, em relação à carteira de mercado mundial, em títulos europeus. Tal viés de localização está também presente no Japão e em outros países. Uma parte deste viés pode estar relacionada a interesses políticos ou a algum tipo de miopia. Mas alguma parte desse viés está certamente relacionada às diferenças entre as posições dos investidores. Se o investidor reside em um país e gastar uma grande parte do seu orçamento em bens e serviços produzidos nesse país, cujo apreçamento seja dado na sua moeda de origem, o mesmo consome, futuramente, através de investimento em empresas do seu país. Desde que a hipótese conveniente de um bem único (peixe) ou de poder de compra generalizado (dinheiro) seja abandonada, há uma base racional para algum tipo de viés de localização.

Enquanto o viés de localização, certamente, afeta as carteiras, não é óbvio que esse viés necessite afetar os preços. Como em outros aspectos do mercado de capitais, não devemos considerar a conclusão de que a diversificação pode e deve afetar as carteiras, o que necessariamente afetará os preços dos ativos.

5.6 Caso 11: Sênior, Júnior e a Lei de Falências

Em nenhum dos casos examinados, um investidor foi limitado a comprar ou vender um título, dado o seu orçamento e os preços em que as negociações ocorrem. Cada simulação inclui restrições que especificam o consumo mínimo permitido para cada investidor em cada estado, mas essas restrições não foram satisfeitas quando o equilíbrio é alcançado. Tratamos do caso em que uma determinada restrição é satisfeita.

A meta do Caso 11 é mostrar as possíveis diferenças entre investidores jovens e maduros, em um sistema de duas datas, da melhor forma possível. Investidores jovens tendem a ter capitais financeiros limitados, mas considerável capital humano, que pode produzir economias futuras a partir dos rendimentos. Investidores maduros tendem a possuir considerável capital financeiro e capital humano relativamente pequeno, desde que sua renda futura seja limitada, como são suas economias futuras.

A Figura 5-12 mostra todas as entradas para o Caso 11. Como pode ser visto, há dois investidores, conhecidos como Sênior e Júnior. Sênior tem nove vezes mais ações e títulos de renda fixa do que Júnior, mas Júnior consome nove vezes mais em relação a sua renda. Felizmente, cada um deles tem um trabalho totalmente seguro, com o mesmo rendimento em qualquer estado. Seus gostos em relação ao consumo também são os mesmos.

Além do mais, embora haja diferenças de idade, ambos têm as mesmas preferências. Eles concordam com as probabilidades dos estados futuros. Embora haja diferenças substanciais nas posições de Sênior e de Júnior, admitem modelos de consumo similares na ausência de quaisquer limitações quanto às suas habilidades de tomar posições de curto e de longo prazos em relação aos títulos financeiros. A fim de verificar se este seria o caso, modificamos o título da tabela das posições para Salários e Colaterais. Os consumos resultantes no estado de equilíbrio são mostrados na Figura 5-13. A fim de realizar este resultado, Júnior tomou emprestado de Sênior para comprar uma carteira com títulos de risco conforme a Figura 5-14.

No entanto, há um problema. Tanto Sênior como Júnior escolhem um consumo de 850 no estado de Depressão. Isto é bom para Sênior. Seu salário é de 100 nesse estado e, portanto, 750 provêm da sua carteira. Mas Júnior tem um salário de 900 no estado de Depressão. Para encontrar um consumo igual a 850, tomou-se posições a fim de que ocorresse um pagamento de 50 para Sênior se houvesse Depressão, apenas com as quantidades provenientes do seu salário. Júnior comprometeu sua renda como colateral. Esse fato seria interessante na ausência da Lei de Falência. Mas se a lei existir e um estado de Depressão manifesta-se, Júnior pode simplesmente declarar falência, mantendo seus 900 como salário e dizer a Sênior que não é capaz de quitar a sua obrigação. Sênior antecipará esse fato, recusando-se a colocar-se numa posição em que um estado contingenciado prometido não é totalmente saldado. Isso ocorre porque nas simulações nenhuma negociação é permitida a um negociador cujo estado seja menor do que o seu próprio salário.

Títulos:	Consumo	Contas	Renda Fixa	Ações
Agora	1	0	0	0
Depressão	0	1	34	36
Recessão	0	1	39	56
Normalidade	0	1	42	68
Prosperidade	0	1	43	72
Crescimento rápido	0	1	45	80

Carteiras:	Consumo	Contas	Renda Fixa	Ações
Sênior	1.000	0	9	9
Júnior	1.000	0	1	1

Probabilidades:	Agora	Depressão	Recessão	Normalidade	Prosperidade	Crescimento rápido
Probabilidade	1,00	0,10	0,20	0,40	0,20	0,10

Preferências	Tempo	Risco
Sênior	0,96	4
Júnior	0,96	4

Salários:	Agora	Depressão	Recessão	Normalidade	Prosperidade	Crescimento rápido
Sênior	0,00	100	100	100	100	100
Júnior	0,00	900	900	900	900	900

Figura 5-12   Caso 11: Entradas.

Consumos:	Agora	Depressão	Recessão	Normalidade	Prosperidade	Crescimento rápido
Total	2.000	1.700	1.950	2.100	2.150	2.250
Sênior	1.000	850	975	1.050	1.075	1.125
Júnior	1.000	850	975	1.050	10.75	1.125

Figura 5-13   Caso 11: Níveis de Consumo na ausência da Lei de Falências.

Carteiras:	Consumo	Contas	Renda Fixa	Ação
Mercado	2000,00	0,00	10,00	10,00
Sênior	1000,03	311,92	8,52	4,12
Júnior	999,97	−311,92	1,48	5,88

Figura 5-14   Caso 11: Carteiras na ausência da Lei de Falência.

A fim de verificar o impacto da Lei de Falência no Caso 11, modificamos, simplesmente, o título das posições da Figura 5-14 para Salários para encontrar o equilíbrio resultante. Os resultados mostrados na Figura 5-15 são esperados. Júnior tomou um valor emprestado menor do que o exemplo anterior e manteve posições menores em títulos de risco.

Carteiras:	Consumo	Contas	Renda Fixa	Ação
Mercado	2000,00	0,00	10,00	10,00
Sênior	1002,06	181,63	8,79	6,07
Júnior	997,94	−181,63	1,21	3,93

Figura 5-15   Caso 11: Carteiras na existência da Lei de Falência.

Há uma certa frustração nessa situação, como é possível verificar a partir dos preços de reserva para os títulos, conforme a Figura 5-16. Júnior fica satisfeito em vender um título do tesouro para Sênior ao preço de 0,90 e Sênior fica satisfeito em comprá-lo a um preço de 0,95. Mas Sênior sabe que se a transação for completada, Júnior não cumprirá integralmente com sua obrigação, caso haja um estado de Depressão. Assim, nenhuma negociação adicional é realizada.

Preços de reserva:	Consumo	Contas	Renda Fixa	Ação
Sênior	1,00	0,95	37,65	55,53
Júnior	1,00	0,90	36,36	55,53

Figura 5-16   Caso 11: Preços de reserva de títulos na existência da Lei de Falência.

Se essas situações são difundidas, os mercados de capitais podem ser afetados de forma significativa, como mostrado em Constantinides, Donaldson e Mehra, 2002.

Em um nível mais geral, esse caso mostra que o capital humano pode ter um maior impacto na seleção ótima de carteiras. A Figura 5-17 mostra os retornos das carteiras de nosssos investidores. A carteira de Sênior é aquela que possui menos risco do que a carteira de mercado, mas a de Júnior é a que possui o maior nível de risco. Isto não ocorre devido às diferenças entre as preferências, pois suas aversões ao risco são absolutamente as mesmas. Isso está baseado no fato de que a riqueza de Júnior é isenta de risco e, assim, o mesmo procura tomar risco adicional e retorno esperado via carteira própria. Sênior tem a maior parte de sua riqueza aplicada em ativos financeiros, cujo risco é menor do que o risco da carteira de mercado. Como sempre, as posições dos investidores representam uma média do mercado, mas Júnior tem muito menos ativos financeiros do que Sênior.

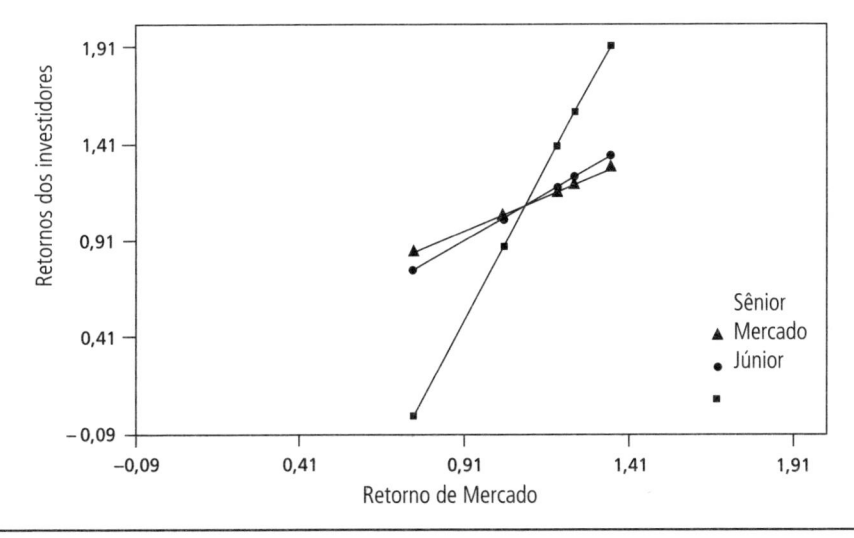

Figura 5-17   Caso 11: Retornos de mercados e dos investidores.

Estes resultados refletem o fato de que ambos investidores estão livres do risco de ficarem sem seus respectivos empregos. A situação poderia ter sido bem diferente se cada uma das suas posições fosse dependente das condições econômicas como um todo, ou se alguém tivesse uma posição sujeita a um maior nível de risco econômico do que a do outro. Pode ser que em muitas corporações, os salários e as rendas tenham menos risco do que os títulos corporativos. Dessa forma, o trabalhador típico de uma determinada empresa pode desejar manter uma carteira com menos risco em ativos financeiros quando se aposentarem.

Mais genericamente, a conclusão a ser atingida pelos investidores e consultores financeiros é simples: é necessário deter tanto a natureza como a quantidade de capital humano quando se seleciona a carteira de investimentos.

5.7 Preferências Dependentes dos Estados

Nos casos anteriores, os investidores mostraram preferências pelo tempo, descontando utilidade esperada nos estados futuros da natureza mais do que no presente, em que todos os estados, na mesma data futura, foram descontados pela mesma taxa. Mas por que razão alguns investidores preferem consumir em algum estado futuro ao invés de outro estado?

Como veremos mais adiante, quando as preferências são dependentes dos estados elas podem afetar a seleção de carteiras, os preços de ativos ou ambos.

5.7.1 Caso 12: Preferências Dependentes dos Estados Comuns

A fim de produzir o próximo exemplo, voltamos ao Caso 1 fazendo uma única alteração. No Caso 12, tanto Mario como Hue valorizam consumir mais no estado RuimS do que em qualquer outro estado futuro. A história agora é a seguinte: Quando há poucos peixes que tendem a ir para o sul, o tempo é frio e chuvoso, fazendo com que as pessoas tenham mais fome. Descontos simulados para este caso são dados na Figura 5-18. Todas as demais entradas são as mesmas do Caso 1. A Figura 5-19 mostra os valores do PPC e os consumos quando o equilíbrio é alcançado. Como pode ser visto, os dois estados com o mesmo consumo agregado (RuimS e RuimN) são fechados a diferentes PPCs. Assim, o MRRT não é válido.

Descontos:	Agora	RuimS	RuimN	BomS	BomN
Mario	1	0,99	0,96	0,96	0,96
Hue	1	0,99	0,96	0,96	0,96

Figura 5-18   Caso 12: Descontos.

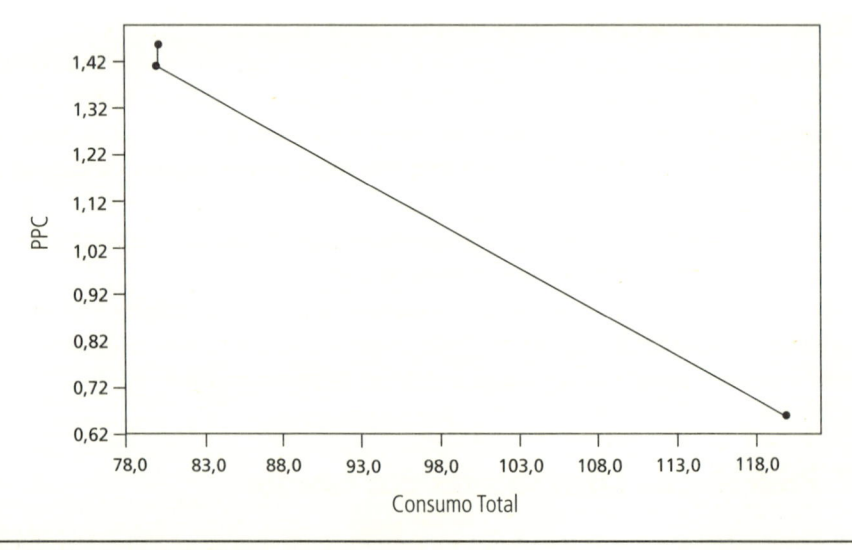

Figura 5-19   Caso12: O núcleo de apreçamento.

Embora os dois estados com o mesmo nível de consumo agregado tenham diferentes retornos esperados, nenhum investidor escolhe tomar risco não-diversificável, como se pode verificar pelo gráfico 5-20. Assim, o MRRT é válido. Os preços dos ativos são afetados, mas as seleções de carteiras não.

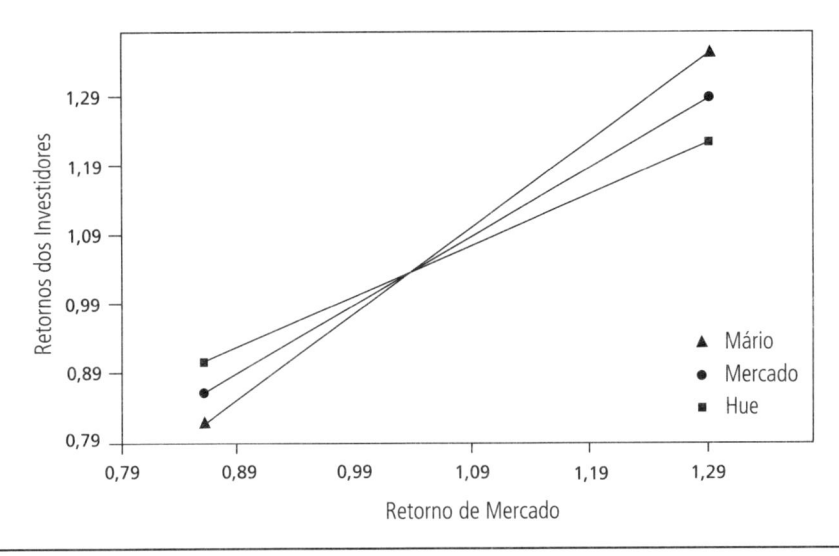

Figura 5-20   Caso 12: Retornos de mercado e dos investidores.

5.7.2 Caso 13: As Diversas Preferências Dependentes dos Estados

O Caso 13 envolve preferências desconhecidas. Aqui, Mario e Hue possuem diferentes preferências em relação aos estados, sendo que uma é o reflexo de outra, como podemos verificar na Figura 5-21. Nesse caso, os valores de PPC encontram-se sobre uma única função do consumo agregado conforme mostrado na Figura 5-22. Assim, o MRRT é válido, aproximadamente. Mas, como veremos na Figura 5-23, os investidores escolhem tomar um pouco de risco não-diversificável e, assim, o MRRT é ligeiramente violado.

Descontos:	Agora	RuimS	RuimN	BomS	BomN
Mario	1,00	0,99	0,96	0,96	0,96
Hue	1,00	0,96	0,99	0,96	0,96

Figura 5-21   Caso 13: Descontos.

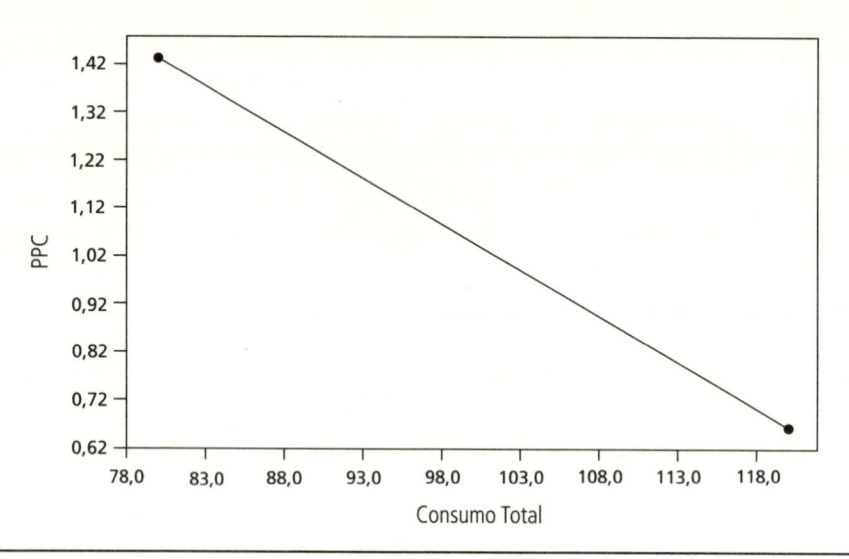

Figura 5-22   Caso 13: O núcleo de apreçamento.

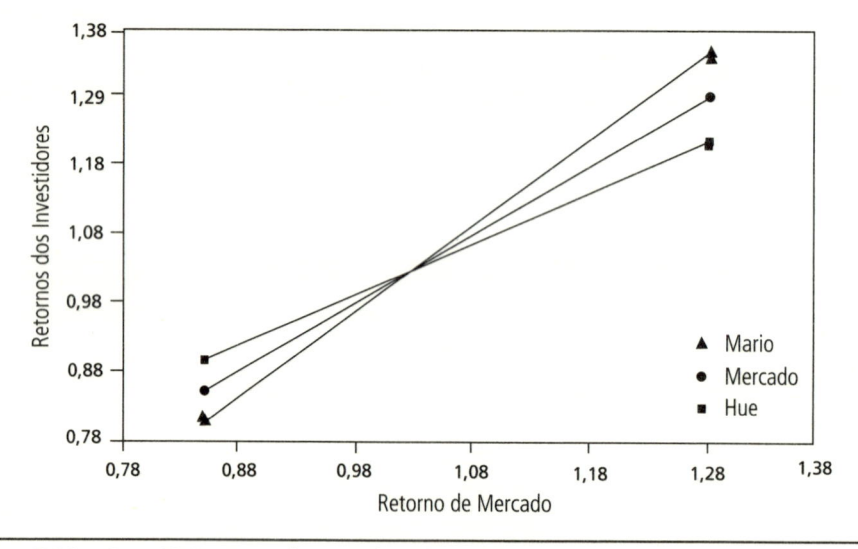

Figura 5-23   Caso 13: Retornos de mercado e dos investidores.

De fato, tanto o Caso 12 como o 13 são controversos. Nas situações mais plausíveis, tanto os preços dos ativos como a seleção de carteiras são afetados. Mas esses casos mostram que os preços são afetados mais pela média das preferências dos investidores do que por suas variações, enquanto as carteiras são afetadas mais pela variação das preferências dos investidores do que pela média.

Os impactos dessas questões sobre os preços dependem da riqueza relativa dos investidores e de suas atitudes diante do risco. Aproximadamente, quanto maior a riqueza de um investidor, maior a sua satisfação ao enfrentar o risco, havendo maiores chances de afetar os preços dos ativos. Infelizmente, exceto em casos especiais, nenhuma fórmula simples pode capturar esse relacionamento de forma precisa. Mas, a intuição está clara. Os indivíduos de classes de renda mais elevadas colocam mais recursos nos mercados de capitais, e indivíduos menos avessos ao risco colocam menos dinheiro em títulos de risco.

5.7.3 Horizontes

Neste livro, abordamos apenas os casos que envolvem duas datas: "agora" e "o futuro", com um período entre eles. No mundo real, os horizontes da maioria dos investidores se estendem além do próximo mês ou do próximo ano. Além do mais, os investidores têm diferentes horizontes devido a diferenças na idade, na saúde, nas idades dos seus filhos e assim por diante. Se estas diversidades forem consideradas adequadamente, temos um grande desafio a fim de construir um modelo analítico ou de realizar simulações computacionais do processo de equilíbrio. Não tentamos realizar essa proeza, proporcionando apenas uma sugestão dos possíveis impactos que podem ocorrer sobre os preços dos ativos e na seleção de carteiras.

Imaginamos que no Caso 1 as pescarias alternativas depois da data 2 diferem, dependendo da atual situação na data 2. Por exemplo, cenários de longo prazo podem ser menos desejáveis depois de uma má temporada em que uma boa quantidade de peixes vão para o sul. Isto poderia afetar significativamente as atitudes das pessoas em relação ao consumo na data 2, especialmente se alguns dos peixes obtidos na data 2 pudessem ser congelados para uso posterior ou mantidos vivos para fins de procriação. Além do mais, o efeito deve diferir entre aqueles que possuem horizontes de longo prazo e aqueles que possuem horizontes de curto prazo. Essas diferenças podem ser representadas, embora imprecisamente, pela atribuição de diferentes taxas de descontos em estados, conforme os Casos 12 e 13. Os preços dos ativos, as carteiras, ou de forma bem provável, ambos podem ser afetados. Se os preços são afetados, os retornos esperados não podem ser uma função única do consumo no próximo período. E se as carteiras são afetadas, algumas pessoas escolhem tomar risco não-diversificável.

Os efeitos dos horizontes distintos estão sendo ativamente investigados pelos economistas financeiros. Poucos são aqueles que tentam trabalhar com um modelo completo de equilíbrio baseado em uma produção multiperiódica, no consumo e na troca. Mas essas idéias proporcionam uma motivação para uma opinião muito difundida no setor de investimentos de que os investidores devem "ajustar" suas carteiras para alguma classe de ativos cujas características sejam interessantes de acordo com os respectivos horizontes particulares.

5.8 Resumo

Os investidores são claramente distintos ou heterogêneos. Possuem preferências diferentes, posições diferentes, e freqüentemente realizam diferentes previsões. Consideramos este último caso no próximo capítulo. Neste capítulo, exploramos os possíveis efeitos relacionados às diferenças nas posições dos investidores, incluindo algumas que podem ser representadas de forma imperfeita como diferenças nas preferências.

As diferenças nas posições dos investidores apresentam desafios em relação às conclusões padrão da teoria de apreçamento de ativos. O maior desafio origina-se quando os investidores possuem diversas posições que geram grandes quantidades de consumo fora do mercado de capitais, sendo que tal consumo é pouco correlacionado com os retornos dos títulos negociados. Nessas circunstâncias, o MRRT e o MRRC são válidos, se todas as fontes de consumo são incluídas na análise. Mas, a mensuração de todas essas variáveis é difícil, se não impossível, e raramente colocada em prática. Por melhor que sejam, os analistas concentram-se nas carteiras de títulos negociáveis e nos preços desses títulos. Numa visão mais estreita, nem o MRRT e nem o MRRC são válidos.

Então, o que pode ser afirmado sobre as carteiras de investimentos e os preços dos títulos na presença de fontes externas de renda e de consumo? Mesmo que os investidores concordem a respeito das probabilidades dos estados futuros, pode-se concluir que alguns investidores selecionam suas carteiras levando em conta tanto as posições não relacionadas ao mercado financeiro como a tomada de alguma forma de risco não-diversificável a fim de melhor complementar as suas outras origens de renda e de consumo. Ao menos alguns investidores, por esse motivo, devem negligenciar o MRRT.

Mas isso não implica que haja uma recompensa relacionada a um retorno esperado elevado pela consideração de alguns tipos de riscos não-diversificáveis. O MRRT pode ainda ser válido. Esse poderia ser o caso se o mercado de risco fosse uma boa aproximação para o risco associado ao consumo total. O MRRT pode também ser válido se os mercados de títulos são dominados por indivíduos que dependem de suas carteiras para a maior parte de suas rendas e níveis de consumo.

Estudiosos dos mercados financeiros podem afirmar que há uma recompensa pela consideração de certos tipos de risco não-diversificável. Se isso ocorrer, essas recompensas podem ser originárias dos ativos, cujos riscos estão associados a posições externas ao mercado financeiro. Em um mercado eficiente não existe almoço grátis.

Capítulo 6

PREVISÕES

6.1. Discordância

Todos os casos anteriores apresentam um aspecto em comum: os investidores concordam com as probabilidades dos estados futuros. Enquanto os indivíduos escolhem manter as carteiras sob a hipótese de que todas as suas ações sejam baseadas nas mesmas previsões, não há distinção entre o que os investidores fazem e o que deveriam ter feito. Assim, escolhem, corretamente, as carteiras, pois possuem diferentes preferências e/ou posições.

Qualquer indivíduo que já observou ou que participou do mundo dos investimentos sabe que a hipótese de concordância não é uma representação realista. O comportamento dos investidores reais pode ser explicado somente pelo reconhecimento das apostas que eles fazem um com os outros, caso conheçam ou não.

Apostar em um mercado financeiro pode ser menos óbvio. Quando apostamos em um jogo de futebol, é porque temos visões diferentes dos prováveis resultados. Nenhum propósito produtivo é colocado em questão ao menos que somente um ou todos os indivíduos estejam se protegendo a fim de obter uma boa notícia ("Eu venci"), caso o resultado cause danos emocionais ou financeiros ("Meu time perdeu").

Fazer previsões em mercados financeiros pode ser menos óbvio. Quando um indivíduo mantém menos ações da Hewlett Packard em carteira, alguém pode manter uma proporção maior dessa ação na respectiva carteira. As carteiras diferem devido às diferenças relacionadas às preferências ou às posições? Talvez, mas podemos manter diferentes proporções de ações, pois há diferentes previsões, ou os gerentes financeiros, que administram as carteiras, possuem diferentes prognósticos.

Suponha que um investidor coloque todo o patrimônio em um único fundo mútuo de ações constituído apenas por 200 empresas. Pode-se argumentar que a carteira formada com os 200 ativos é ótima, dado que todos os ativos do mercado são admitidos, então os 200 ativos têm uma menor representatividade dentro da carteira? Na ausência de circunstâncias não usuais, o investidor foi, provavelmente, motivado, em parte, por acreditar que o administrador do fundo poderia encontrar títulos com erros de apreçamento e, assim, "apostar no mercado". A maioria dos fundos mútuos sugere que isso pode ser realizado, mas é claro que nem todos conseguem. Admitindo tempo o suficiente, imaginamos que a diversidade nas previsões sofre uma queda. Caso o investidor deseje negociar com outro a um determinado preço com aparente desvantagem para aquele, é possível questionar as próprias previsões. Apostas, ofertas, e preços de transações atuais podem conter informações sobre outras previsões, embora seja difícil de inferir a influência dessas informações entre as diversas posições e preferências, bem como a falta de informações completas sobre outras carteiras. Os economistas, em algumas ocasiões, defendem o argumento de que há um conjunto de previsões cujas expectativas são racionais desde que todos concordem com as probabilidades em um intervalo de tempo suficiente. Enquanto isso pode ser muito sensível dependendo do intervalo, as pessoas que negociam em mercados financeiros simplesmente não possuem tempo hábil a fim de processar informações e de cobrir um conjunto único de previsões antes que mude a informação. Necessita-se tentar entender as características do equilíbrio em mercados em que há uma significativa discordância sobre as probabilidades futuras. Este é o objetivo deste capítulo.

6.2 Gestão Ativa e Gestão Passiva

É útil lembrar que as leis da adição e da subtração não são deixadas de lado. Imagine um mercado em que todos os títulos, transacionados em dólar, são mantidos por dois tipos de investidores. Os investidores passivos mantêm composições proporcionais de todos os títulos, enquanto os investidores ativos comportam-se de forma distinta. Vamos admitir um lapso de tempo de um ano. Antes dos custos, o retorno médio por dólar investido no mercado é X por cento. Esse é o retorno médio por dólar investido de forma passiva. Considerando as leis da aritmética, tem-se o retorno médio por dólar investido de forma ativa. Mas, investir custa dinheiro, e o gerenciamento de investimentos ativos custa mais do que os passivos. Assim, o retorno médio, depois dos custos, de um gerenciamento ativo deve ser menor do que o retorno médio, depois dos custos, de um gerenciamento passivo. Alguns gestores ativos podem até obter ganhos superiores em relação a alguns gestores passivos, mas, depois dos custos, os investimentos gerenciados de forma ativa proporcionam, em média, ganhos mais elevados do que os investimentos gerenciados de forma passiva, conforme Sharpe (1991).

As diferenças de desempenho não são triviais. Há muitos tipos de fundos indexados sendo que cada um deles compra parcelas proporcionais de todos os títulos de um determinado setor do mercado. Esses fundos podem ter custos baixos desde que realizem uma pequena quantidade de pesquisa, possuam baixo *turnover*, e sastifaçam outros mercados. Os fundos indexados bem gerenciados que estejam disponíveis para a compra por investidores individuais têm uma distribuição de gerenciamento anual de custos que varia de 0,08 a 0,10% do valor dos ativos (isto é, de 8 a 10 centavos por ano para cada 100 dólares em valor de ativos). Os fundos gerenciados de forma ativa pode ter uma distribuição de gerenciamento de custos de

0,75% sobre 2% do valor do ativo por ano (isto é, de 75 centavos a 2 dólares por ano para cada 100 dólares em valor de ativo). Os fundos gerenciados ativamente também incorrem em uma maior taxa de *turnover* mais elevada e, assim, podem surgir custos adicionais; também podem proporcionar uma taxa de rentabilidade mais elevada permitindo ganhos de capital freqüentes.

Os gestores de fundos ativos diversificam menos os seus investimentos. Suas previsões sobre o futuro diferem das previsões refletidas pelos preços atuais. Esses gestores comportam-se de forma mais ou menos idiossincrática acerca do procedimento de apreçamento dos títulos e procuram por diferenças entre aqueles preços, mantendo uma composição desproporcional de títulos que parecem ter sido apreçados por um valor abaixo do correto e uma pequena composição desproporcional de títulos que parecem ter sido apreçados por um valor que esteja acima do correto. Ao final do período, alguns gestores ganham e outros perdem, mas, depois de apurados os custos, os investimentos gerenciados de forma ativa (dólar, euro ou iene) têm, em média, um desempenho superior ao dos investimentos gerenciados de forma passiva.

6.3 Vox Populi

James Surowiecki, em obra publicada, reúne uma coleção de pesquisas que apresentam como conclusão o seguinte título: "A sabedoria das multidões: Por que alguns são mais espertos do que outros e como a sabedoria coletiva atua nos negócios, na economia, nas sociedades e nas nações" (Surowiecke, 2004). O autor inicia com os resultados de um estudo desenvolvido por Francis Galton anterior à da teoria de apreçamento de ativos (Galton, 1907). Galton, creditado pelo desenvolvimento da análise de regressão, da correlação e da (infeliz) eugenia, coletou uma grande quantidade de dados empíricos. Sua análise sobre apostas em locais justos mostra-se relevante à análise do mercado de capitais. Parte da obra de Galton está incluída neste texto com o título "Vox Populi".

> Nesses dias democráticos, qualquer investigação relacionada às peculiariedades e a confiança do julgamento público possui interesse. O material a ser discutido refere-se a um pequeno assunto que é suficiente ao tema.
>
> Uma competição ponderada por julgamentos foi realizada nas exibições anuais da West of England Fat Stock e da Poultry Exhibition, conhecidas por Plymouth. Um boi-gordo é selecionado, os competidores compram cartões numerados e estampados com o formato 6d. Sendo que cada cartão possui inscrito os respectivos nomes, endereços e estimativas do peso depois do abatimento dos dois. Aqueles que chegam mais próximos ao resultado prévio recebem os prêmios [...]. Os julgamentos não são viesados pela paixão e pela oratória. As taxas dissuadem a prática desse julgamento, mas a esperança do prêmio faz com que o competidor busque o melhor. Os compe-

tidores incluem fazendeiros e pecuaristas, alguns altamente capazes em julgar o peso do bovino; outros foram provavelmente orientados por tal informação e por suas preferências no momento do julgamento. O competidor estimou adequadamente o peso do boi abatido da mesma forma que um eleitor escolhe seu voto a partir de um julgamento por méritos políticos.

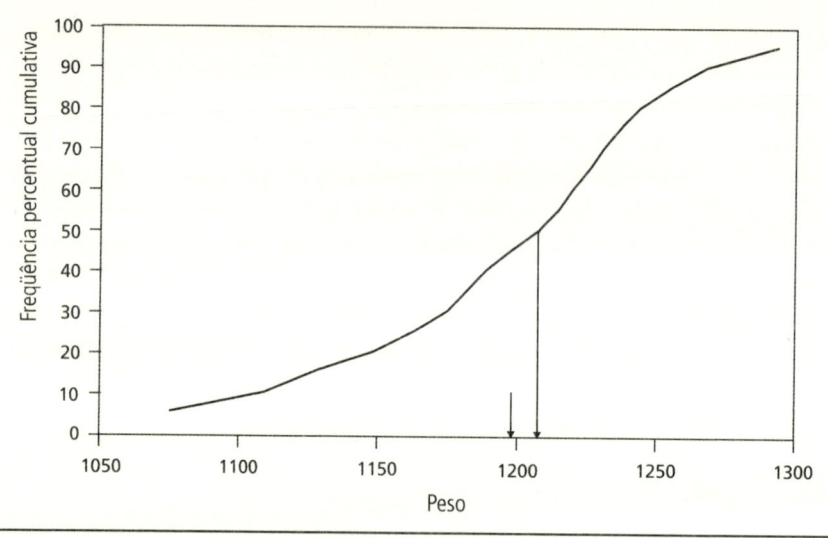

Figura 6-1 Estimativas do peso do boi.

Galton emprestou e registrou os 787 tickets vendidos. O gráfico com 19 observações da distribuição cumulativa das estimativas é inserido, novamente, na Figura 6-1, adicionando-se os valores atuais e a mediana.

A conclusão de Galton é evidente. "De acordo com o princípio democrático do 'um voto, um valor', as estimativas médias expressam o vox populi, sendo que todas as demais estimativas são avaliadas como inferiores ou como superiores pela maioria dos eleitores [...]. A estimativa média é de 1207 lb., e o peso do boi abatido foi de 1.198 lb. Então, neste caso o vox populi foi de 9 lb., ou 0,8% do peso total. Esse particular exemplo parece mostrar que o vox populi é correto com uma margem de erro de 1% do real valor [...]. Esse resultado é, segundo minha opinião, mais confiável a um julgamento democrático do que a um resultado esperado."

Galton não explora as implicações desse experimento natural para os determinantes dos preços dos ativos financeiros quando as previsões dos investidores não forem as mesmas. No entanto, podemos. As analogias não são difíceis de serem realizadas. O investimento envolve o pagamento de valores, havendo claramente a esperança de um prêmio. Alguns investidores são capazes de julgar as probabilidades de resultados futuros, outros são "provavelmente guiados por tal informação e por suas próprias preferências". Infelizmente, esse pode ser o caso em que "o competidor esteja provavelmente ajustando adequadamente sua estimativa [...] da mesma forma que um eleitor esteja julgando os méritos de determinados assuntos políticos". Desconsiderando essa questão, há uma ampla variedade entre os investidores. Os investidores podem fazer suas previsões tão bem quantos os fazendeiros e pecuaristas da Plymouth Fat Stock e da Poultry Exhibition? Conforme o que já foi feito nos capítulos anteriores, realizamos simulações a fim de oferecer alguma luz a respeito dessa questão.

6.4 Caso 14: Desacordo entre Mario e Hue

As pessoas discordam, porque detém informações e/ou processos de formação de informações distintos. Quaisquer que sejam as origens dessas diferenças, as previsões realizadas pelas pessoas podem diferir das de outros investidores e da que poderia estar "correta".

O Caso 14 proporciona a primeira ilustração. Trata-se de uma outra variante do Caso 1. Os títulos são os mesmos e Mario e Hue possuem as mesmas preferências e carteiras. Entretanto, as probabilidades acerca dos estados futuros alternativos diferem. Suas estimativas também estão incorrectas no sentido de que diferem das "verdadeiras" probabilidades.

A idéia de que exista um verdadeiro conjunto de probabilidades não se manifesta sem controvérsias. Alguém poderia declarar que o conhecimento de todos os estados pelos investidores pode permitir que não se trabalhe com as probabilidades de forma geral. Mas essa forma de antecipar os fatos que ainda não ocorreram não pode ser alçançada pelo ser humano comum. Mesmo se alguém tiver acesso a todas as informações disponíveis sobre os cenários futuros e ao mais eficiente processamento de informações, é improvável que possa prever, corretamente, o estado que efetivamente irá ocorrer. Na ausência de poderes de clarividência, o melhor que pode ser dito é que há um conjunto de probabilidades para estados alternativos que são estimados a partir de um conjunto completo de informações relevantes e pela habilidade de processá-las de forma eficiente. Essas probabilidades verdadeiras ou "atuais" são mostradas na tabela de probabilidades de entradas padrão do processo de simulação. Para o Caso 14, são as mesmas do Caso 1, conforme a Figura 6-2.

Probabilidades:	Agora	RuimS	RuimN	BomS	BomN
Probabilidade	1	0,15	0,25	0,25	0,35

Figura 6-2 Caso 14: Probabilidades atuais.

Nesse caso, entretanto, as probabilidades dos investidores individuais diferem das probabilidades atuais devido a diferenças no conteúdo informacional e/ou na habilidade de processá-las. Modelamos essas probabilidades de forma rudimentar iniciando pelo conjunto atual de probabilidades, retirando uma amostra de observações geradas pelo conjunto, então trocamos a distribuição de freqüência resultante em relação ao conjunto original. A Figura 6-3 mostra as entradas para o Caso 14.

Informações:	Probabilidades anteriores	Amostras
Mario	0.01	100
Hue	0.01	100

Figura 6-3   Caso 14: Informações

A fim de determinar as previsões de Mario, inicia-se pela retirada de 100 amostras da distribuição de probabilidades atual. O procedimento é similar àquele que foi utilizado nas análises *ex post* do Capítulo 4. O simulador cria uma urna com 100 bolas, 15 marcadas por RuimS, 25 marcadas por RuimN, 25 marcadas por BomS, e 35 marcadas por BomN. Então, retira-se uma bola de forma aleatória, registra-se o estado declarado, e coloca-se novamente a bola na urna. Nesse caso, o processo é repetido 100 vezes. Isso proporciona uma distribuição de freqüências para os estados. A fim de evitar a possibilidade de obter uma probabilidade igual a zero de que um estado venha a ocorrer, uma média ponderada dessa distribuição de freqüência com as probabilidades atuais é então calculada. Nesse caso, um peso de 99% é colocado na distribuição de freqüência e um peso de 1% nas probabilidades atuais.

Usamos o mesmo procedimento e os mesmos parâmetros a fim de obter as previsões de Hue. É claro que obtém conclusões diferentes, desde que o simulador retire um conjunto distinto de 100 bolas da urna.

Essa abordagem simula situações em que as pessoas são, parcialmente, informadas e confiam em pelo menos alguma extensão de diferentes informações. No caso 14, os investidores têm quantidades de informações similares, mas isso não é necessário. Se Hue for capaz de retirar 100 amostras, faria melhores previsões sem sombra de dúvida – isto é, suas probabilidades estariam mais próximas dos valores verdadeiros. A Figura 6-4 mostra as previsões atuais realizadas pelos dois protagonistas. Como se pode observar, suas estimativas diferem das probabilidades atuais da Figura 6-2. Isso é claramente um caso com discordância.

A Figura 6-4 também mostra as previsões de Mario e de Hue. Essas previsões diferem das probabilidades atuais. Mas, a média das probabilidades encontra-se mais próxima das probabilidades atuais dos que as probabilidades de cada investidor. Usando a soma dos desvios ao quadrado em relação às probabilidades atuais como uma medida do erro, tanto as probabilidades de Mario como as de Hue são 2,5 vezes o valor das probabilidades atuais e relacionadas ao conjunto de previsões. Os investidores calculam previsões não-viesadas desde que iniciem com as probabilidades atuais nas simulações de Monte Carlo. Caso tivéssemos realizado uma previsão única das probabilidades de Mario, encontraríamos as probabilidades atuais. Sabemos que contêm erros, mas, para amostras adequadas, os mesmos são insignificantes. Com um grande número de investidores realizando estimativas não-viesadas, a maioria dos erros situa-se num valor médio comum. Em tais circunstâncias, a média das previsões de todos os investidores pode ser não-viesada e incluir erros relativamente pequenos. Isto não surpreenderia Francis Galton. Como já foi mencionado, a influência de um investidor em relação aos preços de todos os ativos depende tanto de sua riqueza como do seu apetite pelo risco. Se essas duas características não são correlacionadas, a riqueza é um elemento chave. E se (como já foi imaginado) os investidores mais ricos são mais tolerantes ao risco, então o fator de riqueza é mesmo muito importante. Em qualquer evento, os preços dos ativos podem ser relativamente bem próximos quando comparados com aqueles que foram utilizados a partir de toda a informação disponível sobre o futuro. Se as pessoas fazem previsões não-viesadas, com as melhores sendo realizadas por investidores no momento do processameto da informação, especialmente aqueles que têm maior volume de recursos investido, os preços de mercado refletem as probabilidades atuais.

Previsões:	Agora	RuimS	RuimN	BomS	BomN
Mario	1,0	0,15	0,26	0,31	0,28
Hue	1,0	0,08	0,23	0,28	0,41
Média	1,0	0,12	0,25	0,29	0,35

Figura 6-4   Caso 14: Previsões.

Com dois investidores parcialmente informados, o equilíbrio no Caso 14 difere daquele do Caso 1. No Caso 1, Mario e Hue concordaram com as probabilidades dos estados futuros alternativos da natureza. Como resultado, quando o equilíbrio é alcançado, cada um escolhe manter a carteira de mercado podendo emprestar e tomar emprestado. No entanto nesse exemplo discordam e suas escolhas de carteira refletem suas diferentes opiniões sobre o futuro. Isto pode ser visto na Figura 6-5. O processo de seleção de carteiras não adere ao Corolário da Recompensa/Risco de Mercado, uma vez que cada investidor toma um risco não-diversificável considerável.

Embora Mario e Hue sejam capazes de agir sobre diferentes opiniões, a fim de manter suas carteiras específicas de títulos existentes, eles gostariam de ter mais alternativas. Isto pode ser visto pela Figura 6-6. Depois que o equilíbrio é alcançado, seus preços de reserva diferem para cada estado futuro.

Isso não surpreende Os investidores discordantes gostariam de apostar uns com os outros. A fim de satisfazê-los, o setor financeiro proporciona um espectro de alternativas de investimento diversificado incluindo instrumentos como contratos futuros, opções, swaps e assim por diante. Numa situação de concordância, alguns desses títulos são úteis, mas os respectivos números e popularidade bem menores.

Carteiras:	Consumo	Renda Fixa	MFC	HFC
Mercado	98,00	0,00	10,00	10,00
Mario	48,23	2,56	5,78	3,79
Hue	49,77	−2,56	4,22	6,21

Figura 6-5 Caso 14: Carteiras.

Preços de estado:	Agora	RuimS	RuimN	BomS	BomN
Mario	1,00	0,17	0,34	0,19	0,22
Hue	1,00	0,16	0,36	0,20	0,21

Figura 6-6 Caso 14: Preços de estado.

6.5 Caso 15: Um Maior Número de Investidores com Previsões Distintas

Francis Galton descobriu que 787 analistas podem produzir uma boa estimativa média. Afirmamos que em situações típicas, um mercado com um maior número de investidores incorpora informações de uma forma melhor do que aquele com poucos investidores. O Caso foi projetado a fim de ilustrar essa possibilidade. É uma variante do Caso 14, incluindo cinco pessoas em Monterey e cinco em Half Moon Bay. Todos os investidores em Monterey (cujos nomes começam com M) são exatamente iguais a Mario exceto em relação às suas previsões. Todos os investidores em Half Moon Bay (cujos nomes começam com H) são exatamente iguais a Hue, exceto em relação às suas previsões.

Cada investidor realiza suas previsões a partir de uma amostra com 100 observações proveniente da distribuição de freqüências simulada com um peso de 99%, conforme foi feito para Mario e para Hue no Caso 14. Cada amostra é obtida separadamente, entretanto, refletindo o acesso do investidor às informações que se diferenciam, pelo menos, de forma parcial. A Figura 6-7 mostra os preços resultantes para os três títulos dos Casos 14 e 15. Mostram-se também os preços provenientes do Caso 1, refletindo a mesma situação com uma diferença crucial em relação à concordância das probabilidades dos estados futuros.

Os preços dos títulos do Caso 1 "refletem totalmente" a informação disponível em relação aos estados futuros da natureza, desde que todo investidor se utilize dessa informação quando houver negociações e seleção de carteiras. No Caso 14, os preços não refletem totalmente a informação, uma vez que há somente dois investidores parcialmente informados. Como resultado, os preços dos títulos são afetados e, contendo erros no entanto. No Caso 15, entretanto, os resultados são consideravelmente mais próximos daqueles do Caso 1. Com um maior número de investidores, mais informação está disponível e os preços diferem menos daqueles obtidos em um mercado em que todo investidor se utiliza de toda a informação disponível.

Preços dos títulos:	Consumo	Renda Fixa	MFC	HFC
Caso 1	1,00	0,96	4,35	4,89
Caso 14	1,00	0,93	4,31	4,74
Caso 15	1,00	0,96	4,31	4,91

Figura 6-7   Preços dos títulos dos casos 1, 14 e 15.

No Caso 1, o mercado é eficiente quanto à disponibilidade e ao processamento da informação, desde que os preços dos títulos reflitam a informação disponível sobre o futuro. No Caso 15, o mercado não é totalmente eficiente; mas é próximo. Mas no Caso 14, as seleções de carteiras no Caso 15 são diferentes daquelas do Caso 1.

Admitindo discordância, todo investidor tem sua própria visão em relação às probabilidades futuras e de todas as estatísticas que incorporam tais probabilidades. Assim, os valores de beta, dos retornos esperados, dos desvios-padrão e do preço por chance (PPC) calculados por Mario diferem daqueles calculados por Hue. Ninguém conhece as "verdadeiras" estatísticas calculadas a partir das probabilidades atuais. Mas como estamos diante de um exercício de simulação, podemos observar os verdadeiros valores e investigar a conformidade dos resultados do equilíbrio com as teorias de apreçamento de ativos descritas no Capítulo 4.

A Figura 6-8 mostra a linha do mercado de títulos (SML) para o Caso 15. Observa-se uma similaridade dos resultados encontrados em muitos casos em que ocorre concordância: os retornos esperados são relacionados com os valores do beta. Independentemente da discordância dos investidores, a versão da SML para o Caso 15 do Teorema do Retorno/Risco de Mercado proporciona uma boa aproximação da realidade.

A Figura 6-9 mostra a linha de mercado de capitais (CML) para o Caso 15. Independente das diferenças entre as previsões, os dez investidores possuem carteiras com índices de Sharpe atuais ligeiramente inferiores daquele da carteira de mercado. Isso pode ocorrer devido à capacidade limitada em realizar apostas extremas para estados individuais, desde que haja apenas três títulos e os mercados sejam incompletos.

Se todo investidor escolhe uma carteira composta pela carteira de mercado e por um título livre de risco, todos os pontos da Figura 6-9 encontram-se na CML. De forma alternativa, esses pontos se situam à direita da linha, refletindo as propriedades de estratégias com retornos não linearmente relacionados aos retornos da carteira de mercado. Embora seja possível inferir que os investidores escolham estratégias de mercado do tipo não-lineares, não é este o caso em discussão. De forma alternativa, os investidores no Caso 15 tomam diferentes quantidades de risco específico. Assim, viola-se o MRRT. Quando há discordância entre os investidores, tipicamente escolhem tomar risco específico.

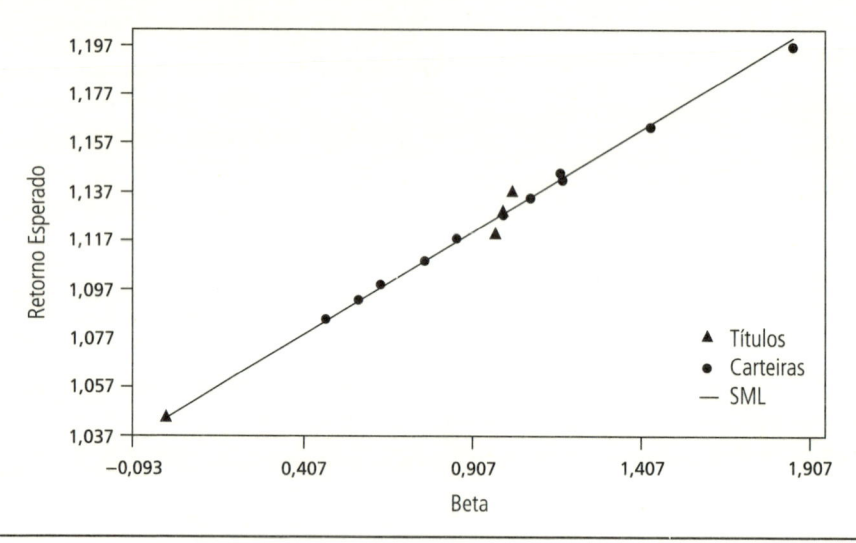

Figura 6-8   Caso 15: A linha de mercado de títulos.

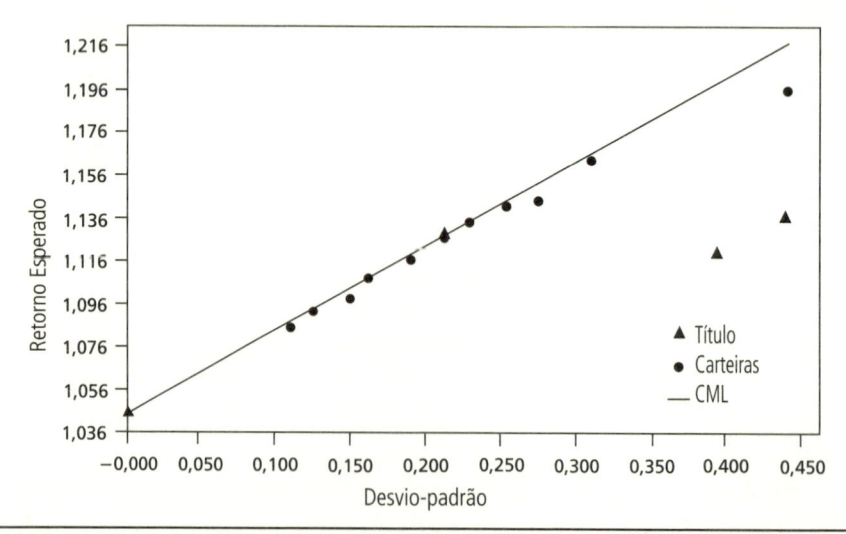

Figura 6-9   Caso 15: A linha de mercado de capitais.

No Caso 15, os mercados são insuficientemente completos, desde que o núcleo de apreçamento em equilíbrio possa ser calculado apenas pelas médias dos preços de reserva dos investidores para os estados de contingências dos títulos disponíveis. A Figura 6-10 mostra o PPC resultante e os valores dos níveis de consumo total. Não há uma relação de um para um; os valores do PPC verdadeiros diferem para os dois estados intitulados como 'Ruim', mas numa extensão bem menor para os estados intitulados como 'Bom'. Entretanto, os valores de PPC são consideravelmente menores para os estados de suficiência (na direita) em comparação com os estados de escassez (na esquerda). As disparidades dos valores do PPC para os estados com o mesmo nível de consumo agregado não são significativas. A equação básica de apreçamento (BPE) é violada, porém não totalmente.

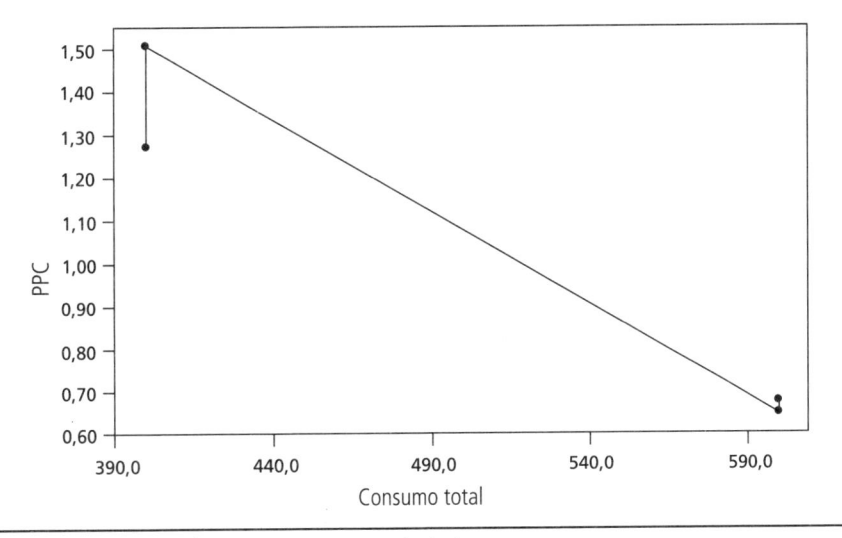

Figura 6-10   O núcleo de apreçamento e os níveis de consumo.

6.6 Caso 16: Previsões Corretas e Previsões Incorretas

O Caso 15 não proporciona uma situação confortável dos gestores de investimento ativos. Certamente, acreditam que alguém pode ter informação superior e/ou a capacidade de processar a informação de forma mais eficiente. O Caso 16 proporciona um exemplo.

Começamos com o Caso 15. Novamente, há cinco investidores em Monterey e cinco em Half Moon Bay. Todos os investidores em Monterey são exatamente iguais a Mario exceto em relação às suas previsões e todas as pessoas de Half Moon Bay são exatamente iguais a Hue exceto em relação às suas previsões. Nesse caso, especificamos explicitamente as previsões dos investidores em vez de utilizar a abordagem de simulação de Monte Carlo. Excetuando-se Mario e Hue, todos os investidores fazem as mesmas previsões através de freqüências históricas de diferentes fluxos de peixes nos últimos 10 anos. Entretanto, tanto Mario como Hue realizam pesquisa adicional extensiva quanto à persistência dos efeitos do clima, temperatura dos oceanos e outros fatores relevantes. Concluem que os peixes, provavelmente, dirigem-se para o sul conforme as freqüências históricas e que esse é o caso se a pesca for pequena ou grande. A Figura 6-11 mostra as probabilidades atuais e as previsões dos investidores. Mario e Hue estão corretos enquanto todos os demais investidores estão equivocados.

Previsões:	Agora	RuimS	RuimN	BomS	BomN
Atual	1	0,20	0,20	0,30	0,30
Mario	1	0,20	0,20	0,30	0,30
Hue	1	0,20	0,20	0,30	0,30
Todos os demais	1	0,15	0,25	0,25	0,35

Figura 6-11   Caso 16: Previsões.

Retornos da carteira:	RuimS	RuimN	BomS	BomN
Mario	0,916	0,754	1,551	1,228
Outros M's	0,798	0,838	1,317	1,397
Diferença	0,117	−0,084	0,234	−0,169
Hue	0,966	0,872	1,345	1,157
Outros H's	0,898	0,922	1,209	1,255
Diferença	0,068	−0,049	0,136	−0,098
Probabilidade	0,20	0,20	0,30	0,30

Figura 6-12   Caso 16: Retornos da carteira.

Como no Caso 15, permitimos a negociação apenas de títulos de renda fixa e das ações das duas companhias de pescaria. Quando o equilíbrio é estabelecido, Mario escolhe uma carteira diferente dos seus vizinhos de Monterey, sendo que todos escolhem a mesma carteira. Uma situação similar ocorre para os investidores mais conservadores de Half Moon Bay. A Figura 6-12 mostra os retornos resultantes por estado, em relação às suas diferenças e às probabilidades atuais dos estados.

Mario escolheu uma carteira que terá um desempenho melhor quando comparada com as carteiras dos seus vizinhos nos estados em que está (corretamente) otimista (RuimS e BomS) e tem um desempenho pior nos estados em que está mais (corretamente) pessimista (RuimN e BomN). Hue está em uma posição similar em relação aos seus vizinhos. De forma relevante, compara-se cada uma das previsões superiores em relação a tolerância ao risco. Isso evita trocar as diferenças relacionadas às previsões com aquelas relacionadas às preferências.

O que pode ocorrer com Mario no próximo período? Com 50% de chance obtém um resultado inferior em comparação aos seus vizinhos (tanto 8,4% como 16,9%). Por outro lado, com 50% de chance obtém um resultado superior, mesmo para grandes quantidades (tanto para 11,7% como 23,4%). Considerando as probabilidades dos estados, o rendimento esperado de Mario ultrapassa em 2,6%.

Hue está em uma situação similar, mas devido a sua natureza conservadora, realizou menos apostas em comparação aos seus vizinhos. Hue também tem 50% de chance de obter um resultado inferior ao esperado, mas com rendimentos superiores (1,5%).

A Figura 6-13 mostra os retornos esperados e os valores de beta para todos os investidores. As carteiras de Mario e de Hue encontram-se acima da linha. As carteiras dos demais investidores situam-se abaixo da linha, com todos os vizinhos de Mario localizados em um único ponto e todos os de Hue em outro. Mario e seus vizinhos têm betas maiores devido a uma maior tolerância ao risco e Hue e seus vizinhos possuem betas menores devido a uma menor tolerância ao risco.

Os títulos situam-se distantes da linha devido aos erros de previsão realizados pela maioria dos investidores.

Sabemos que Mario espera um desempenho superior quando comparado ao de seus vizinhos, mas alguma diferença pode ser atribuída a um maior valor de beta de sua carteira. A fim de ajustá-la, comparamos seu retorno esperado com uma carteira que combine um título de mercado com um título livre de risco a fim de reproduzir o mesmo valor de beta da carteira inicial. Como já foi discutido no Capítulo 4, denomina-se de valor alfa. Os valores de alfa para os investidores do Caso 16 são mostrados na Figura 6-14.

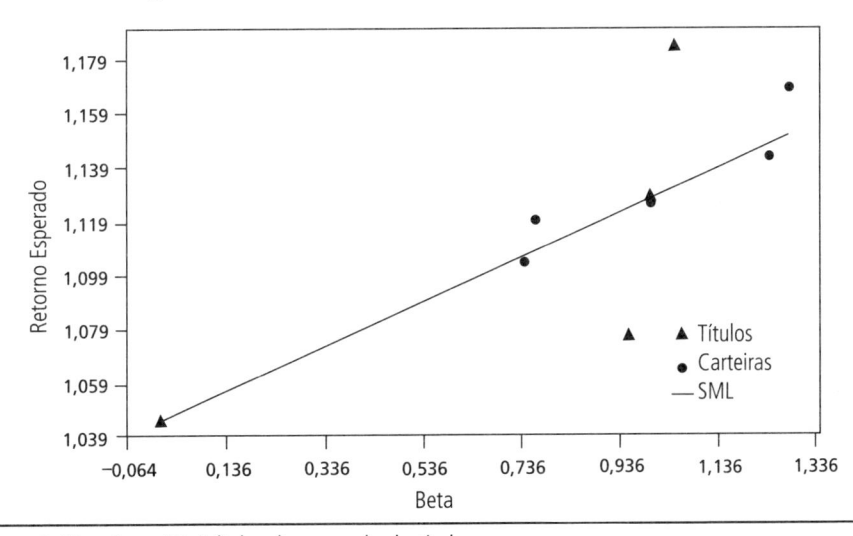

Figura 6-13 Caso 16: A linha de mercado de títulos.

Espera-se que a carteira de Mario tenha um resultado superior em relação a carteira de mercado de beta em 1,8% ao ano, enquanto espera-se que a carteira de Hue tenha um resultado superior de 1,1% ao ano em comparação a carteira de mercado com o mesmo beta. No longo prazo, tanto Mario como Hue ultrapassam os *benchmarks*, mas os resultados podem ser piores ou muito melhores do que os *benchmarks* em um único período ou mesmo para vários períodos.

Valores de alfa	Alfa
Mario	0,018
Hue	0,011
Outros M's	−0,005
Outros H's	−0,003

Figura 6-14   Caso 16: Valores de alfa.

Todos os outros investidores esperam ter um resultado inferior a suas carteiras de mercado com o mesmo beta, mesmo que em quantidades, relativamente, pequenas. No longo prazo, obtém um resultado inferior aos *benchmarks*, mas o resultado individual pode ser muito pior ou muito melhor do que os *benchmarks* em um único período ou em vários períodos.

Mario e Hue fazem previsões superiores. No longo prazo, esta superioridade é evidente. Mas, de acordo com a famosa frase de Lord Keynes, "no longo prazo estaremos todos mortos", os investidores cujas previsões são superiores podem obter um resultado menor do que os respectivos *benchmarks* e do que seus próprios vizinhos por muitos anos. Vale a pena repetir a frase da SEC dos EUA declarada no Capítulo 4: "Os resultados passados não são um indicador confiável para resultados futuros."

6.7 Caso 17: Previsões Viesadas e Não-Viesadas

Os gestores de investimento ativos que processam e obtêm previsões superiores do Caso 16 conhecem as probabilidades corretas e concordavam com outras. Os gestores de investimento ativos que processam e obtêm previsões inferiores realizam diferentes previsões, mas concordavam com outras. Isso proporciona uma ilustração útil, mas não verdadeira. Um cenário mais interessante é aquele em que os gestores de investimento superiores realizam previsões não-viesadas livres de erro, enquanto os gestores de investimento inferiores realizam previsões viesadas. O Caso 17 é um exemplo. Esse Caso combina as características dos Casos 15 e 16. Como no Caso 15, cada investidor faz suas previsões basedas em 100 amostras retiradas de uma distribuição de probabilidades (99 para 1) trocada com aquela distribuição de probabilidades. Mas nesse caso, a distribuição utilizada em simulação de Monte Carlo para cada investidor é aquela que foi utilizada no Caso 16. Como resultado, Mario e Hue realizam previsões não-viesadas, enquanto os outros realizam previsões viesadas.

A Figura 6-15 mostra a situação de equilíbrio. Por sorte, Mario, cuja carteira se situa no ponto mais alto do gráfico, está em uma posição excelente, com um valor de alfa igual a 0,044 (4,4% ao ano). Hue, cuja carteira se situa ligeiramente abaixo da linha com beta de 1,14, é menos afortunada. O alfa positivo é igual a 0,003 (0,3% ao ano), mas não surpreendente. Por sorte, os outros quatro investidores selecionam carteiras com alfas positivos e três deles mostram valores de alfa mais elevados do que o alfa de Hue. Somente quatro dos dez investidores selecionam carteiras com alfas negativos, variando de -0,003 (-0,3%) a -0,036 (-3,6%).

Esse exemplo demonstra que a habilidade pode levar a um resultado superior, apoiando a observação realizada em conjunção com o Caso 16. Um grande número de períodos de resultados pode ser requerido, mesmo no momento inicial que diferencia os gestores em relação as suas habilidade e a pura sorte. É fácil identificar quais foram os investidores que obtiveram registros históricos superiores, mas mais difícil identificar os investidores que mostram um resultado futuro superior.

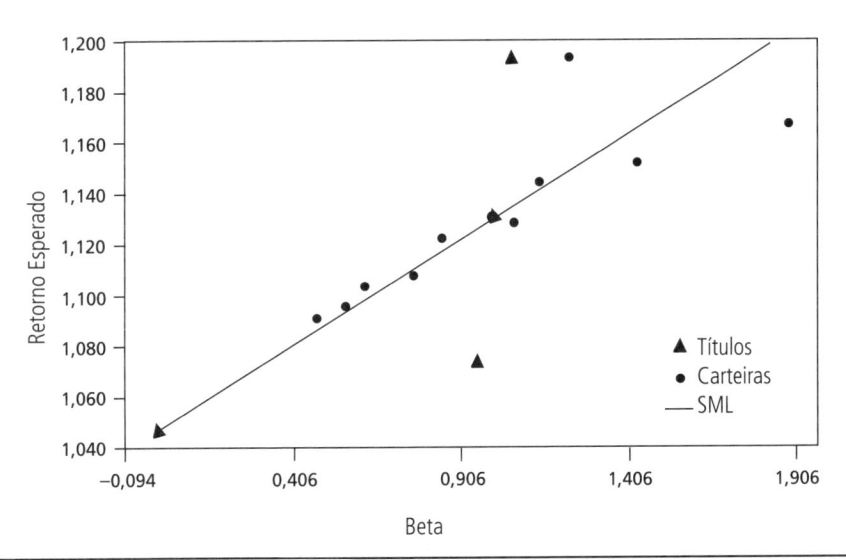

Figura 6-15   Caso 17: A linha de mercado de títulos.

6.8 Caso 18: Previsões Não-Viesadas com Níveis de Precisões Distintos

Nos Casos 16 e 17, os investidores com expectativas superiores esperam ou são recompensados por desempenho superior no longo prazo. Mas, essa superioridade depende basicamente, da capacidade de realizar previsões não-viesadas em um ambiente repleto de investidores, cujas previsões estavam viesadas. Mas, se os investidores com expectativas inferiores estão viesados em média, os erros são simplesmente mais elevados? O Caso 18 mostra um exemplo.

Iniciamos com a situação desenvolvida no Caso 16. Mais uma vez, há cinco investidores em Monterey com as mesmas preferências e carteiras iniciais e cinco investidores em Half Moon Bay com as mesmas preferências e carteiras iniciais. Cada grupo realiza suas previsões baseado em uma amostra retirada de uma distribuição, mas neste caso o investidor é não-viesado, sendo que a amostra retirada pertence a distribuição de probabilidades atuais. Entretanto, dois dos investidores (Mario e Hue, novamente) realizam uma pesquisa melhor; recorremos a 1.000 simulações a fim de determinar as respectivas probabilidades. Os outros oito realizam uma pesquisa em menor profundidade, em que permitimos apenas 100 simulações.

A Figura 6-16 mostra os retornos esperados resultantes e os valores de beta. Mario e Hue estão um pouco acima da linha; em relação aos outros quatro, três deles têm valores de alfa superiores aos de Mario e de Hue. Mario e Hue estão entre os vencedores devido a sua habilidade superior. Mas os outros quatro investidores selecionam carteiras com valores positivos de alfa devido ao acaso. Além do mais, os valores de alfa refletem apenas o resultado esperado. No caso de um único período, os resultados atuais diferem ainda mais.

Felizmente para os investidores com expectativas superiores, a Figura 6-16 não mostra toda a história. É importante reconhecer que os valores de alfa mostram apenas a diferença esperada entre o retorno da carteira e o retorno de uma carteira de mercado com o mesmo beta. Um investidor típico acaba tomando mais cuidado, uma vez que sua utilidade depende de toda a distribuição dos retornos da carteira. A melhor medida é a utilidade esperada. No Caso 18, todos os investidores decidem além da média e da variância, desde que tenham funções de utilidade do tipo potência. Mas a média e a variância podem ainda servir como indicadores de aproximação da utilidade esperada. A Figura 6-17 mostra os retornos esperados e os respectivos desvios-padrão do retorno. As carteiras de Mario e de Hue situam-se ligeiramente acima da linha CML. Cada uma tem um índice de Sharpe igual a 0,367, o que é estritamente melhor do que o valor de mercado igual a 0,366. As carteiras dos outros investidores mostram índices de Sharpe menores, variando de 0,237 a 0,367.

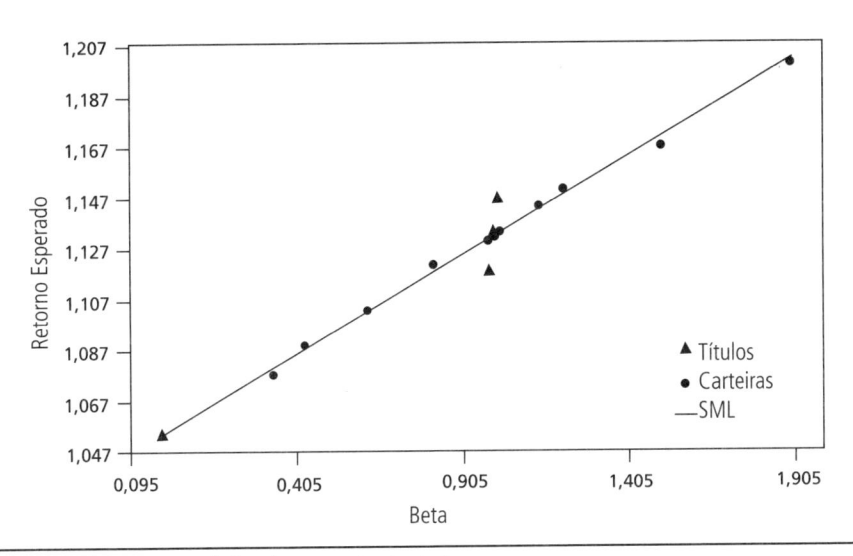

Figura 6-16   Caso 18: A linha de mercado de títulos.

Nesse caso, uma pesquisa mais cuidadosa acompanha as carteiras mais rentáveis, quando medimos o índice de Sharpe *ex ante*. Entretanto, investir somente na carteira de mercado e em um ativo livre de risco pode produzir resultados quase bons. É difícil ser um investidor ativo superior em uma situação em que os investidores ativos inferiores são os mais abundantes, ou os mais propensos a errar, porém não-viesados.

6.9 Fundos Indexados

Em 1970, o banco Wells Fargo colocou à disposição dos investidores em mercado o primeiro fundo indexado. Reforçamos as afirmações do momento pela seguinte premissa (IFP):

(IFP)   Ninguém, individualmente, é tão esperto quanto todos em conjunto.

Isso indica que a opinião média sobre probabilidades futuras é melhor do que a de um único investidor. Mas a opinião média (ponderada pela riqueza pelo risco) é em grande medida refletida nos preços dos títulos. Se IFP é verdadeira, a melhor estratégia de investimento para os investidores, cujas preferências e posições não se diferenciam de forma significativa daquelas de um investidor médio, é manter títulos de risco em carteira em proporções de mercado, combinadas com o ativo livre de risco de acordo com os diversos graus de tolerância ao risco.

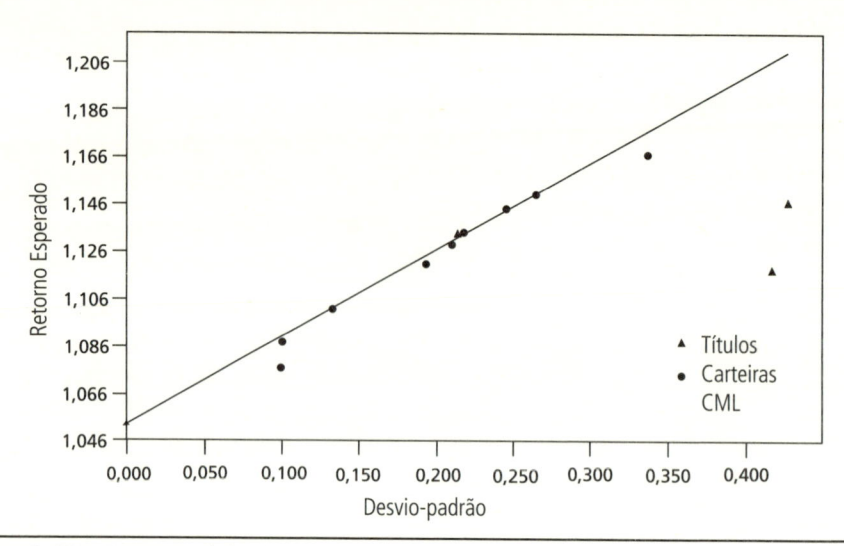

Figura 6-17   Caso 18: A linha de mercado de capitais

Como indicado anteriormente, de forma mais pura, o gestor de um fundo indexado dá ordem de compra para todos os títulos em mercado, obedecendo proporções iguais a seus respectivos valores. Equivalentemente, manter x porcento em ações (ou certificados) de todos os títulos do mercado. Na prática, apenas alguns fundos indexados fazem isso; outros mantêm uma amostra representativa de todos os títulos. A meta é proporcionar um retorno cujo custo seja igual aquele do mercado em questão.

Não é tão dispendioso fabricar um fundo indexado grande. Conforme já foi indicado na discussão de gestão ativa e passiva, isso implica que o custo-benefício em relação a um fundo indexado com baixo custo deve ser superior ao obtido por uma determinada quantidade em dólar gerida ativamente no mesmo mercado. Quando as comparações são feitas de forma correta, os eventos passados mostram a ocorrência.

O Caso 18 ilustra o argumento. Mario e Hue são mais espertos do que os outros oito investidores. Mas o mercado é quase tão esperto desde que haja a combinação da informação obtida por todos os dez investidores. Mario e Hue escolhem as melhores carteiras em comparação a outros, primariamente devido à diversificação mais extensa.

O Caso 18 também proporciona o argumento de que um fundo indexado para um investidor é "livre de opiniões" em relação à pesquisa realizada por outros investidores. Em um mercado em que as previsões dos investidores são equivocadas, mas não-viesadas, um investidor sensível ao índice pode concentrar a previsão de probabilidades de vários resultados para uma carteira de mercado (isto é, as probabilidades para o estado de mercado), ao invés das probabilidades de vários estados muito mais detalhados. Considerando essas previsões e o retorno do ativo livre de risco, um fundo indexado pode ir mais ao encontro do conceito de utilidade esperada por meio de pesquisas e análises mais acuradas.

O fundo indexado está longe de ser o caso extremo. Entre as variações mais plausíveis que podemos encontrar na literatura de economia financeira e na de investimentos, temos que:

(IFPa) Poucos investidores são mais espertos do que todos os investidores.
(IFPb) Poucos investidores são mais espertos do que todos investidores, sendo difícil identificá-los;
(IFPc) Poucos investidores são mais espertos do que todos os investidores, sendo difícil identificá-los, podendo exigir suportar mais do que possuem em riqueza.

O IFPc é o argumento mais realista à decisão de investir uma parte (se não todo) do seu dinheiro em um fundo indexado.

Um caso pode ser ainda admitido à gestão ativa por uma minoria de investidores, mas como podemos verificar, o caso é muito mais potente se não houver razões para acreditar que a maioria dos investidores realizam previsões que são viesadas da mesma forma. Por exemplo, alguns investidores tendem a presumir que as tendências dos lucros passados das corporações continuam sem nenhum tipo de redução, enquanto tanto as evidências históricas como as boas previsões econômicas sugerem o contrário. Se muitos investidores agirem dessa forma, as previsões podem estar viesadas, permitindo que uma minoria de gestores obtenha retornos anormais por meio de uma ponderação inferior ao mercado para as firmas com elevado crescimento nos lucros e uma ponderação superior ao mercado para as firmas com crescimento nos lucros baixo e negativo. Neste caso, poucos são mais espertos do que todos. Se esse argumento é verdadeiro e se um investidor pode identificar os frutos de suas habilidades, torna-se possível estar entre essa minoria com a proposição de "apostar no mercado". Essas ações estão disponíveis apenas para uma minoria de investidores e nem todos estão acima da média.

6.10 Resumo

Examinamos um número de casos em que os investidores utilizam diferentes informações, procurando diferentes conclusões sobre as probabilidades de resultados futuros alternativos, e, dessa forma, escolhem carteiras diferentes. O que tais exemplos implicam sobre a relevância das fórmulas de apreçamento padrão quando há discordância? As boas notícias são relacionadas ao fato de que a maioria das fórmulas vale em relação a diversas situações. Infelizmente, isso também vale para as más notícias.

O Capítulo 4, mostrou que na ausência de oportunidade de arbitragem é possível encontrar um ou mais conjuntos de preços de estado em que vale a Lei do Preço Único (LOP). E a equação básica de apreçamento? Isso segue diretamente da LOP em que as probabilidades são positivas e somam a um. Podemos admitir uma BPE usando números positivos escolhidos aleatoriamente, cuja soma seja igual a um. Comentários similares podem ser aplicados para a função-núcleo do beta, que é uma transformação algébrica da BPE. Até esse ponto, não há muito conteúdo econômico interessante em comparação aquele relacionado à situação de inexistência de arbitragem.

O principal conteúdo econômico da teoria de apreçamento de ativos manifesta-se quando (1) transformamos a função-núcleo beta em uma equação que envolve um relacionamento entre o título ou o retorno de uma carteira com alguma variável potencialmente observável ou variáveis e (2) asseguramos que o relacionamento mantém as probabilidades atuais. Na situação uniperiódica de concordância sem posições ou estados de preferências dependentes, duas variáveis tornam-se adequadas: o consumo agregado ou o retorno da carteira de mercado. O relacionamento pode ser geral, como na equação do beta, ou específico, como na linha de mercado de títulos (SML). Com posições por fora, preferências dependentes dos estados e/ou discordância, a situação é bem diferente.

Neste e nos capítulos prévios, examinamos casos mais complexos e descobrimos que o relacionamento da SML pode ser uma aproximação boa, justa, ou péssima, dependendo da natureza dos fatores que influenciam os preços dos ativos e a seleção de carteiras. Em alguns casos, a equação beta mais geral, ajustada parametricamente, pode proporcionar uma descrição consideravelmente melhor do relacionamento entre os retornos esperados e a medida relevante de covariância. Isso pode ser melhor do que o relacionamento mais simples demonstrado pela SML.

Resumindo, nossos exemplos são consistentes com a percepção de Francis Galton feita há quase um século. Em nossos casos, o MRRT foi violado, mas não totalmente rejeitado. O MRRT tem um pior desempenho sob a hipótese do comportamento atual do investidor. O vox populi pode ser um bom caminho a fim de estabelecer preços de ativos que reflitam a informação disponível, independentemente da escolha de carteiras sub-ótimas por muitos dos participantes do mercado.

Capítulo 7
PROTEÇÃO

7.1 Produtos Financeiros ao Hedge de Investimentos em Mercado

O investidor deve investir em títulos de renda fixa ou em ações? Ações têm maior potencial de ganhos, gerando retornos elevados se o mercado estiver em alta. Mas, há a possibilidade de ocorrerem perdas caso o mercado estiver em queda. Os títulos de renda fixa oferecem uma proteção relativa às perdas, proporcionando juros e pagamento do principal, se o investimento for mantido até o vencimento na ausência de default. Mas em um bom ambiente de mercado, os títulos de renda fixa geralmente possuem desempenho inferior ao das ações. Não é interessante quando um investimento oferece tanto um potencial de crescimento como uma proteção relativa às perdas? Esses tipos de investimentos existem e falaremos sobre eles neste capítulo. São conhecidos como hedge de investimento em mercado, os PIPs.

É claro que em um mercado de capitais eficiente nenhum investidor lucra sem investir. Os PIPs não são exceção. Mas, são criados por empresas financeiras e comprados por investidores (na maioria indivíduos). As questões relevantes relacionam-se ao atendimento das necessidades específicas dos investidores. Verificamos que esses produtos podem ser adequados a investidores com tipos particulares de preferências. Dessa forma, há razão para acreditar que muitos dos investidores que, usualmente, compram produtos hedgeados possam estar muito mais motivados por previsões que diferem daquelas refletidas nos preços de mercado, ao invés de preferências que diferem da média dos investidores.

7.2 Patrimônio Principal Protegido Ligado a Certificados Confiáveis de Retorno Mínimo

Há vários produtos de investimento hedgeados nos EUA e em outros países. São geralmente vendidos diretamente aos investidores pelos bancos e empresas financeiras. Esses instrumentos podem ser mantidos até o vencimento, embora as transações anteriores àquele momento podem ser realizadas em bolsa de valores ou diretamente com o banco ou com uma financeira.

Nos EUA, vários PIPs são listados na bolsa de valores americana[1] na rubrica de produtos estruturados. Por exemplo, em abril de 2003, a bolsa listou mais de 100 produtos que oferecem proteção relativa a perdas e crescimento potencial, com datas de vencimento variando entre os anos de 2003 até 2011.

Um exemplo típico é proporcionado pela série de instrumentos criados para os investidores norte-americanos nos primeiros anos do século XXI pelo Citigroup Global Markets Inc. Um prospecto típico para os instrumentos nas séries (ex., 2004 a) começa com o título "Primeiros investimentos seguros" seguidos pelo tópico "Proteção do principal, oportunidade para o crescimento". As características gerais desses produtos são descritas numa publicação (Citigroup, 2004b) com o seguinte título: "Patrimônio principal protegido e certificados confiáveis de retorno mínimo". Usamos isso como origem para os detalhes que se seguem.

Como exemplo de títulos dessas séries, o Citigroup usa um certificado (SNJ) emitido em novembro de 2002, relacionado com o desempenho do índice Standard & Poor's 500 (S&P 500). O certificado tem uma maturidade de cinco anos e um preço de $10 por unidade. Na data do vencimento (dezembro de 2007), o investidor recebe um determinado pagamento, proporcionado pelo "Principal mais um pagamento adicional [...] maior do que (i) 9% do retorno mínimo ou (ii) igual ao retorno do índice."

O retorno do índice foi calculado a partir de 60 retornos mensais. Se para um dado mês, a apreciação do S&P 500 (não o retorno total) for menor do que 1,045 (4,5% por mês), a apreciação do índice é utilizado. Em qualquer mês em que a apreciação for maior do que 4,5%, um valor de 1,045 é então utilizado. Subtraindo 1 do produto resultante dos 60 retornos totais obtemos o índice de cobertura do retorno. Se este for, digamos, 15%, o investidor recebe $11,50 por certificado, garantindo a "oportunidade para o crescimento" Se o índice de cobertura do retorno for menor do que 9%, entretanto, o investidor recebe $10,90 por ação, o que garante a "proteção do principal". O SNJ claramente oferece potencial de crescimento e proteção relativa a perdas.

A fim de ilustrar os possíveis resultados que um investidor pode obter para um determinado certificado, o Citigroup testou a fórmula para todos os possíveis períodos de 60 meses a partir de fevereiro de 1985, terminando em fevereiro de 2004. Esses 170 períodos foram usados a fim de calcular as estatísticas históricas para o retorno total do certificado SNJ e outros investimentos. Os valores de média/variância são reportados e, assim, concluímos que "uma carteira composta por 80% de título de renda fixa e 20% de certificado SNJ obtém o maior índice de Sharpe."

Todas as conclusões desta publicação foram:

---

[1] Amex: American Stock Exchange.

No ambiente atual de mercado, em que os investidores não estão interessados em assumir o risco principal para potenciais ganhos de capital, os primeiros investimentos seguros oferecem uma alternativa viável. Esses certificados oferecem aos investidores a oportunidade de aumentarem seus retornos através da diminuição dos ganhos do fluxo de caixa e da utilização de títulos de renda fixa não levando em conta o risco das ações do mercado. Finalmente, adicionando os certificados a um composto de ações e/ou títulos de renda fixa, os investidores são capazes de obter uma alocação de ativos na direção de um perfil risco/retorno mais conservador através de um grau de diversificação mais elevado.

A frase inicial ("no ambiente atual de mercado...") sugere que os autores devem ter percebido que os produtos seguros seriam mais adequados aos investidores com visões pessimistas em relação aos cenários futuros do mercado de ações. Se esse for o caso, os certificados foram mais intencionados para aqueles que possuem previsões divergentes do que aqueles que possuem preferências divergentes.

7.2.1 Retornos Históricos dos Primeiros Produtos Seguros

Os testes originam um grande número de questões. Primeiro, os resultados do investimento são geralmente dependentes do tempo. As estatísticas provenientes do período histórico podem diferir significativamente daquelas referentes a outros períodos. Segundo, como neste caso, tempos adicionais são geralmente utilizados a fim de aumentar o tamanho da amostra. Se esse for o caso, os resultados não são independentes. Por exemplo, apenas dois períodos independentes de 60 meses podem ser criados usando os dados provenientes do período utilizado no estudo do Citigroup. Terceiro, os cuidados relacionados aos perigos da utilização dos retornos históricos médios, como aproximações dos retornos futuros esperados, foram levados em conta. Finalmente, há também a possibilidade de um viés de seleção. Um determinado profissional de investimentos mais antigo declarou, "Eu nunca realizei um teste de validação, pois eu não gostava"

Outro se relaciona ao processo de análise. A análise média/variância tem uma capacidade limitada de capturar totalmente as vantagens ou desvantagens dos produtos financeiros projetados a fim de obter as distribuições de probabilidades dos retornos com muitos formatos diferentes em vez daqueles instrumentos tradicionais, e isso é especialmente verdadeiro para períodos de manutenção de longo prazo.

Os produtos de investimentos protegidos são membros de uma classe conhecida como títulos derivativos, desde que o retorno deste produto seja derivado de um relacionamento declarado com outro título ou variável econômica. Para o certificado SNJ, a variável inerente é o retorno dos preços do S&P 500.

A Figura 7-1 (preparada pelo autor) mostra o relacionamento entre o retorno total de um PIP com as características do certificado SNJ e o retorno total do S&P 500. Cada ponto representa um dos 170 períodos de 60 meses utilizados pelo estudo do Citigroup. De forma geral, o período foi bom para as ações. O índice S&P 500 tem um resultado superior ao do certificado SNJ em 89,5% dos períodos. Em vários dos últimos períodos, entretanto, o PIP proporciona um resultado melhor, resultando em $10,90 para cada $10 investidos, enquanto o S&P 500 retornou apenas $8,25. Um investidor que não esteja disposto a encarar uma provável continuação das tendências recentes pode ser atraído por esse produto no ano de 2004.

Considerando a maneira como o retorno do certificado é calculado, o valor terminal não resulta numa função unívoca relacionada ao valor terminal do índice. Contrariamente, o retorno total do certificado depende tanto do valor terminal do índice como da trajetória que o índice levou para alcançá-lo. Em um período de cinco anos, esse certificado possui risco específico, cujo retorno esperado não ocorre devido as razões expostas nos capítulos anteriores.

Independentemente, alguns investidores podem preferir manter um determinado PIP em um mercado em que todos concordam com as probabilidades de resultados alternativos:

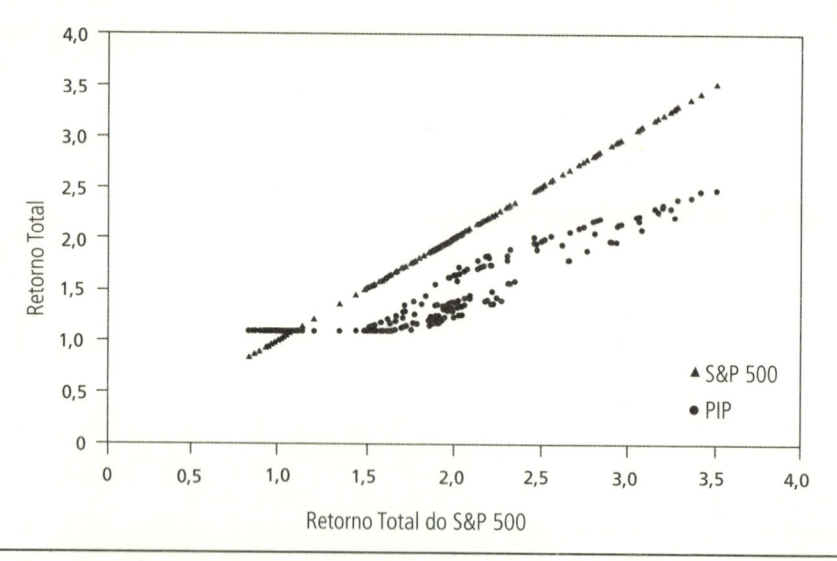

Figura 7-1   Teste de validação dos retornos do certificado SNJ.

Nem todos podem fazer isso, então esses investidores detêm posições distintas da média, preferências, ou ambos. Não consideramos os efeitos de posições diversas ou previsões nessa conexão, mas exploramos a possibilidade de que a demanda por PIPs pode ser proveniente das diversas preferências dos investidores.

7.3 Opções

Alguns produtos de investimentos protegidos são mais complexos do que o certificado SNJ. Entretanto, cada um oferece um retorno relacionado, de foma não-linear, com o desempenho de um investimento específico, com uma maior sensibilidade ao crescimento do que para a perda. Mas como garantir que esse produto cumpra com o retorno prometido? A publicação do Citigroup proporciona uma dica:

Os investimentos seguros são, economicamente, similares a um investimento com carteiras consistindo de um título com cupom igual a zero e uma opção do respectivo índice. O componente do título com cupom igual a zero proporciona ao investidor uma proteção ao principal e um retorno mínimo a pagar no vencimento. O componente da opção proporciona ao investidor um retorno limitado ao desempenho do respectivo índice.

Um título com cupom igual a zero proporciona um único pagamento no vencimento e nenhum pagamento em fases intermediárias (cupons). Os títulos cujos cupons são iguais a zero e com diferentes vencimentos totalmente críveis quanto à capacidade de pagamento do tesouro norte-americano parte do governo norte-americano e estão geralmente disponíveis.

Uma opção é um contrato que dá ao proprietário o direito, mas não a obrigação de comprar ou de vender um título a um determinado preço já estipulado. Uma opção de compra permite ao proprietário comprar um título em uma data futura específica por um preço determinado hoje. Uma opção de venda permite ao proprietário vender um título em uma data futura específica por um preço determinado hoje. Opções de compra e de venda com diferentes datas de vencimento do índice S&P 500 como ativo-objeto são rotineiramente negociadas em bolsas de futuros.

Se os instrumentos com datas de vencimento desejadas estão disponíveis, um investidor pode facilmente construir um produto de investimento protegido pela combinação de (1) um título de cupom igual a zero que proporciona um retorno mínimo (ex., $10,90) com (2) uma opção de compra que é exercida somente se o retorno total do respectivo índice for maior do que a quantidade proporcionada pelo retorno mínimo.

Se estes instrumentos estão disponíveis, uma instituição financeira pode oferecer um produto protegido e utilizar os procedimentos a fim de comprar uma carteira com títulos de cupom zero e opções que replicam os pagamentos prometidos. Se o preço pago pelo comprador do produto protegido é maior do que o custo de replicação da carteira, a empresa emissora destes títulos pode ser recompensada por seus esforços.

Infelizmente, as opções de compra negociadas com índices de mercado possuem períodos de maturidade muito curtos (menos de três anos na maioria dos casos), fazendo com que pequenos investidores tenham dificuldades em criar estratégias de proteção de longo prazo. Isto também se mostra caro e/ou difícil para instituições financeiras que ofereçam maiores prazos de maturidades associadas a produtos protegidos. Geralmente muitas partes são envolvidas, com obrigações protegidas explicitamente de forma parcial.

7.4 Casos 19 e 20: Quade e Dagmar com Opções

Os títulos derivativos podem permitir que um investidor se proteja de riscos preexistentes, assim diminuindo sua exposição ao risco total – uma habilidade freqüentemente citada pelos teóricos da área. As opções podem definitivamente preencher esse objetivo. Mas, da mesma forma que outros títulos derivativos, as opções também podem servir como instrumentos potentes relacionados a especulações. Em qualquer evento, a disponibilidade das opções e de outros títulos derivativos pode ajudar a completar o mercado, permitindo que investidores levem vantagem por suas diferenças em relação às preferências, posições ou previsões.

A fim de ilustrar, retornamos ao caso de Quade e Dagmar. Suas preferências são as mesmas do Caso 6. A fim de focar nas características essenciais, atribuimos dois títulos tradicionais: um título livre de risco (STBond) e um índice de mercado (MIF). Como nos casos anteriores, há dez estados da natureza, mas somente cinco estados de mercado. A tabela de títulos para o Caso 19 é mostrada na Figura 7-2. Quade começou com 500 ações do índice MIF, nenhum título de renda fixa e um consumo corrente de 515 unidades, conforme Dagmar. Depois do término da negociação, mantiveram carteiras bem diferentes devido às diferenças relacionadas às preferências. Dagmar tomou emprestado de Quade a fim de obter mais ações do índice MIF. Assim, obteve melhores resultados em relação a Quade em mercados em situações boas e piores resultados em mercados em situações ruins, conforme a Figura 7-3.

Nesse caso, os investidores devem estar satisfeitos com as estratégias lineares baseadas no mercado. Mas, verifica-se que a partir do Caso 6, quando Quade e Dagmar negociam estados contingenciados, houve a escolha de estratégias de mercado não-lineares. Na ausência desta habilidade, os investidores fazem o melhor possível, mas certa quantidade de frustração se mostrou presente. Seus preços de reserva diferem substancialmente. Em relação aos estados, a taxa do preço de reserva de Dagmar em relação a Quade varia de 0,9 a 1,31.

Títulos:	Consumo	STBond	MIF
Agora	1,00	0,00	0,00
Depressão 1	0,00	1,00	0,87
Depressão 2	0,00	1,00	0,87
Recessão 1	0,00	1,00	0,92
Recessão 2	0,00	1,00	0,92
Normalidade 1	0,00	1,00	1,07
Normalidade 2	0,00	1,00	1,07
Prosperidade 1	0,00	1,00	1,17
Prosperidade 2	0,00	1,00	1,17
Crescimento rápido 1	0,00	1,00	1,22
Crescimento rápido 2	0,00	1,00	1,22

Figura 7-2   Caso 19: Tabela de títulos.

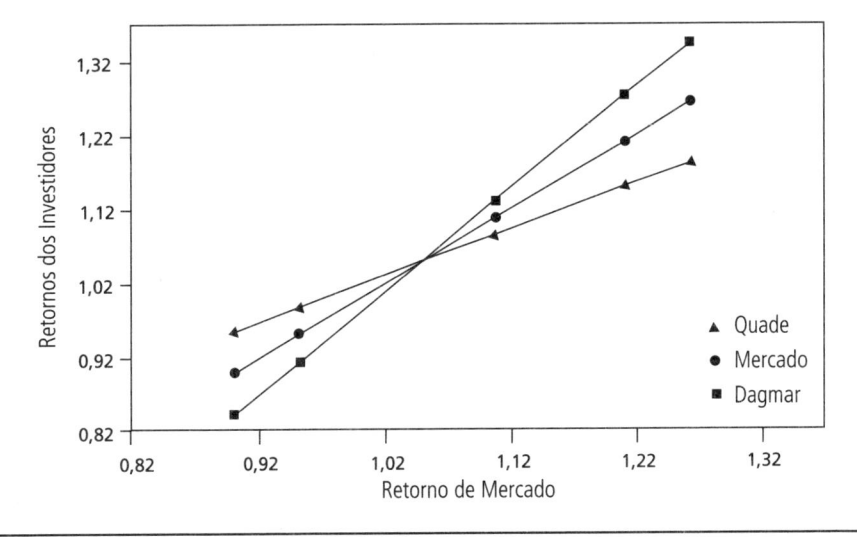

Figura 7-3   Caso 19: Gráfico dos retornos.

A fim de ajudar nossos investidores a encontrarem melhores resultados, criamos o Caso 20 em que adicionamos dois novos títulos, um de compra e um de venda, conforme disponíveis no Caso 19. A opção de compra permite ao investidor comprar uma ação MIF em uma data futura pelo pagamento de 1 (dólar) naquele momento. A opção de venda permite ao investidor vender uma ação MIF em uma data futura pelo preço de 1 (dólar).

Um investidor racional exerce a opção de compra somente se o valor do título recebido for maior do que a quantidade que deverá ser paga. Similarmente, um investidor racional exerce a opção de venda somente se o valor do título vendido for menor do que a quantidade recebida. A Figura 4-7 mostra os valores de títulos nos diversos estados títulos para o Caso 20. Os fluxos de caixa dos títulos tradicionais são os mesmos; os fluxos de caixa das opções são baseados na hipótese de que o investidor faz uma escolha ótima a fim de exercer ou não a opção.

Títulos:	Consumo	STBond	MIF	Venda	Compra
Agora	1,00	0,00	0,00	0,00	0,00
Depressão 1	0,00	1,00	0,87	0,13	0,00
Depressão 2	0,00	1,00	0,87	0,13	0,00
Recessão 1	0,00	1,00	0,92	0,08	0,00
Recessão 2	0,00	1,00	0,92	0,08	0,00
Normalidade 1	0,00	1,00	1,07	0,00	0,07
Normalidade 2	0,00	1,00	1,07	0,00	0,07
Prosperidade 1	0,00	1,00	1,17	0,00	0,17
Prosperidade 2	0,00	1,00	1,17	0,00	0,17
Crescimento rápido 1	0,00	1,00	1,22	0,00	0,22
Crescimento rápido 2	0,00	1,00	1,22	0,00	0,22

Figura 7-4   Caso 20: Tabela de títulos.

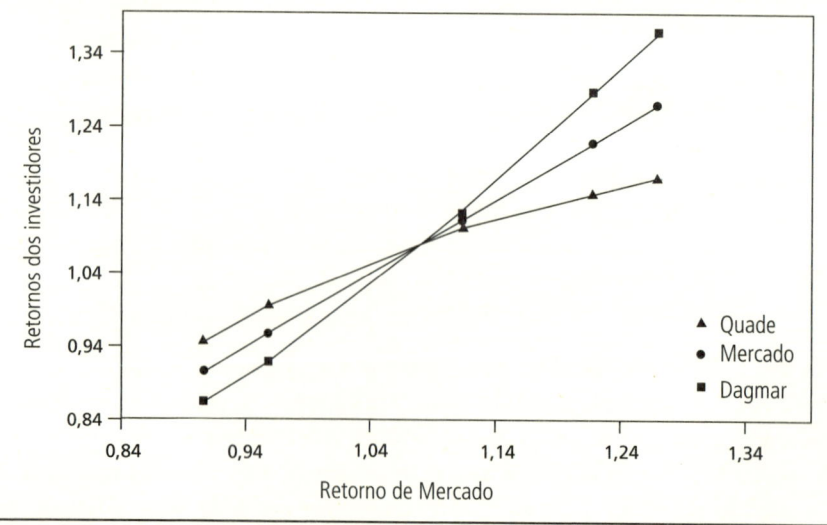

Figura 7-5   Caso 20: Gráfico dos retornos.

As posições iniciais de Quade e de Dagmar são as mesmas do Caso 19. Como de costume, a oferta líquida dos títulos derivativos é nula. Nenhum investidor tem uma posição em opções. Se alguém possuir uma opção ("estar comprado"), o outro pode criá-la ("estar vendido"). Isso é exatamente o que ocorre no mercado real, onde freqüentemente os serviços proporcionados por bolsas organizadas fornecem os termos padrão.

No Caso 20, nossos investidores são convidados a usar suas habilidades a fim de tomar posições no ambiente de opções. Conforme a Figura 7-5, são capazes de adotar estratégias não-lineares de mercado, fazendo com que suas posições fiquem próximas a uma abordagem de mercados completos. A presença de mercados para os derivativos reduz a sensibilidade de Dagmar e de Quade sobre esses títulos. Em relação aos estados, a taxa do preço de reserva de Dagmar comparada à de Quade varia de 0,98 a 1,003. Mesmo que o mercado não seja suficientemente completo, na prática está próximo de sê-lo.

7.4.1 O Teorema da Paridade Put/Call

O Caso 20 requer atenção. Os investidores podem ter encontrado os mesmos resultados com somente uma das duas opções. A fim de analisar essas razões, é útil apresentar o teorema da não-arbitragem.

Através dos títulos do Caso 20, considera-se uma carteira formada por um único título, numa posição em que esteja antecipado em relação às altas do mercado por uma opção de compra, e em uma posição de venda por um provável declínio de preço de uma opção de venda. A Figura 7-6 mostra os fluxos de caixa associados a cada estado. Compara-se isso com os pagamentos para o índice de fundos na Figura 7-2. Cada entrada é precisamente a mesma. A carteira oferece os mesmos cenários da ação MIF. A partir da Lei do Único Preço, devem vender pela mesma quantidade; na situação de equilíbrio do Caso 20, os investidores procedem como tal.

Pagamentos:	Carteira
Agora	0,00
Depressão 1	0,87
Depressão 2	0,87
Recessão 1	0,92
Recessão 2	0,92
Normalidade 1	1,07
Normalidade 2	1,07
Prosperidade 1	1,17
Prosperidade 2	1,17
Crescimento rápido 1	1,22
Crescimento rápido 2	1,22

Figura 7-6   Caso 20: Retornos de uma carteira com títulos e opções.

Nesse caso, as opções têm um preço de exercício igual à unidade. Mas podemos construir uma carteira de títulos com opções contendo ações da MIF e opções com um preço de exercício (E) distinto. O princípio geral é combinar uma posição de títulos que proporcione E numa data futura com uma posição comprada de uma opção de compra cujo preço de exercício seja igual a E e com uma posição vendida de uma opção de venda cujo preço de exercício seja igual a E. Fazendo com que χ_{iz} represente o pagamento recebido no estado i a partir de um título do tipo z (em que z é B para o título, C para a opção de compra, e P para a opção de venda), temos:

$$\chi_{iS} = E\chi_{iB} + \chi_{iC} - \chi_{iP}$$

Em que se assume que o título tenha um retorno igual a 1 (dólar) na data de exercício das opções.

Desde que esta equação tenha validade para todo estado i, a carteira de uma ação (à esquerda da igualdade) oferece os mesmos pagamentos de uma carteira com posições nos três instrumentos mostrados na direita. Mas os investimentos que oferecem os mesmos pagamentos futuros são vendidos pelo mesmo preço, tal que:

$$P_S = EP_B + P_C - P_P$$

Sendo P_S, P_B, P_C, e P_P os preços das ações, dos títulos, da opção de compra e da opção de venda, respectivamente. Trata-se do teorema da paridade put/call.

Mais genericamente, pode-se dizer que tanto em termos dos preços como dos pagamentos há uma equivalência entre os instrumentos através da seguinte equação:

$$S = EB + C - P$$

Em que S, B, C, e P são as ações, o título, a opção de compra e a de venda, respectivamente.

Esta equação pode ser rearranjada, da seguinte forma:

$$P = EB + C - S$$

Isso mostra que tanto os pagamentos como o preço de uma opção de venda podem ser replicados por uma combinação de E títulos, uma posição comprada de uma opção de compra, e uma posição vendida do respectivo título. Quade e Dagmar podem encontrar seus objetivos somente a partir da opção de compra.

Os engenheiros financeiros adoram descobrir os relacionamentos entre instrumentos financeiros similares aos anteriores. Se é possível replicar um conjunto de pagamentos entre os estados com uma carteira contendo os títulos existentes, então uma instituição financeira pode oferecer um único instrumento com aquele conjunto de pagamentos, perfeitamente protegidos com a carteira replicada, na esperança de haver uma remuneração explícita ou implícita por seus esforços.

7.5 Caso 21: Karyn em um Ambiente com Muitos Investidores

As opções podem, definitivamente, ajudar os investidores Quade e Dagmar, tanto a obterem estratégias não-lineares de mercado como podem protegê-las. Mas esses investidores possuem funções de utilidade marginal lineares e, assim, escolhem carteiras com retornos que são relativamente linearizados por funções do retorno da carteira de mercado. Os PIPs oferecem resultados mais evidentes; um gráfico dos retornos desses *versus* os retornos do mercado mostra uma substancial queda em forma de escada. Quais seriam os investidores que acham esses investimentos atrativos? A resposta a essa questão se encontra nela mesma.

No Caso 21, introduz-se Karyn, cuja curva de utilidade marginal possui a forma de uma escada. Karyn gosta muito de consumir uma quantidade entre 98 e 98,98. Em relação ao intervalo, possui uma aversão relativa ao risco constante de 50. Para quantidades de consumo abaixo de 98 ou acima de 98,98, possui uma aversão relativa ao risco igual a 3.

Karyn é a única entre os investidores do Caso 21. Há 16 outros investidores, sendo que cada um deles possui uma aversão relativa ao risco constante; seus coeficientes variam de 1,75 a 4. Os investimentos disponíveis incluem um título livre de risco e um índice de mercado. Há 24 estados futuros da natureza. Assume-se que o mercado seja completo a fim de mostrar que nossos investidores escolhem pela negociação dos estados contingenciados.

A Figura 7-7 mostra os retornos para os 17 investidores e os retornos da carteira de mercado. Karyn apresenta resultados opostos aos dos demais investidores; seus retornos se encontram na curva em formato de escada, em que foram inseridos símbolos em formato de diamantes para ênfase. Ela escolheu uma estratégia que proporciona um consumo em relação ao seu intervalo de preferência (98 a 98,98) tal que o retorno de mercado esteja no intervalo de 0,92 a 1,09. Somente em um mercado onde há uma tendência de que os preços dos ativos caiam, estaria em desvantagem. E somente em um mercado onde há uma tendência de que os preços dos ativos subam, estaria em vantagem.

A Figura 7-8 proporciona uma percepção em relação as escolhas de Karyn. Ela mostra o relacionamento entre seus níveis de consumo e o núcleo de apreçamento depois que o equilíbrio é alcançado. Diferenças substanciais nos valores do preço por chance (PPC) são requeridas a fim de obter o intervalo de referência limitado. Se o custo do consumo em um estado for suficientemente elevado, Karyn economiza. E se o custo for suficientemente baixo, não economizará. Mas sobre um grande intervalo, Karyn ajusta seu nível de consumo a fim de ocasionar pequenas diferenças no custo.

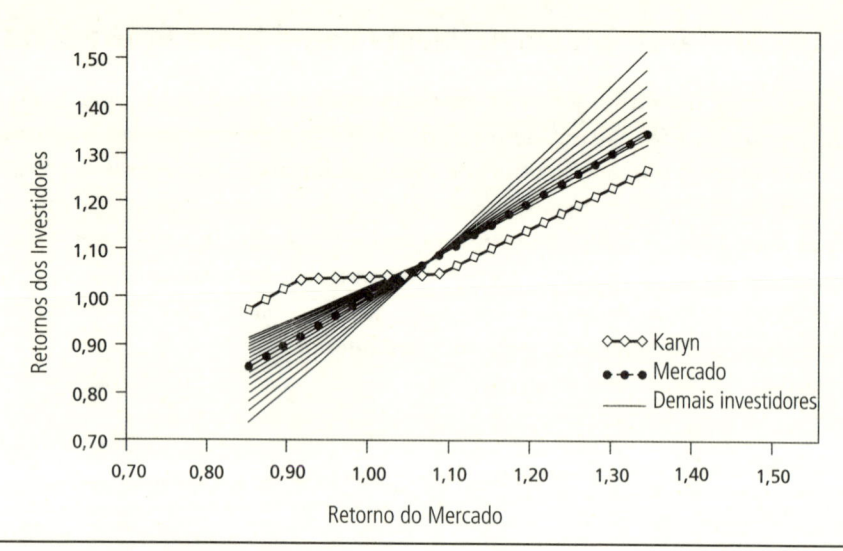

Figura 7-7   Caso 21: Gráfico de retornos.

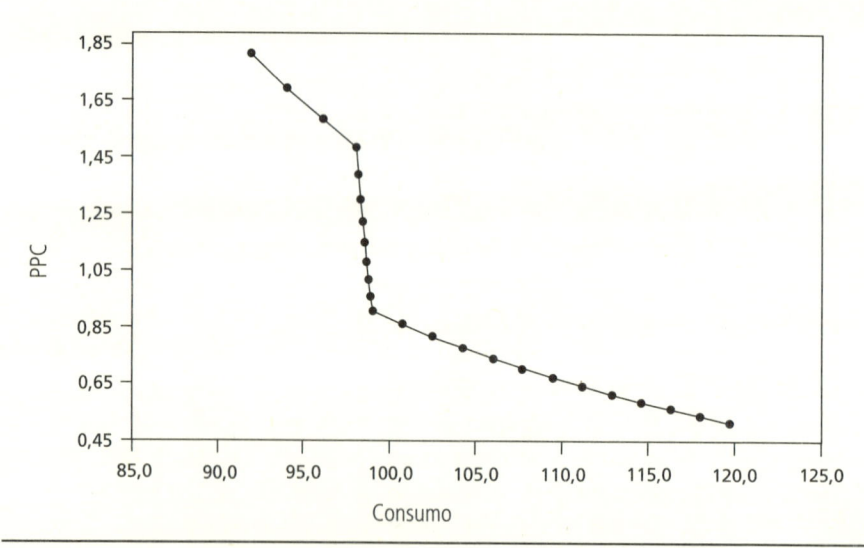

Figura 7-8   Caso 21: Níveis de consumo de Karyn e o núcleo de apreçamento.

O quadro é familiar. Exceto para os números na escala vertical, este é o gráfico da função de utilidade marginal de Karyn. Mas isso é precisamente o que esperamos de acordo com a discussão do capítulo 4. Na ausência de restrições, quando um investidor encontra uma carteira ótima em um mercado completo, a utilidade marginal do consumo para cada estado futuro é igual a uma constante vezes o PPC para o estado:

$$d_j m(\chi_j) = m(\chi_1) PPC_j$$

Os gráficos de consumo de Karyn apresentam uma função em formato de escada para o PPC, devido a sua função de utilidade marginal.

A situação é muito diferente para o mercado como um todo, conforme a Figura 7-9. Mesmo que o consumo de Karyn seja incluído, os outros 16 investidores dominam o equilíbrio de mercado.

Desde que não haja posições vendidas nesse caso, o retorno de mercado é proporcional ao consumo total e o retorno de Karyn é proporcional ao seu nível de consumo. As Figuras 7-8 e 7-9 mostram os mesmos retornos que foram plotados no eixo horizontal.

Uma forma de obter uma relação como a Figura 7-7 é combinar as versões de retorno das Figuras 7-8 e 7-9. Nesse caso, uma vez que o relacionamento entre os retornos de mercado e os valores de PPC são linearizados, a função de retorno de Karyn aparenta ser muito mais como sua função de utilidade marginal rotacionada por 90 graus. Desde que possua um preço pouco sensível ao seu intervalo de referência e seja capaz de obter esses níveis de consumo em um número de estados, Karyn escolhe retornos bem similares de acordo com um grande intervalo de retornos de mercado. Suas preferências diferem daquelas refletidas nos preços do mercado e, assim, Karyn constrói sua carteira.

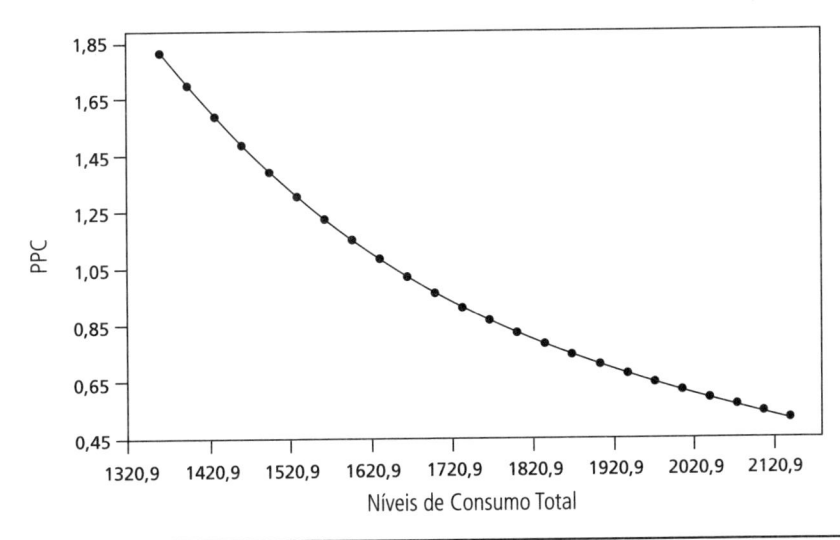

Figura 7-9   Caso 21: Níveis de Consumo total e o núcleo de apreçamento.

Como desejamos que as curvas de utilidade marginal tenham declividade decrescente, o gráfico de retornos de Karyn apresenta um segmento que quase sempre se mostra constante. Em torno das principais discrepâncias, o gráfico tem um formato conhecido como "Travolta", o mesmo sobrenome do ator que participou do filme *Embalos de Sábado a Noite*.

Os investidores avessos ao risco tais como Karyn, com um único intervalo de referência, podem estar satisfeitos com carteiras que mostram o clássico modelo crescente-constante-crescente, se o intervalo de referência não estiver tão acima ou tão abaixo das quantidades de consumo que podem usufruir. Em outros casos, somente um ou dois dos três segmentos podem ser um intervalo relevante, conforme veremos mais adiante.

7.6 Caso 22: Karyn em um Ambiente com Muitos Investidores e Opções

Em um mercado completo, os investidores podem adotar diversas estratégias não-lineares de mercado. Mas os mercados reais não permitem que a negociação seja realizada em todos os possíveis estados contingenciados. Felizmente, em muitos casos, os investidores podem ser melhores servidos por uma pequena quantidade de opções e/ou produtos de investimento protegidos.

O Caso 22 proporciona uma ilustração. Este difere do Caso 21 somente em relação aos títulos que podem ser negociados. Não há negociação nos estados contingenciados. Entretanto, duas opções estão disponíveis: uma de venda com um preço de exercício igual ao pagamento quando uma ação MIF possui retorno total de 0,92 e uma de compra com um preço de exercício igual ao pagamento quando um título MIF possui um retorno total de 1,09.

Com apenas quatro títulos resultantes, os investidores obtêm retornos que são indistingüíveis daqueles que foram mostrados na Figura 7-7 (não há a necessidade de mostrá-lo no gráfico). A carteira de Karyn consiste primariamente de uma posição comprada com títulos, de uma posição comprada de uma opção de compra, e de uma posição vendida de uma opção de venda. Coletivamente, os demais investidores proporcionam as posições com opções almejadas por Karyn, mas nenhum investidor sozinho possui uma grande posição para uma determinada opção.

Um produto de investimento protegido pode também ser interessante para Karyn. Vamos admitir um título que ofereça um retorno base com tendência de alta, se o retorno de mercado exceder um dado liminar. Se existir também a possibilidade de que o retorno esteja abaixo de um retorno base, especialmente em mercados em base, como resultado do risco de crédito, o produto pode replicar os retornos da carteira de títulos e as posições de opções que Karyn escolheu neste caso. Uma instituição financeira pode vender o produto para Karyn a partir dos procedimentos que resultem em posições adequadas para proteger suas obrigações, e possivelmente cobrar de Karyn uma remuneração adicional pelos serviços.

7.7 Caso 23: Karyn e Seus Amigos

O que ocorre quando todo investidor possui uma função de utilidade marginal em formato de escada? O Caso 23 proporciona um exemplo. Neste caso cada uma das preferências dos indivíduos é descrita por essa função, mas seus intervalos de referência ocorrem em diferentes pontos (devido a eles comprarem suas carteiras por diferentes preços e momentos). Os intervalos de referência dos oito investidores são menores do que o de Karyn e os intervalos dos outros oito são maiores. Cada um dos 17 investidores tem uma aversão constante relativa ao risco de 50 em relação ao intervalo de referência e 3 acima ou abaixo deste.

Os títulos do Caso 23 são: título livre de risco e o índice do mercado provenientes dos Casos 21 e 22, mas os investidores podem negociar estados contingenciados a fim de encontrar a maioria das alocações das quantidades de consumo disponíveis em diferentes estados.

A Figura 7-10 mostra que, quando o equilíbrio é alcançado, o núcleo de apreçamento não é usual; os preços dos ativos são afetados pelas preferências dos investidores, mas não de forma dramática. Entretanto, nenhum investidor escolhe uma carteira que seja equivalente a uma simples combinação da carteira de mercado com o título livre de risco. Evidências disso podem ser visualizadas pela Figura 7-11: os retornos esperados encontram-se distantes da Linha de Mercado de Títulos (SML).

Não são muitas as diferenças significativas em relação a SML, e estas estão longe de serem aleatórias. Karyn, com o menor ponto de referência, escolhe uma estratégia que é similar a uma carteira de mercado alavancada com o maior valor de beta. Kimball, com ponto de referência mais próximo do mais baixo depois de Karyn, escolhe uma estratégia com maior valor de beta desconsiderando o de Karyn. Se os intervalos de referência são mostrados em torno dos pontos da Figura 7-11, o menor valor é encontrado no canto superior direito, então os valores aumentam no sentido horário em torno de formato elíptico formado pelos pontos que se associam com a carteira de mercado, que foram inseridos no centro da elipse.

Alguma reflexão mostra razão a esse caso. Um investidor com maior aversão ao risco insere-se neste intervalo de referência. Para alguns desses investidores, este está geralmente abaixo do intervalo de resultados razoavelmente apreçados; para outros, está próximo da metade daquele intervalo, e, ainda, para alguns outros, está geralmente acima daquele intervalo.

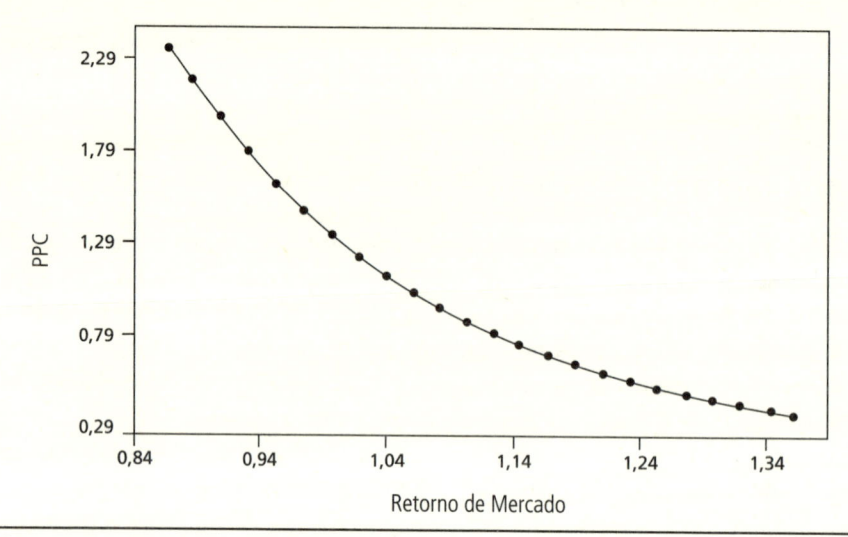

Figura 7-10 Caso 23: Retorno de mercado e o núcleo de apreçamento.

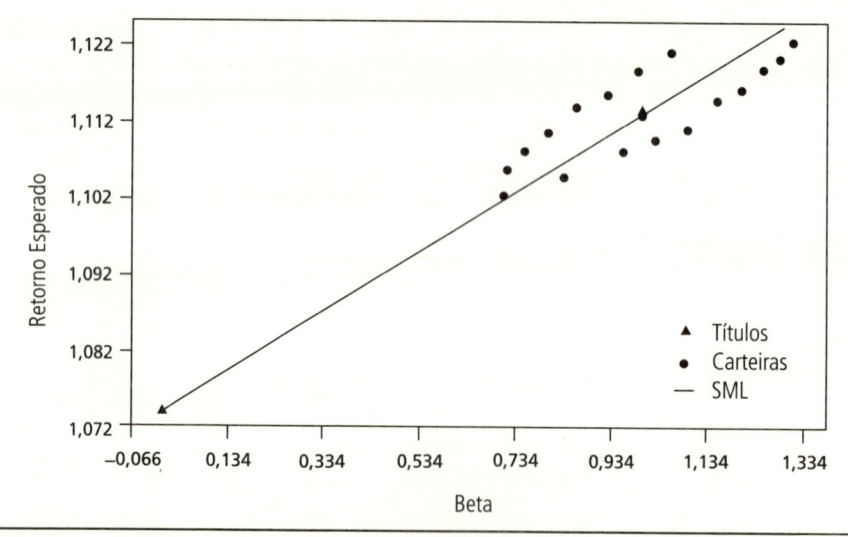

Figura 7-11 Caso 23: A linha de mercado de títulos.

Algumas razões para os desvios radicais da linha SML são melhores ilustrados pelo exame das estratégias escolhidas por Kong, que tem alfa negativo, e Krishna, que tem alfa positivo. Seus retornos são mostrados na Figura 7-12, em torno dos retornos da carteira de mercado.

As metas de Kong são modestas; ele pode obter um nível de consumo em relação ao intervalo de referência e possuir recursos suficientes a fim de consumir substancialmente mais em estados mais baratos em que o mercado esteja bem alta.

A situação de Krishna é distinta. Suas metas são maiores; ele pode gastar recursos somente a fim de obter um nível de consumo que esteja sobre ou acima do intervalo de referência nos estados mais baratos em que o mercado esteja em alta. Em outros estados, decidir-se por menos.

Kong poderia estar satisfeito com um produto de investimento protegido; ele deseja uma proteção contra perdas e um potencial de crescimento de rendimentos. Krishna é muito diferente; está satisfeito em aceitar perdas até o limite do crescimento de seus ganhos.

Pode-se pensar que embora as estratégias com alfas positivos, tal como o gráfico de Krishna, encontram-se acima da linha SML, há um risco adicional a fim de fazê-los inferiores quando o retorno esperado e o desvio-padrão do retorno são considerados. Mas, conforme a Figura 7-13, estratégias como as de Krishna também se encontram acima da linha de mercado de capitais (CML) e, assim, possuem os maiores índices de Sharpe em comparação ao da carteira de mercado. Por outro lado, estratégias como as de Kong encontram-se abaixo da SML e da CML, com índices de Sharpe menores do que o da carteira de mercado. Desde que sabemos que cada um desses investidores escolhe uma carteira ótima, esses relacionamentos enfatizam o fato de que as comparações baseadas somente na média e na variância são insuficientes em um estado em que as curvas de utilidade marginal dos investidores apresentam uma significativa curvatura.

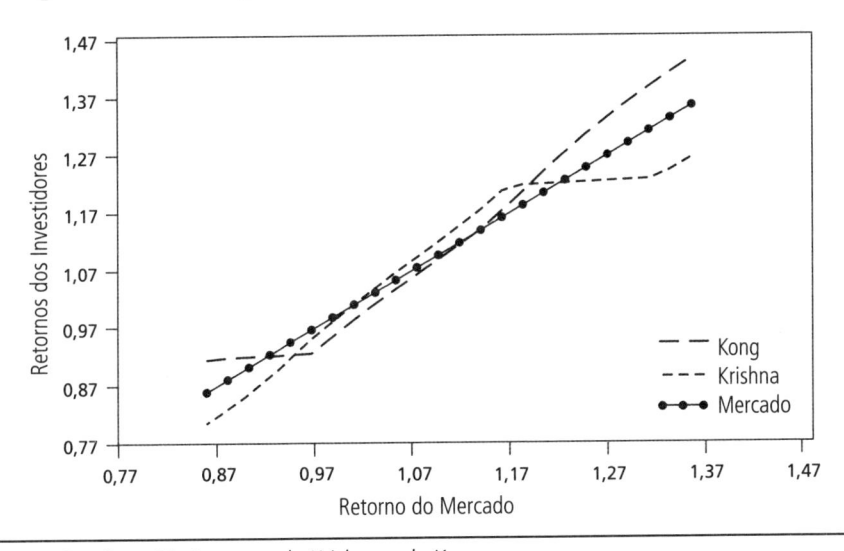

Figura 7-12   Caso 23: Retornos de Krishna e de Kong.

Esses investidores, extremamente especiais, foram capazes de seguir estratégias de mercado não-lineares via negociação de estados contingenciados. Mas eles podem alcançar suas metas usando opções, embora uma grande variedade delas com preços de exercício diferentes podem ser necessárias. Em casos mais realistas, que envolvem tanto investidores com curvas de utilidade marginal suavizadas como curvas em formato de escada, um número menor de opções pode ser necessária a fim de encontrarmos um mercado suficientemente completo.

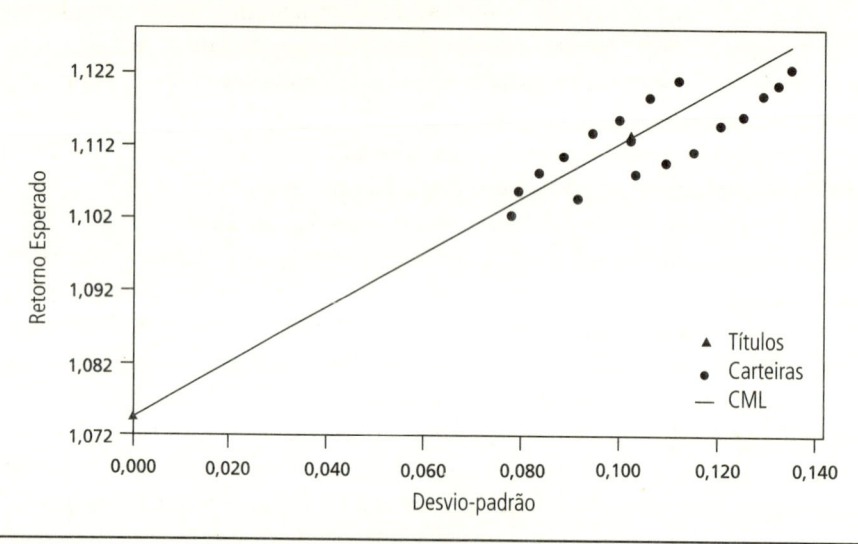

Figura 7-13   Caso 23: A linha de mercado de capitais (CML).

7.8 Demanda e Oferta por Proteção

No Caso 23, os produtos de investimentos protegidos podem ser atrativos para alguns investidores. Mas em um mercado de capitais, em bom funcionamento, não se pode esperar por lucro, sem nada investir. Os diagramas de retorno mais inclinados para os mercados em alta do que para os mercados em baixa oferecem boas e más notícias. As boas notícias estão relacionadas às menores quedas de um mercado em um estado ruim. As más notícias levam em conta todos os possíveis mercados, as estratégias de investimento protegidos podem oferecer retornos esperados menores do que os disponíveis pelas estratégias de mercado baseadas em betas iguais. O oposto assegura que os diagramas sejam mais inclinados para os mercados em baixa do que para os mercados em alta.

7.8.1 Ações-m

As diversas preferências podem proporcionar uma demanda por PIPs, mas devem também proporcionar uma oferta. Esse ponto óbvio pode ser visto claramente pela consideração de um simples produto institucional que pode ser apresentado em ambos aspectos.

A maioria dos PIPs são complexos. O produto do Citigroup (Citigroup, 2004a) envolve seis partes: uma instituição financeira, um avalista, um co-avalista, um depositante, um swap equivalente (ou de contrapartida) e um swap do segurador. O avalista investe em um conjunto de ativos (nesse caso em taxas variáveis referenciadas pelo crédito de um cartão de débito) que então pagam os procedimentos iniciais do swap equivalente. O swap equivalente é obrigado a realizar os pagamentos terminais requeridos aos proprietários dos certificados. No evento do não cumprimento das obrigações assumidas pelo swap, o swap do segurador é obrigado a cobrir qualquer déficit esperado. Todavia, os cenários indicam que podem ocorrer circunstâncias em que os proprietários dos certificados recebem menos do que a quantidade prometida na data de expiração.

Pode parecer que este é o caso se o swap equivalente proporciona uma proteção contra perdas para os certificados. Legalmente, esse é o caso. Mas, muito provavelmente, trata-se de uma proteção para a maioria das obrigações em que os demais investidores são considerados fornecedores primários. Os cenários proporcionam alguma indicação da natureza da atividade; declarando que, inicialmente, o swap equivalente "diretamente ou através de suas subsidiárias protegerão sua exposição antecipada [...] pela compra ou pela venda de opções, contratos futuros, swaps ou opções dos índices, ou outros derivativos ou instrumentos sintéticos relacionados ao índice". Subseqüentemente, dependendo das condições de mercado (incluindo o preço de mercado do índice), uma das partes ou mais de uma delas podem utilizar "técnicas de proteção dinâmicas e podem estar com posições vendidas ou compradas em relação ao índice, nos contratos de opções listadas, ou com outro derivativo ou instrumentos sintéticos relacionados ao índice."

Parece improvável que, sem algum tipo de auxílio, um típico comprador do certificado seja capaz de estimar tanto o risco como o retorno verdadeiros do investimento. Mas, mesmo um comprador sofisticado não consegue seguir a cadeia de transações na sua totalidade a fim de determinar os últimos fornecedores de proteção dos certificados. Aqueles que sugerem um swap de contrapartida compram uma opção? O vendedor da opção mantém os respectivos títulos, ou algum outro derivativo, ou algum conjunto de derivativos? Se os derivativos estão em questão, qual contraparte está também do outro lado? Quais são os ativos e passivos daquela contrapartida? A cadeia pode ser muito longa, com cada elo adicionando risco e custo.

Pode existir um caminho melhor a fim de proporcionar rendimentos mais elevados? Possivelmente. Um avalista pode manter um conjunto de ativos e distribuir dois ou mais conjuntos de contingências, pelo menos para aqueles que proporcionam proteção contra perdas. Ilustramos com uma versão em que os títulos lançados pela instituição financeira são chamados de ações-m. (para "ações do mercado"), embora o procedimento possa ser utilizado para qualquer conjunto de ativos. Apresentamos o conceito de um superfundo em que há superações, proposto por Hakansson (1976). Em 1992, Leland, O'Brien e Rubinstein criam veículos derivados da abordagem de Hakanssen (Rubinstein, 1990). Incluimos os primeiros dois fundos cambiais negociados ("superunits") na bolsa norte-americana e quatro contingências ("supershares") negociadas na bolsa de Chicago. Duas das contingências foram financiadas por um dos fundos cambiais e as outras duas pelos outros fundos. Todos os seis títulos foram programados para expirar ao final de 3 anos.

Infelizmente, esses títulos não foram um grande sucesso. Os investidores tomaram a iniciativa de criar contingências a partir dos fundos cambiais. A idéia do fundo cambial (mas sem uma data de expiração) é claramente entendida, embora o fato de separar a contingência do fundo não o seja. Isso deriva do fato de a estrutura legal requerida naquele tempo ser complexa, os juros são incorporados de forma insuficiente aos títulos, os incentivos são inadequados para os corretores e para os outros que vendem produtos aos investidores individuais, ou todos os três fatores. A simples versão que descrevemos pode não ser verídica. Mesmo assim, essa versão proporciona uma metáfora conveniente a fim de se refletir sobre os produtos de investimentos protegidos e outros derivativos de índice de mercado.

A Figura 7-14 mostra os rendimentos para um simples conjunto de ações-m. Uma quantidade atual de $100 é utilizada para comprar uma carteira que segue o índice de mercado. A carteira é mantida pela instituição financeira até a data de vencimento declarada, com todos os dividendos das ações e pagamentos de cupons reinvestidos de forma integral. Na data do vencimento, a carteira é vendida a uma quantidade total igual à área cinza-escura que é paga para aqueles que possuem ações da ação-m 1. Os recursos remanescentes são então distribuídos para aqueles que possuem ações da ação-m 2.

Os rendimentos da ação-m 1 seguem um modelo familiar. Em relação ao intervalo dos valores de mercado que estão situados entre 50 a 200, proporciona um modelo de rendimento similar ao de um produto coberto por uma proteção contra perdas (constante-crescente-constante). Isso é comparado no mercado de opções como um artefato egípcio (pensar nas imagens das tumbas) ou colares. Em relação ao intervalo de 0 a 150, ações-m 1 oferecem o modelo Travolta desejado por Karyn no caso 21 (crescente-constante-crescente). Em relação a todo intervalo, proporciona-se uma participação em muitos mercados ruins (0 a 50) e bons (100 a 150) com proteção para mercados ruins e médios (50 a 100) e uma cobertura para muitos dos mercados bons (150 a 200).

A outra parte desta história refere-se aos rendimentos dos proprietários da ação-m 2. As quantidades são mostradas pela área cinza-clara na Figura 7-14, mas o modelo pode ser visto mais claramente na Figura 7-15. O modelo para o intervalo que varia entre 50 a 200 é outro Travolta. Tomando-se todo o intervalo, tanto a ação-m 1 como a ação-m 2 apresentam duas regiões constantes, que podem ser adequadas a um investidor com dois intervalos de referência e as escadas associadas com as curvas utilidade marginal.

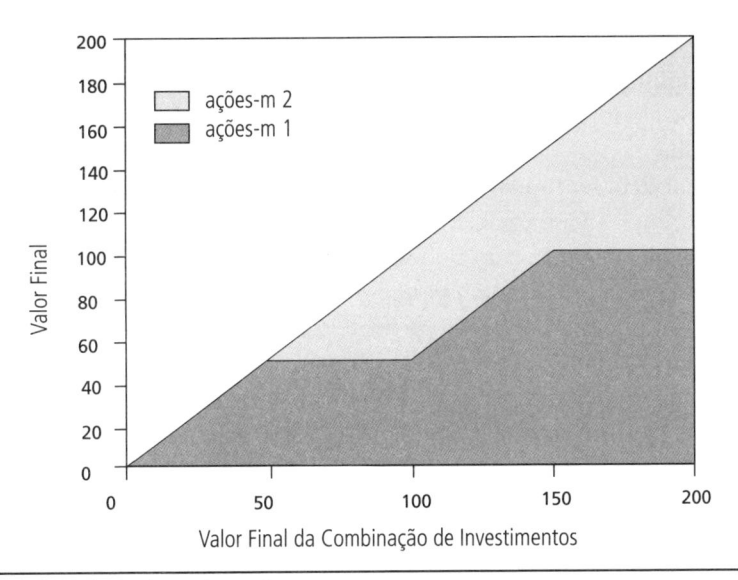

Figura 7-14 Valores finais das ações-m.

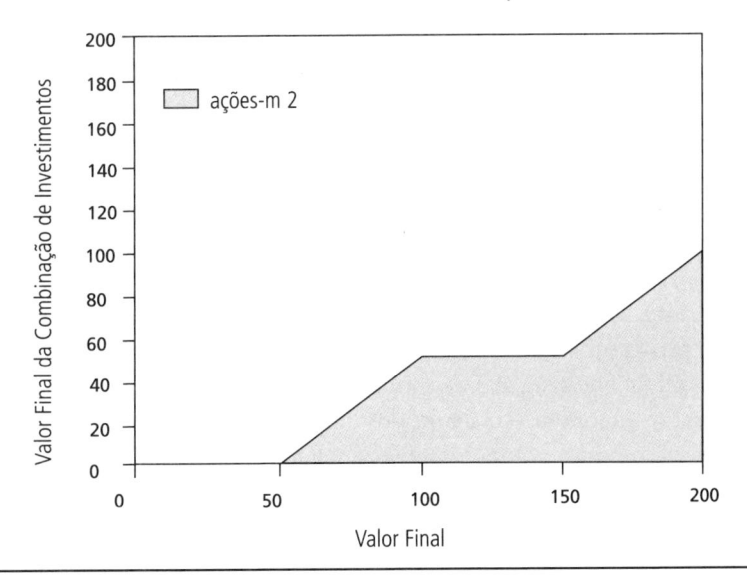

Figura 7-15 Valores finais da ação-m 2.

Em cada intervalo, uma variação no valor da combinação de investimentos impacta diretamente em uma das duas ações-m. Assim, um acréscimo na porcentagem do valor final da combinação de investimentos ocasiona um acréscimo na porcentagem para uma ação e nenhum acréscimo para todas as outras. Mais genericamente, em todo o intervalo de retornos de mercado em que os retornos das ações-m aumentam menos do que uma proporção um-para-um com os retornos do mercado, algumas outras ações-m devem aumentar mais do que a proporção um-para-um. Se algum investidor desejar uma proteção contra perdas, alguém deve proporcionar-lhe.

As ações-m podem ter muitas vantagens. Os custos indiretos podem ser menores, há uma transparência quase total, e não há nenhum risco em contrapartida para o caso convencional. Por outro lado, podem ser tão transparentes a fim de serem vendidas com lucro desde que haja um pouco de habilidade para promovê-las.

Todavia, a composição das ações-m torna mais transparente o fato de que os investidores, coletivamente, compartilham o mercado. Pode-se também repartir o mercado em mais do que dois pedaços, em maior ou menor grau de complexidade. Eventualmente, cada pedaço é vendido pelo preço de equilíbrio. Se a soma dos valores dos pedaços for maior do que o valor da respectiva carteira, há uma pressa em criar novos fundos. Se a soma dos valores for menor, ninguém deseja manter a carteira de mercado, pois podemos comprar proporções de ações de todos os pedaços a fim de obter a carteira de mercado por um desconto – uma situação que muito provavelmente não se mantém no longo prazo.

A meta do fornecedor de uma ação-m é lucrar pelas funções de rendimento das ações-m que ajudam a completar o mercado de acordo com o desejo de alguns investidores. Isso pode ou não ser mais eficaz de acordo com a utilização de outros veículos financeiros (opções), mas se for feito, alguns investidores podem pagar por títulos que proporcionar esses rendimentos. Alguns podem ter diferentes visões sobre os resultados de mercado alternativos que são refletidos nos preços de mercado e, assim, há a possibilidade de escolha de uma alternativa contra o mercado. Outros podem simplesmente, por falta de conhecimento da magnitude de crescimento potencial que estão sacrificando, obter uma proteção apenas contra perdas. Mas, como verificamos adiante, há uma razão para acreditar que as pessoas possam ter preferências diversas de forma suficiente a fim de que algumas consigam uma proteção contra perdas e outras sejam encarregadas de proporcioná-la. É de se imaginar que metade das pessoas possa se encontrar em algum dos dois campos. Mais provavelmente, uma minoria de investidores deve obter a proteção, sendo que uma minoria de um tamanho similar deve proporcioná-la, e a maioria dos investidores não fazer nada. A fim de saber quão grande, as minorias podem ser, necessita-se evidenciar as preferências dos investidores reais; o nosso próximo tópico.

7.9 Medindo as Preferências dos Investidores

Numa abordagem simples com duas datas, um investidor aloca sua riqueza a fim de obter um consumo corrente e quantidades de estados contingenciados a serem consumidos em estados futuros. Na ausência de posições vendidas ou de preferências de estado dependentes, os cenários futuros para qualquer alocação podem ser resumidos por uma distribuição de probabilidades do consumo futuro. Em um mercado completo, o processo de decisão pode ser resumido conforme os esquemas a seguir:

$$\text{Orçamento} + \text{Preços} + \text{Preferências} \rightarrow \text{Distribuição}$$

Dado um orçamento, um conjunto de estados de preços, e suas preferências, o investidor escolhe a distribuição ótima – formalmente, aquela que maximiza sua utilidade esperada.

Assume-se que o investidor escolhe uma distribuição e que outro possa observar o orçamento, os preços de estado e a distribuição selecionada. A partir dessa informação, torna-se possível inferir sobre as preferências dos investidores:

$$\text{Orçamento} + \text{Preços} + \text{Distribuição} \rightarrow \text{Preferências}$$

Esta é a abordagem considerada em diversos estudos reportados em Sharpe, Goldstein e Blythe (2000), Sharpe (2001), e Goldstein, Johnson, e Sharpe (2005) através de um software conhecido como Construtor de Distribuições. Os participantes também respondem a um grande número de questões relacionadas às suas atitudes frente ao risco, carteiras de investimentos e características pessoais. As respostas referentes a 304 participantes são usadas nas análises.

7.9.1 O Construtor de Distribuições

O Construtor de Distribuições é um programa que permite ao usuário colocar 100 marcas em um campo de jogo simulado. A Figura 7-16 mostra a interface com o usuário. Cada marca representa uma pessoa, ou um usuário. O usuário não conhece qual marca o representa, mas lhe é dado a conhecer que se espera uma variação entre 1 e 100 para cada marca. Cada linha corresponde a um dado padrão de aposentadoria. Por exemplo, se a marca do usuário está na linha marcada com 75%, ele ou ela se aposenta com uma renda real total igual a 75% da renda antes da aposentadoria. É dado a conhecer ao usuário que uma marca igual a 20% ou abaixo pode ser perigosa e que um nível de 75% é o valor recomendado por muitos consultores previdenciários. Ambos os casos são enfatizados.

O usuário pode colocar muitas pessoas numa linha conforme o seu desejo, ou não. Para todo o modelo, um custo é calculado. Esse custo, expressado como uma porcentagem do orçamento do usuário, é mostrado de forma importante. Somente se este estiver entre 99 e 100% do orçamento é permitido que o usuário declare o modelo corrente a fim de representar suas escolhas preferidas. É dado a conhecer ao usuário que os custos não são simétricos, tal que se movendo uma marca inferior a partir da menor linha ocupada verifica-se uma economia suficiente a fim de mover o mercado para cima com uma grande distância da linha mais ocupada. A tarefa do usuário é experimentar diferentes modelos a fim de encontrar um modelo preferido que não exceda o respectivo orçamento.

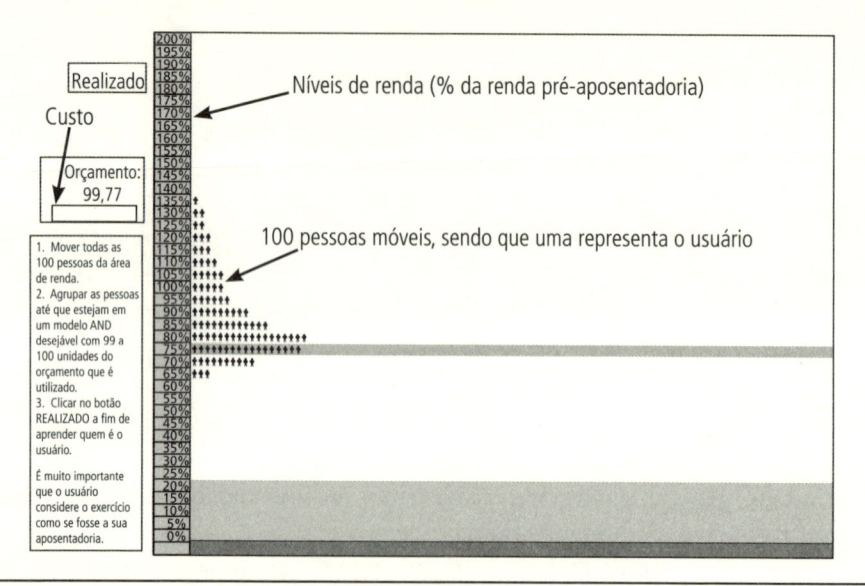

Figura 7-16   A interface do Construtor de Distribuições.

7.9.2 A Economia Subjacente

Não se trata de uma surpresa para os leitores que estejamos trabalhando com um conjunto de 100 estados da natureza, sendo que cada um é equiprovável. Há um acordo (forçado) em relação às probabilidades e, como verificamos mais adiante, é possível comprar estados contingenciadas. O foco na aposentadoria exclui a influência de posições vendidas. Assim, tem-se o caso do acordo e dos mercados completos sem que os participantes possuam posições vendidas. Essa é uma excelente abordagem a fim de investigar as preferências dos indivíduos.

Internamente, o software utiliza um conjunto de estados de preços, sendo que nenhum dos dois é o mesmo. Enquanto os participantes não necessitam pensar sobre as probabilidades ou distribuições de probabilidades, escolhe-se, de fato, uma distribuição para o consumo.

Depois de cada modificação, um conselheiro financeiro determina o caminho de menor custo a fim de proporcionar a distribuição atual e reportar o custo associado a porcentagem do orçamento do participante. O procedimento é suficientemente simples. A lista dos 100 participantes, de acordo com os níveis de consumo desejados, é agrupada segundo valores crescentes. Então, o menor nível de consumo é alocado para o estado mais caro, o próximo consumo é alocado para o próximo estado mais caro, e assim por diante. A carteira resultante proporciona a distribuição desejada do menor custo possível.

É importante enfatizar que muitos dos resultados subseqüentes dependem desse procedimento e que não podem representar as escolhas que são realizadas pelos participantes sem o benefício de um conselho financeiro rudimentar. O conselheiro não faz mais do que assegurar que cada investidor obtenha uma dada distribuição de probabilidades de consumo em relação ao menor custo possível. Isso parece inócuo, mas, como verificamos mais adiante, é inconsistente com as curvas de utilidade marginal crescentes. Um investidor que deseja obter uma distribuição de probabilidades da variável aleatória de retorno pelo menor custo não exibe um comportamento consistente em relação à preferência pelo risco de muitos intervalos de resultados. Isso descarta alguns aspectos da teoria de preferências documentada inicialmente por Kahneman e Tversky (1979).

Com a pretensão de estimar uma utilidade marginal para o investidor, não é relevante saber como os preços de estado são determinados, assim como o quanto diferem. Entretanto, os resultados da pesquisa são significativos, pois proporcionam preços consistentes com visões tradicionais em relação às distribuições dos retornos no longo prazo.

Os próximos três parágrafos descrevem brevemente o procedimento relacionado à literatura existente. Os outros podem passar adiante.

> Os ativos foram investidos pelo prazo de 10 anos. Dois títulos encontram-se disponíveis: um título livre de risco com um retorno real de 2% por ano e uma carteira de mercado com um índice de Sharpe anual de 1/3. Os retornos e os preços de estado foram considerados IID (independentes e identicamente distribuídos); sendo que os retornos possíveis e as probabilidades foram os mesmos para cada período.
>
> Sob essas hipóteses, tem-se uma grande quantidade de preços de estados em pequenos períodos (diga-se, semanas) sendo que os rendimentos depois de 10 anos são distribuídos segundo uma distribuição log-normal, com os valores terminais e com todas as combinações de compra e de manutenção da carteira de mercado num intervalo de 10 anos para o título livre de risco. Se assumirmos que os retornos da carteira de mercado possuem somente dois estados (subir e descer) em cada um dos períodos, há um relacionamento unívoco entre os logaritmos dos valores terminais da carteira de mercado e os preços de estado para 10 anos.
>
> Mas, para que cada uma dessas variáveis seja distribuída segundo uma distribuição log-normal, o relacionamento entre os logaritmos de seus valores deve ser linear.
>
> Essas hipóteses são utilizadas a fim de derivar uma distribuição log-normal para os preços de estado que é aproximada por 100 preços de estado discretos, sendo que cada uma representa uma média ponderada, cujos pesos são as probabilidades, dos preços em relação ao intervalo de probabilidade de 0,01. O aspecto mais importante do conjunto resultante dos preços de estado é que os mesmos são bem distintos. O estado mais caro custa 325 vezes mais do que o mais barato! Isso reflete o fato de que os mercados de capitais atuais podem ser extremamente caros a fim de se consumir ou de obter um retorno no estado em que a economia esteja em uma situação terrível

(ex., depressão profunda). Por outro lado, pode ser bem barato consumir ou obter um retorno num estado de crescimento econômico.

7.9.3 Estimando as Utilidades Marginais dos Participantes

Os participantes pesquisados possuem diferentes estoques de riqueza: metade deles possui orçamento suficiente a fim de obter uma aposentadoria de 75% em relação ao salário pré-aposentadoria sem risco, enquanto os remanescentes podem apenas obter 60% sem risco. Para qualquer distribuição selecionada, o menor custo possível foi calculado através dos preços de estado, comparados ao orçamento inicial e ao índice resultante, mostrados na interface do usuário. Todos os valores menores do que 99% ou acima de 100% foram mostrados em vermelho e todos os valores entre 99 e 100% foram mostrados em verde, indicando que o participante pode, caso desejar, escolher a distribuição atual.

Desde que as probabilidades de todos os estados sejam as mesmas, cada preço de estado pode ser dividido por 0,01 a fim de determinar o preço por chance associado. Além disso, dada uma distribuição escolhida pelo participante e a hipótese que queira obtê-la pelo menor custo possível, pode-se traçar o gráfico do consumo desejado *versus* os valores de PPC.

A Figura 7-17 mostra a distribuição escolhida por Bin, um dos participantes. A Figura 7-18 mostra o relacionamento entre os valores de PPC e os níveis de consumo escolhidos por Bin. Como sabemos, este tem o mesmo formato da sua função de utilidade marginal. Exceto pela escala, a Figura 7-18 pode ser considerada a função de utilidade marginal de um indivíduo em mercado.

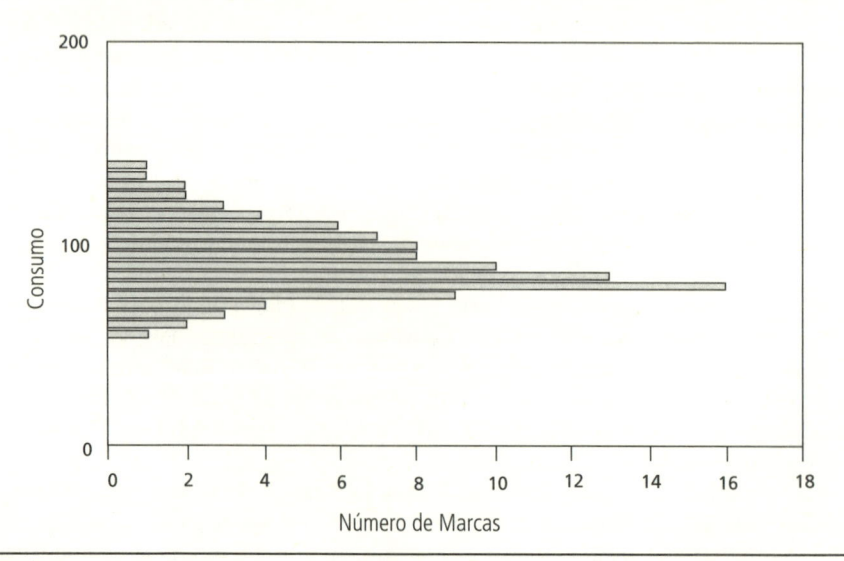

Figura 7-17   Distribuição selecionada por Bin.

A informação na Figura 7-18 é traçada novamente tomando os logaritmos como na Figura 7-19, em relação a uma reta de regressão ajustada. Isso mostra que as preferências de Bin podem ser bem representadas pela função de utilidade marginal com aversão relativa ao risco constante, desde que um investidor com tais preferências escolha um nível de consumo tal que haja um relacionamento linear entre o logaritmo do preço por chance e o logaritmo do consumo. Nesse caso, o relacionamento atual é quase linear (a reta de regressão ajustada aos dados possui um coe-ficiente R^2 de 0,99). Bin assemelha-se muito mais a Mario, Hue e outros investidores que estiveram presente nas simulações, devido à aversão relativa ao risco constante.

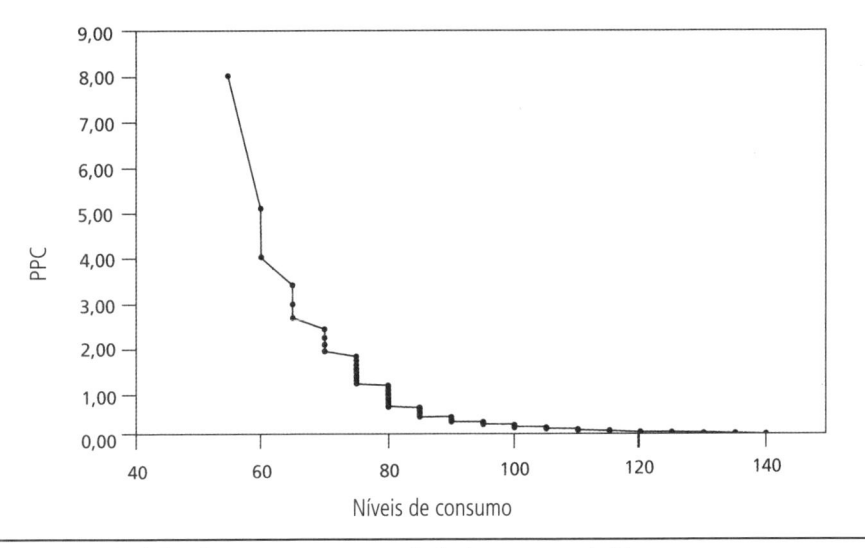

Figura 7-18   O núcleo de apreçamento e os níveis de consumo de Bin.

7.9.4 Consumo agregado e núcleo de apreçamento

É simples a forma de calcular o relacionamento entre o núcleo de apreçamento e o consumo agregado escolhido pelos participantes dessa economia.

Para cada estado, simplesmente somamos os níveis de consumos da aposentadoria escolhidos pelos investidores individuais. O relacionamento resultante, mostrado na Figura 7-20, é muito similar aos vários casos simulados neste livro.

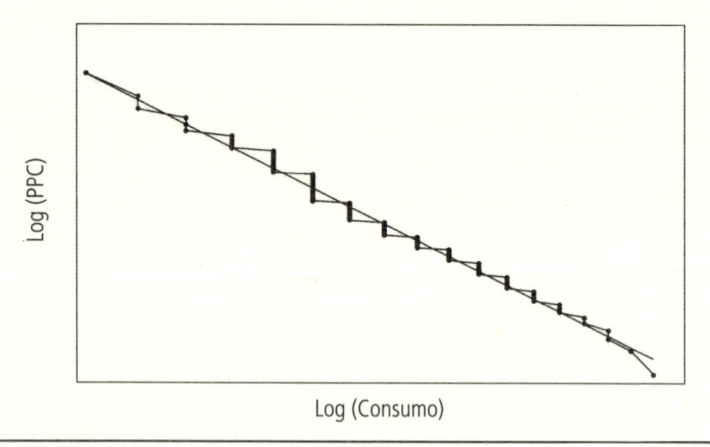

Figura 7-19 Logaritmos do núcleo de apreçamento e dos níveis de consumo de Bin.

Os dados da Figura 7-20 são traçados no gráfico novamente em logaritmos resultando a Figura 7-21. O relacionamento geral é tão bem aproximado pela função de aversão relativa ao risco constante.

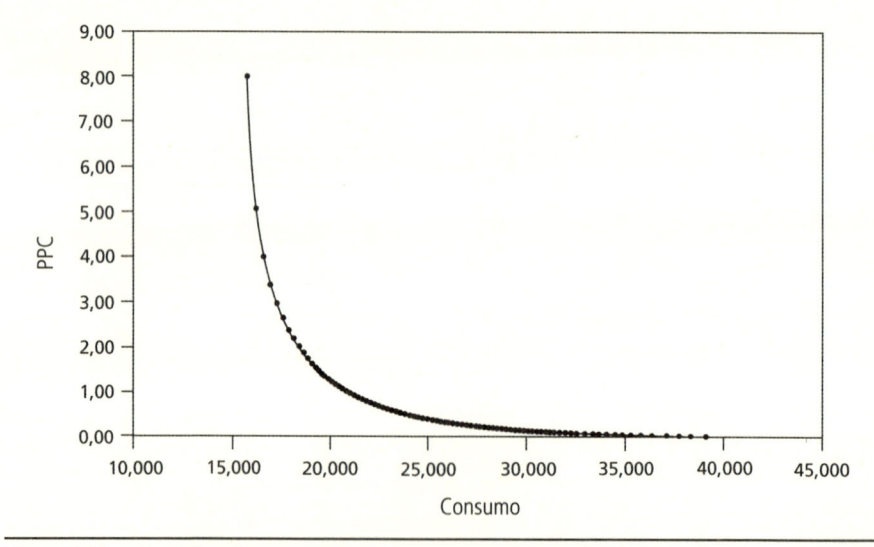

Figura 7-20 O núcleo de apreçamento e o consumo agregado.

A linha reta ajustada pelos logaritmos das variáveis tem um R^2 igual a 0,99. Há uma ligeira indicação de maior aversão para níveis baixos de consumo agregado (correspondendo a uma renda média de aposentadoria inferior a 50% do salário pré-aposentadoria) e para altos níveis de consumo agregado (correspondendo a uma renda média de aposentadoria acima de 125%). Isso pode refletir um sentimento por parte de alguns participantes de que uma renda de 50% é o limite mínimo e de que uma renda de 125% é suficiente para alcançar metas mais elevadas. Pode ser lucrativo explorar a possibilidade de que algumas preferências dos investidores possam ser representadas pela função de utilidade marginal com três segmentos, sendo que cada um possui uma aversão relativa ao risco constante, com coeficientes mais elevados para os segmentos da esquerda e da direita do que para o segmento intermediário.

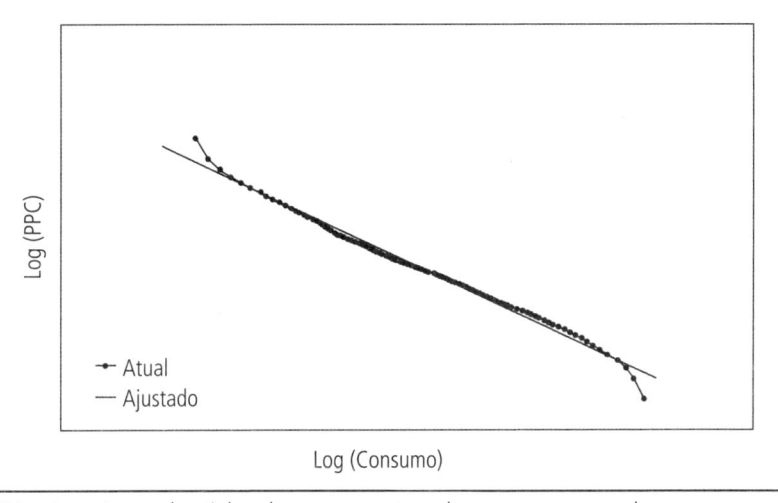

Figura 7-21   Logaritmos do núcleo de apreçamento e do consumo agregado.

7.9.5 Retornos da Carteira e do Mercado

Dado um orçamento do participante e a escolha por um conjunto de níveis de consumo, é relativamente simples determinar o conjunto correspondente aos 100 retornos da carteira. Similarmente, dividindo-se as quantidades de consumo agregado escolhidas em cada estado pela riqueza agregada obtemos os retornos de mercado do estado.

A Figura 7-22 mostra o relacionamento entre os retornos de Bin e os retornos de mercado, em relação à linha dos retornos proporcionados por uma combinação de ativos com betas iguais da carteira de mercado e o ativo livre de risco, usando o valor de beta determinado pela regressão entre os retornos da carteira com os retornos do mercado.

Claramente, a curva que relaciona os retornos de Bin aos retornos de mercado é constante para cada intervalo em que as curvas das Figuras 7-18 e 7-19 são verticais. No caso de Bin, os círculos de cada plataforma provavelmente advêm das escolhas disponíveis do que dos substanciais degraus da sua curva de utilidade. Mas podemos encontrar investidores que escolhem distribuições com gráficos que se apresentam de forma não-linear. As Figuras 7-23 e 7-24 mostram estes exemplos extremos.

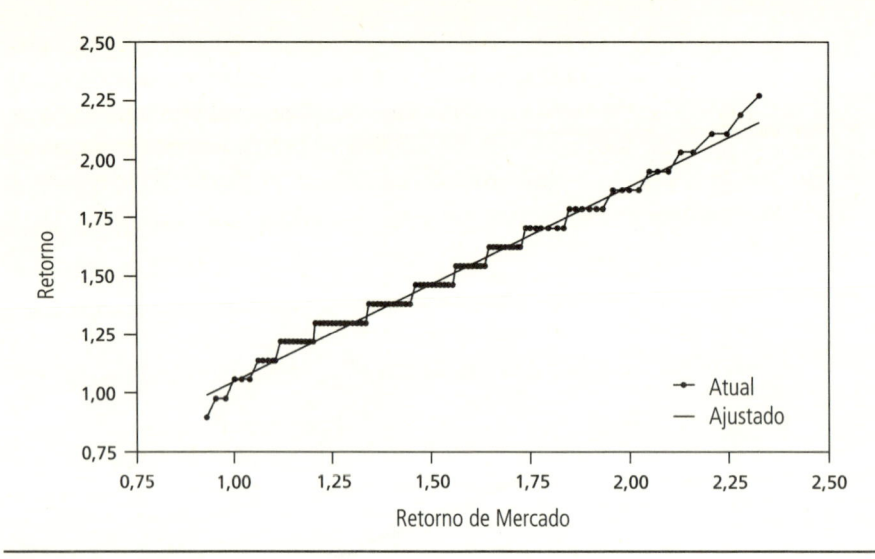

Figura 7-22 Retornos de Bin e o retorno de mercado.

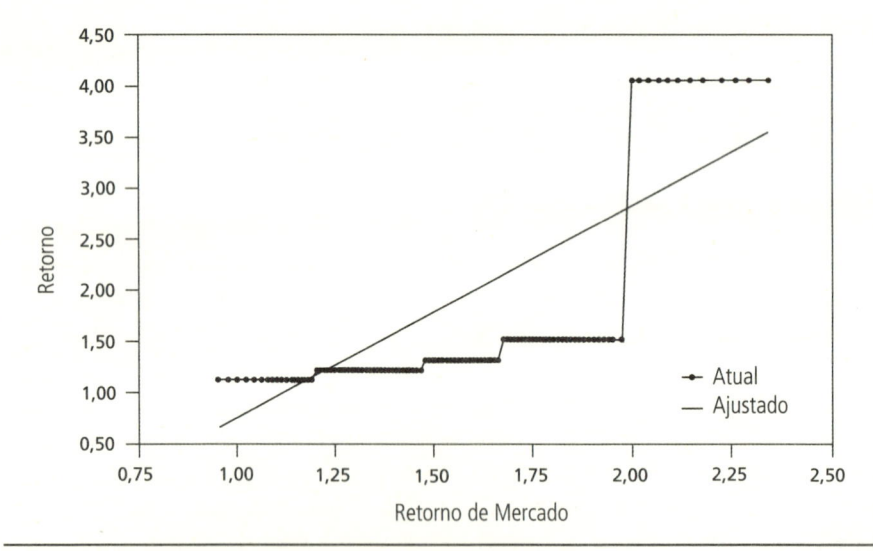

Figura 7-23 Retornos de Arthur e o retorno de mercado.

Comparando-se com uma estratégia de mercado com betas iguais, Arthur escolhe os retornos mais elevados em relação aos piores estudos da natureza (menor consumo agregado e retorno de mercado) e, sob vários dos melhores (alto consumo agregado e retorno de mercado) estados da natureza. Foi coberto pelo custo de aceitar retornos relativamente menores aos de uma estratégia de mercado com betas iguais em todos os estados intermediários da natureza. Patrícia fez o oposto. Definitivamente, encontraram-se. Nem Arthur e nem Patrícia são prospectos futuros para um tradicional PIP. Mas cada um deles, claramente, está interessado em uma estratégia baseada no mercado que pode ser obtida pela combinação de uma carteira de mercado com o título livre de risco.

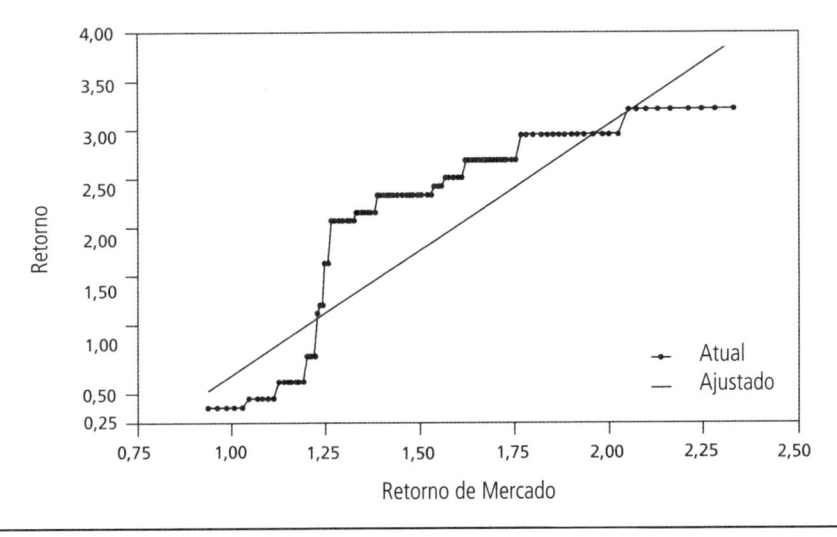

Figura 7-24 Retornos de Patrícia e o retorno de mercado.

7.9.6 Retornos Esperados e os Valores de Beta

Outro gráfico completa a ilustração. A Figura 7-25 mostra os retornos esperados e os valores de beta para as estratégias selecionadas pelos participantes. Trata-se da SML dos casos simulados. Muitas das carteiras escolhidas pelos participantes situam-se abaixo ou acima da SML. Uma vez que toda carteira representa uma estratégia de mercado, proporciona uma evidência clara de que certo número de participantes escolhe estratégias de mercado não-lineares.

Uma indicação da não-linearidade de uma estratégia escolhida pelo participante é mostrada pelo R^2, calculado da regressão do retorno do participante em relação ao retorno da carteira de mercado a fim de se obter o beta. Um valor de R^2 indica que as variações nos retornos da carteira de mercado explicam 100% das variações nos retornos do participante, como deveria ser o caso para qualquer estratégia linear de declividade crescente. Um valor igual a 0 indica que nenhuma variação dos retornos do participante é explicada pelo relacionamento linear com os retornos do mercado. Como indicado anteriormente, o valor de R^2 para Bin foi de 0,99. Para Arthur e para Patrícia os valores foram, respectivamente, 0,59 e 0,77.

Como se pode sugerir, algumas das não-lineariedades desses resultados são devidas ao comportamento granular do experimento. Todavia, aproximadamente 25% dos participantes que tomam risco mostram valores de R^2 menores do que 0,8. Os modelos são diferentes. Somente poucos dos participantes parecem ser candidatos prováveis a comprar ou a vender produtos protegidos, mas há, definitivamente, alguns investidores, como Patrícia e Arthur, que escolhem estratégias não-lineares. Por fim, um dos quatro participantes pode estar interessado nas ofertas de opções ou de instituições financeiras que oferecem um produto de mercado com rendimentos não-lineares, caso não haja custos adicionais. Numa abordagem mais realista, a proporção de compradores e vendedores prováveis pode ser menor.

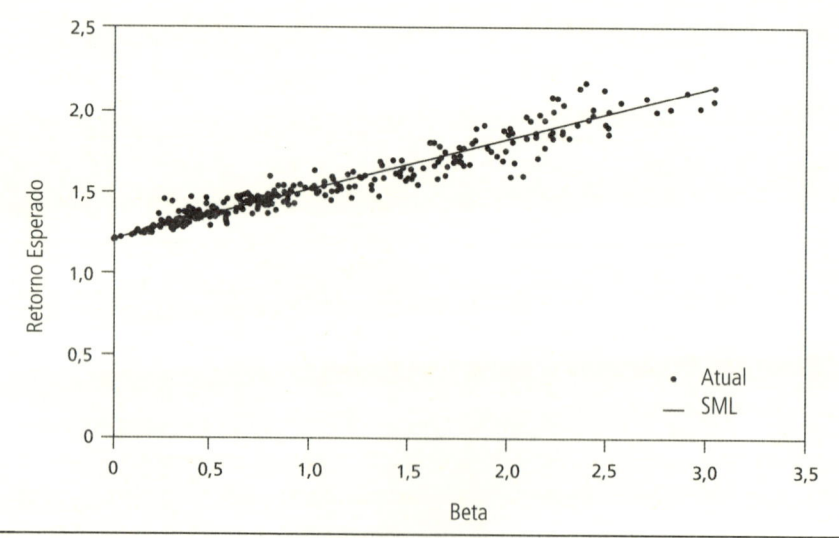

Figura 7-25   Retornos esperados e os valores de beta.

7.9.7 Outras Aplicações

Os resultados provenientes desse experimento são os mais sugestivos. No entanto, algo mais pode ser realizado com o construtor de distribuições. Estudos mais extensivos podem proporcionar melhores evidências em relação às preferências dos investidores. Aplicações normativas são também possíveis, com um investidor detalhando sua distribuição preferida e, assim, uma instituição financeira proporciona as estratégias de investimentos necessárias para fins de aproximação.

Técnicas de pesquisa e de experimentação indicam uma grande promessa aos economistas financeiros interessados nas preferências dos investidores. Inferir as preferências dos investidores a partir de resultados *ex post* de suas escolhas é uma tarefa difícil. Análises empíricas podem e devem ser suplementadas por experimentos projetados cuidadosamente a fim de encontrar e analisar as escolhas dos indivíduos *ex ante*, quando as probabilidades são conhecidas.

7.10 Estratégias Dinâmicas

Na ausência de um desacordo evidente sobre os resultados de mercado prováveis, a demanda por proteção contra perdas baseada na preferência pode ser idiossincrática demais a fim de autorizar grandes quantidades de novos produtos financeiros com custos significativos. Mas há outros caminhos que afetam a relação dos retornos dos ativos com os retornos de mercado. Nas abordagens de longo prazo, é possível criar uma função de retorno não-linear através de uma estratégia dinâmica que siga regras de decisão para combinações de ativos baseadas em retornos prévios. Os resultados finais são menos perfeitos devido aos custos de transação e às diferenças entre as hipóteses acerca dos caminhos que os retornos podem se mover e daqueles em que atualmente se movem (os fornecedores de estratégias dinâmicas proporcionaram um "seguro para carteiras" em relação ao *crash* no mercado financeiro norte-americano de 1987). Mas, pode ser possível encontrar resultados que mostram formatos mais gerais do que os encontrados em Arthur e Patrícia.

A Figura 7-26 pode ajudar a moldar as idéias. Mostra os relacionamentos do retorno para os três segmentos. A linha reta representa uma combinação padrão da carteira de mercado com o ativo livre de risco. A curva que cresce a uma taxa decrescente representa uma estratégia projetada para a natureza de Arthur. A curva que cresce a uma taxa crescente é projetada para a natureza de Patrícia. Os matemáticos também chamam essas estratégias de convexas e côncavas, respectivamente. A fim de evitar confusão, nomes simples são atribuídos. Relativamente à estratégia de mercado, uma curva parece estar com um aspecto "sorridente" e a outra "enfurecida". Arthur escolhe uma estratégia em formato de sorriso e Patrícia opta pelo formato de desaprovação. Enquanto Arthur pode sorrir num cenário de proteção contra perdas, Patrícia pode ficar enfurecida com uma queda do mercado, sabendo-se que boas notícias geralmente acompanham más notícias. Freqüentemente a proteção contra perdas oferece uma estratégia convexa (boas notícias), proveniente do preço do menor retorno esperado (más notícias). Esse raciocínio se mantém para o caso da estratégia côncava.

Como podemos encontrar esses resultados a partir de estratégias dinâmicas? Não há a necessidade de complicarmos. Imagine uma estratégia de venda de ações que obtenham o pior desempenho recente (perdedores relativos) e a compra de ações que tenham o melhor desempenho recente (vencedores relativos). Essa abordagem, denominada de estratégia de momentos ou de tendência, desempenha bem, mesmo se o mercado for tendencioso. A Figura 7-27 proporciona uma ilustração. Assumindo-se que os mercados desloquem-se de uma situação *a* para outra situação *b*. Futuramente, o investidor de momentos vende alguns títulos de risco e compra títulos livre de risco. Então, o mercado desloca-se da situação *b* para situação *c*. Em relação ao menor beta, o investidor de momento obtete um desempenho melhor do que aquele que comprou o mercado e mantiver as ações em ambos os períodos.

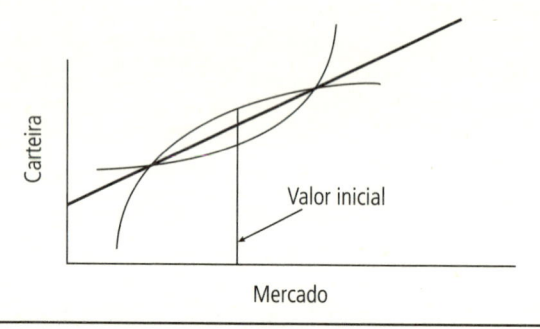

Figura 7-26   Resultados da estratégia dinâmica.

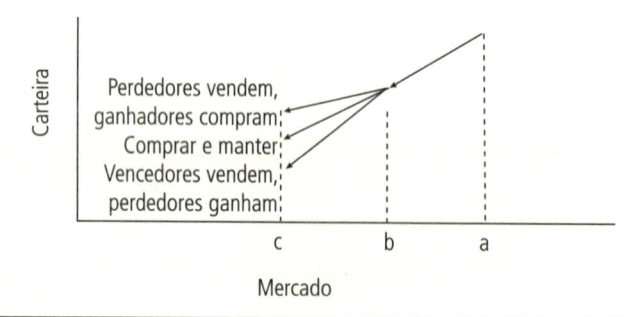

Figura 7-27   Estratégias dinâmicas.

Outra estratégia típica é oposta à anterior. Os perdedores relativos compram e os vencedores relativos vendem. Uma vez que isso não é tão intuitivo para alguns, esta é a denominada estratégia contrária. Em um mercado que continua na mesma direção, como na Figura 7-27, essa abordagem parece ser pior em comparação às outras duas estratégias acima. Seguindo-se o declínio inicial do mercado, os investidores contrários compram títulos de risco a partir das suas posições com ativos livre de risco ou através de empréstimos. Quando o mercado cair novamente, a carteira contrária cai mais do que as demais, pelo fato de o valor de beta ter crescido.

Em um mercado que sofre de reversão, a história é oposta. Isso é ilustrado na Figura 7-28, em que o mercado desloca-se da situação *a* para a situação *b*, então sobe de *b* para *c* que é o mesmo que *a*. O contrário é o vencedor, o investidor que compra e mantém títulos de risco encontra-se no meio (como sempre), e o investidor de momentos obteve o pior desempenho.

Não é difícil perceber que essas estratégias podem produzir resultados de longo prazo similares àqueles da Figura 7-26. Se o mercado estiver próximo de seu nível inicial, ocorrem mais reversões (Figura 7-28) do que tendências (Figura 7-27). Quando todos os resultados são calculados, o contrário é o provável vencedor, que compra e mantém ações e situa-se em uma posição intermediária, e o investidor de momentos é o perdedor. Por outro lado, se o mercado encontra-se bem acima ou bem abaixo do seu nível inicial existem mais tendências do que reversões. O contrário refere-se ao provável perdedor, que compra e mantém ações e situa-se em uma posição intermediária, e o investidor de momento é o vencedor.

No contexto da Figura 7-26, os contrários produzem estratégias côncavas, mas possuem o maior retorno esperado, os investidores de momentos produzem estratégias convexas, mas possuem os menores resultados esperados, e o que compra e mantém ações encontra-se no meio de todos esses casos. Nenhuma estratégia domina a outra – o investidor investe e faz a escolha.

Na prática, estratégias dinâmicas produzem as versões mais nebulosas de diagramas como o da Figura 7-26. Devido a custos de transação, as variações na carteira não devem ser realizadas depois do movimento do mercado. Além do mais, em alguns momentos, o mercado move-se tão rápido a fim de realizar os ajustamentos desejados (como foi em outubro de 1987). Finalmente, têm-se menores custos de negociação. Por todos esses motivos, as estratégias dinâmicas substitutas são menos perfeitas do que os contratos explícitos. Em muitos casos, é melhor usar opções, PIPs, ou outros derivativos que proporcionam retornos explicitamente relacionados à forma não-linear dos retornos com o respectivo índice.

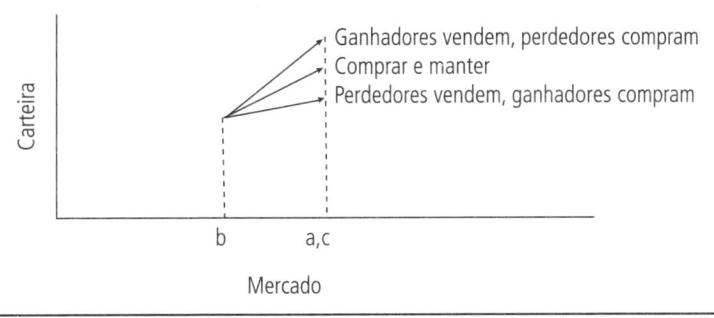

Figura 7-28 Estratégias dinâmicas.

7.11 Compradores e Vendedores de Proteção Contra Risco de Queda

Os investidores que desejam um modelo convexo devem encontrar outros investidores que aceitam um modelo côncavo, se os resultados são obtidos a partir de estratégias dinâmicas ou através de instrumentos financeiros explícitos tais como as opções ou PIPs. Aqueles que compram PIPs obtêm proteção contra perdas, enquanto outros podem ser liquidados a partir de modelos menos extremistas de acordo com aquele mostrado na Figura 7-27. Pode-se identificar, pelo menos, alguns dos compradores de proteção contra as perdas, mas quem são os vendedores? Há muitos vendedores carregando pouco risco adicional, ou poucos carregando uma quantidade substancial? A resposta mais provável é uma combinação de ambas as possibilidades. Entretanto, identificam-se algumas instituições financeiras que se especializam em estratégias que podem trazer desastres em mercados em situação ruins. Direta ou indiretamente, ofertam proteção contra perdas aos outros. Muitas dessas firmas organizadas como fundos de hedge utilizam-se de posições vendidas e compradas, alavancagem, e estratégia de investimentos exóticos a fim de obter retornos realizados elevados e esperados. Enquanto há especificações diferentes, tais fundos tomam posições cujos rendimentos são bem pagos em praticamente todos os piores estados da natureza, mas podem quebrar se houver problemas com o mercado. Alguns observadores declaram que um fundo de hedge típico "escolhe os níqueis a serem colocados em frente ao cilindro".

Em um mercado caracterizado por um núcleo de apreçamento que diminui a uma taxa decrescente, essas estratégias podem oferecer os retornos esperados mais elevados e os maiores índices de Sharpe do que estratégias com betas similares que participam simetricamente tanto das baixas como das altas do mercado. Em relação aos períodos de longo prazo, produzem valores de alfa positivos usando medidas convencionais de beta. Mas, os fundos de hedge não oferecem almoço de graça. Mesmo depois de um desempenho louvável pode haver perdas significativas, conforme aquela que ocorreu aos que investiram no Long Term Capital Management durante a crise de liquidez no verão de 1998.

Uma situação que proporciona retornos extraordinários na maioria dos estados da natureza e retornos desastrosos em poucos estados da natureza oferece algo que é conhecido como o problema do peso mexicano. Esse nome provém de um período quando o peso do México caiu sensivelmente contra o dólar americano devido a controles da moeda. Mês após mês, havia a possibilidade de converter dólares em pesos, investir os pesos em um banco mexicano, então converter novamente o principal mais os juros em dólares, obtendo uma taxa de retorno elevada que poderia ser obtida num banco americano. Ocorreu lucro sem investimentos? Dificilmente. Eventualmente, chegaria o dia em que as autoridades mexicanas não conseguiram mais controlar uma situação tão frágil. A taxa cambial mudou radicalmente e os investidores americanos que possuíam investimentos em bancos mexicanos amargaram prejuízos. Um outro acontecimento, há alguns anos, ocorreu quando alguns fundos de hedge de grande porte se utilizaram-se do fato de algumas moedas européias passarem por reavaliações.

O problema do peso é um impedimento sério para alguém que esteja tentando avaliar as habilidades dos gestores que, intencionalmente, expõem seus clientes a uma pequena probabilidade de grandes perdas. Até que aconteça um evento desastroso, o desempenho dos gestores é melhor do que o retorno esperado total, que está acima da média.

Nem todos os fundos de hedge seguem estratégias de perdas elevadas em mercados ruins, mas muitos o fazem. Esses gestores são muito mais importantes do que "investigar antes de investir".

7.12 Resumo

Embora este capítulo tenha iniciado com produtos de investimentos protegidos, fomos substancialmente mais adiante ao admitir a classe de estratégias de mercado não-lineares. Tratamos do caso em que essas estratégias podem proporcionar ganhos mesmo que os investidores concordem com as probabilidades dos estados futuros. Se os investidores possuem preferências diversas, é desejável para eles possuírem acesso a um conjunto de veículos de investimentos com retornos que estejam relacionados de forma não-linear com os retornos de mercado por diferentes caminhos. Se, adicionalmente, os investidores discordarem quanto às probabilidades dos estados alternativos futuros, os títulos derivativos baseados na carteira de mercado são mais demandados.

Claramente, a realidade difere substancialmente das figuras colocadas neste capítulo. Enquanto alguns produtos derivativos estão baseados em carteiras diversificadas, a maioria não está. Isso é verdade para os produtos de investimentos protegidos. O ativo relacionado ao PIP pode ser um índice relativamente amplo como o S&P 500, mas pode ser também um índice mais restrito com apenas cinco ações, tipicamente todas de um único setor. Alguns dos compradores desses produtos podem desejar complementar com posições vendidas, mas, mais provavelmente, têm visões sobre os cenários futuros que diferem daqueles refletidos nos preços de mercado atuais.

Infelizmente, é também possível que alguns dos compradores dos produtos de investimentos protegidos simplesmente não entendam as conseqüências econômicas desses investimentos. Há uma evidência anedótica de que as instituições financeiras lançam mais PIPs quando as taxas de juros estão elevadas, diminuindo o custo para os pagamentos prometidos. Se os compradores não percebem que o valor presente de um dólar daqui a cinco anos é menor num ambiente de taxa de juros elevada, eles podem ser atraídos por produtos de investimentos protegidos.

Ninguém observa as cotações de títulos com cupons com prazo de maturação de cinco anos.

É evidente ainda que mais PIPs são lançadas quando as volatilidades projetadas dos ativos são menores, fazendo com que os custos das opções de compra sejam menores. Se os compradores não percebem que o potencial de crescimento é menos valioso quando há menor probabilidade de um movimento de alta, podem estar mais animados em adquirir produtos de investimentos protegidos. Nem todos observam as cotações para opções de longo prazo.

Alguns produtos de investimentos protegidos parecem, numa primeira instância, muito bons. Em um primeiro momento uma firma de corretagem oferece um produto que proporciona um potencial de crescimento de 100% do retorno total do índice de ações japonesas com uma proteção contra perdas igual ao retorno do investimento total. Em um exame mais profundo, observa-se que o pagamento em dólares está baseado no retorno do respectivo índice do iene. Naquele tempo, as taxas de juros japonesas estavam, substancialmente, abaixo das taxas norte-americanas. O instrumento de título japonês com cupom zero era transparente, desde que o crescimento fosse, digamos, 1% por ano em dólares ao invés de 5% disponíveis para os títulos norte-americanos. Em relação ao mercado de ações, o impacto dos diferenciais nos juros e nas taxas de câmbio associadas é mais delicado, mas o investidor planejou-se a fim de usar uma série de transações em mercados futuros que obtenham um lucro, independentemente, do que ocorra com as ações japonesas. Mesmo os investidores sofisticados podem ser perdoados por falha em verificar as forças direcionadoras que estão por trás do produto.

Os produtos de investimentos protegidos podem ser adequados para alguns investidores. Mas, isso pode ser perigoso tanto para os ingênuos, como para os mais crédulos. Defeitos de nuance.

Capítulo 8
ACONSELHAMENTO

A maior parte do livro concentra-se na economia positiva. Criamos investidores; atribuimos preferências, previsões, e posições à eles; deixamos que negociassem um conjunto de títulos disponíveis até que não houvesse mais incentivos a fazê-lo; e então, examinamos as relações entre preços de títulos e de carteiras, retornos esperados e várias medidas de risco. O foco foi nas propriedades do equilíbrio no mercado de capitais.

Mas os investidores hipotéticos tomam decisões normativas à medida em que buscam maximizar as utilidades esperadas. Tomam suas decisões por si próprios. No mundo real, apenas uma minoria de investidores pode e deve tentar tais feitos sozinhos. Nesse domínio, como em muitos outros, o princípio de vantagens comparativas estabelece uma divisão do trabalho. Um investidor individual pode ser ajudado por profissionais com profundo entendimento de mercados financeiros e o necessário suporte tecnológico e bases de dados. Em termos gerais, denominamos tais especialistas e sistemas especialistas de conselheiros financeiros ou simplesmente conselheiros.

8.1 Conselho para Investir

Em alguns casos, uma pessoa ou empresa apenas faz recomendações que o investidor possa aceitar ou rejeitar, e então faz os negócios adequados. Os termos para os conselheiros que operam dessa maneira são: conselheiros de investimento, planejadores financeiros e consultores. Em outros casos, uma organização de investimento ou indivíduo proporciona, ao mesmo tempo, o conselho necessário e a sua implementação. Os termos para aqueles que operam dessa maneira são: gestores de investimento pessoal e de negócios pessoais. Por conveniência, classificamos todas essas abordagens sob o título "conselheiro".

Este capítulo é normativo por natureza, concentrado nas formas pelas quais conselheiros podem ajudar investidores a tomar as melhores decisões financeiras possíveis. Argumentamos que a necessidade por conselheiros de investimento pessoal está crescendo no mundo atual. E afirmamos que é imperativo que esses conselheiros façam suas recomendações e tomem suas decisões no contexto de modelos de equilíbrio (em mercados financeiros), logicamente, consistentes e bem fundamentados. Dessa forma, retornamos ao tema apresentado no início: apreçamento de ativos e escolha de carteiras não são assuntos distintos, mas um único.

8.2 Características Demográficas e Decisões de Investimento Individuais

Na maioria das economias desenvolvidas, as pessoas passam por três estágios de vida razoavelmente distintos. Primeiro, amadurecem e vão para a escola; então, trabalham; finalmente, aposentam-se. Para financiar o consumo das pessoas no terceiro estágio requer-se sacrifício de consumo por parte daqueles que são mais produtivos. Até recentemente, das economias desenvolvidas a maioria facilitou o consumo do ciclo de vida, pagando menos aos trabalhadores do que suas correspondentes contribuições para a produção, em seguida, provendo-os com renda após se aposentarem. O esquema modelo centrou-se no conceito de um benefício definido (BD) em que os pagamentos de aposentadoria são uma função do salário, dos anos trabalhados e de outras variáveis, mas não dos retornos de investimento. Planos de pensão tradicionais de empresas e do governo nos Estados Unidos e outros países foram desse tipo, bem como o foram planos sociais tais como o sistema de Previdência Social dos Estados Unidos. Na maioria dos casos, o trabalhador não tinha nenhuma decisão a tomar. O montante "poupado" (sobre uma parte do salário) era predeterminado, da mesma forma que o foi a fórmula para determinar os pagamentos dos benefícios.

Agora, entretanto, a maioria das economias desenvolvidas está em meio a mudanças dramáticas nas distribuições da idade da população. A Figura 8-1 mostra a distribuição da população por idade e sexo nos Estados Unidos em 1950, 2005 e uma estimativa para 2050. Em 1950, o gráfico obedece à denominação clássica; isto é uma "pirâmide populacional". Em 2005 tinha um formato mais parecido com o logotipo da Michelin. Para 2050 é projetada uma população bolha. Aqueles interessados em gráficos para outros países podem achá-los no site do U.S. Census Bureau (U.S. Census Bureau, 2005). As mudanças nas situações na maioria dos países desenvolvidos são similares ou mesmo mais destacáveis do que aquelas mostradas na Figura 8-1.

Essas mudanças na demografia da população têm sido acompanhadas por mudanças também relevantes nas formas pelas quais as pessoas poupam e investem para a aposentadoria em muitos países. Há uma crescente confiança em esquemas envolvendo contribuições definidas (CD). Em um sistema padrão desse tipo, um empregado decide quanto deduzir de ordenados e salários a cada mês. Esse montante, mais uma possível contribuição do empregador, é então investido em veículos de investimento (tais como fundos mútuos) selecionados de uma lista fornecida pelo empregador. O empregado é responsável por alocar fundos entre os veículos de investimento. Quando o empregado atinge a aposentadoria, tem acesso ao montante que foi investido. Nesse ponto, o montante pode ser reinvestido, usado para aplicar em uma alternativa que gera prestações periódicas, ou ambos. A menos que os fundos sejam totalmente anualizados, o indivíduo terá, então, que decidir acerca dos montantes alocados em cada ano até (freqüentemente um co-participante) a sua morte.

Por que o movimento de um sistema de benefícios é definido na forma de um sistema de contribuição definida? Parte da resposta reside no fato de que o primeiro fornece somente ganhos fixos sobre o rendimento da sociedade enquanto que o último permite ganhos variáveis para aqueles que os desejam. À medida que a composição da população modifica-se, a falta de habilidade do sistema tradicional em prover uma variedade de métodos para compartilhar rendimentos produtivos tem se tornado um obstáculo crescente.

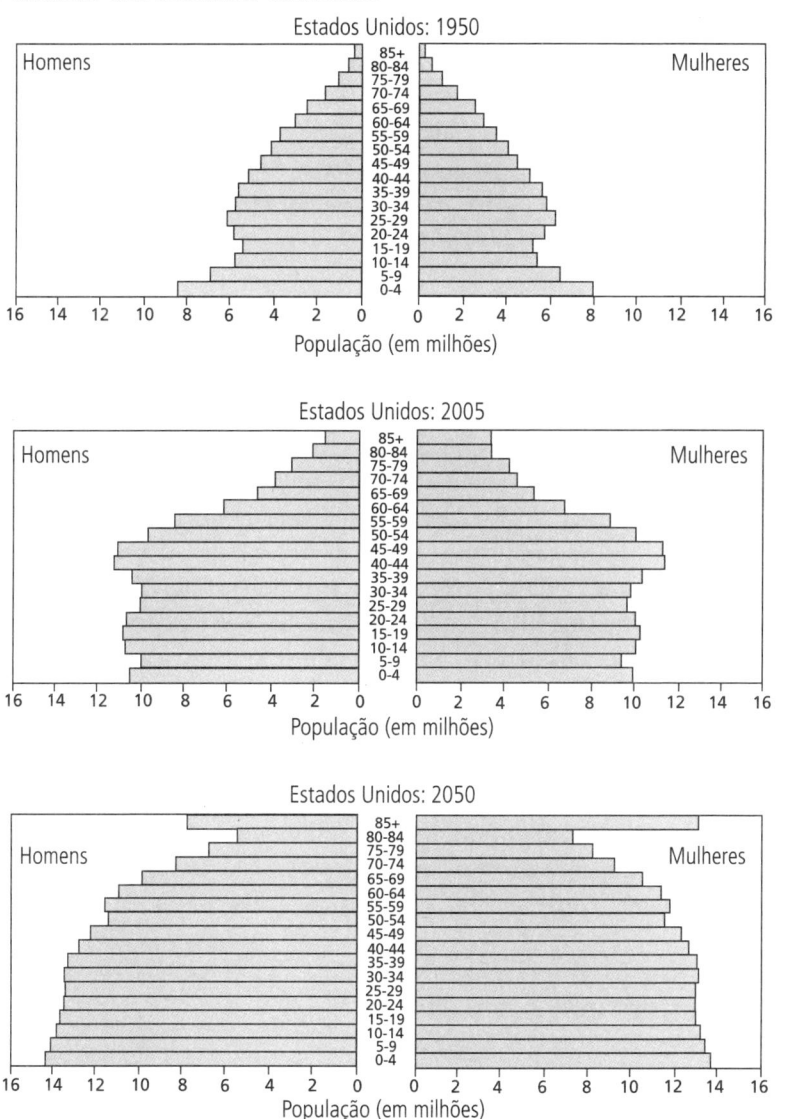

Figura 8-1 Distribuição da população dos EUA: 1950, 2005 e 2050. Origem: U.S. Census Bureau, International Data Base.

Em um regime de benefício definido, aposentados têm um ganho *a priori* sobre o rendimento da economia: um ganho que é fixado seja em termos nominais, seja em termos reais. Do ponto de vista econômico, aqueles correntemente trabalhando são possuidores de direitos residuais depois que os aposentados tenham sido pagos. Rendimentos econômicos são distribuídos para satisfazer as reivindicações de provedores tradicionais de capital, para aposentados e, em seguida, para trabalhadores correntes.

Planos de contribuição definida fornecem flexibilidade para permitir melhor compartilhamento de rendimentos econômicos. Não impedem a capacidade de uma pessoa replicar um plano de benefício definido, investindo em investimentos de baixo risco durante os anos de trabalho e, em seguida, investindo em uma alternativa que paga valores uniformes ao se aposentar. Aqueles com pouca tolerância a risco podem fazer isso, mas outros não necessitam fazê-lo. Como nos casos desse livro, o risco total de uma economia deve ser alocado entre pessoas com base em suas posições e preferências.

Nos Estados Unidos, muitos empregados têm trocado de planos de benefício definido para planos de contribuição definida. A Previdência Social (o sistema de aposentadoria do governo) mantinha um sistema de benefício definido quando este livro foi impresso, mas propostas são freqüentemente feitas para mudá-lo para um sistema que inclui características de ambos, planos de benefício definido e de contribuição definida.

Mal ou bem, os indivíduos têm a responsabilidade de tomar decisões de poupança e investimento que determinam seu bem-estar ao longo das décadas que compõem suas vidas futuras. Quanto mais uma pessoa poupa, menos consome antes da aposentadoria. Quanto maiores são as poupanças da pessoa e melhores os desempenhos de seus investimentos, mais pode ser consumido após a aposentadoria. No entanto, escolhas erradas e/ou má sorte pode levar a rendimentos insatisfatórios. Aqueles que falham em tomar decisões financeiras sensatas podem consumir dinheiro e ser forçados a depender dos filhos, de instituições de caridade, ou de instituições de bem-estar governamentais em suas vidas futuras.

Adentramos em uma era em que muitos indivíduos necessitam tomar decisões fundamentadas de poupança e investimento. A maioria não deve tomá-las sozinho. Um conselheiro ou gestor de investimento pessoal pode ajudar.

8.3 O Investidor e o Conselheiro

A Figura 8-2 retrata uma possível divisão de trabalho entre um investidor e um conselheiro, usando termos das análises anteriores. O investidor sabe bastante sobre suas posições e preferências financeiras, mesmo estando do lado de fora. Também traz para o processo uma carteira inicial ou o nível total de riqueza.

Capítulo 8 — ACONSELHAMENTO

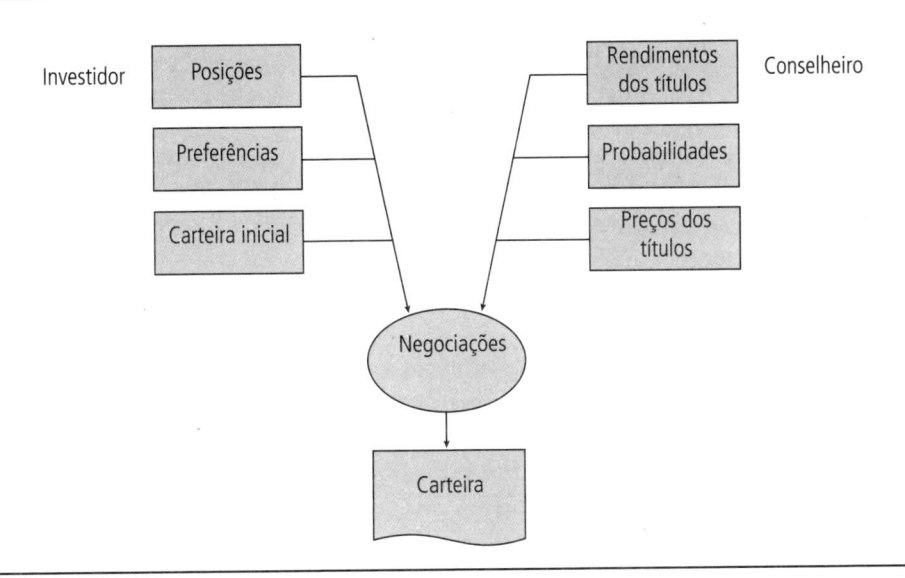

Figura 8-2 O investidor e o papel do conselheiro.

O papel do conselheiro é fornecer conhecimento especializado sobre mercados e títulos financeiros. Isso inclui previsões dos possíveis resultados de diferentes tipos de investimentos e as probabilidades associadas. Em nossa abordagem, isso é capturado nas tabelas de títulos mostrando as compensações de vários investimentos em estados alternativos da natureza e a tabela de probabilidades, indicando as probabilidades desses estados. O conselheiro, provavelmente, também tem mais acesso aos preços dos títulos, especialmente dos tipos mais exóticos, tais como opções e outros derivativos.

Para determinar o melhor programa de investimento, é necessário que as informações sobre posições, preferências e riqueza do investidor sejam trazidas juntos com informações sobre preços dos títulos, compensações e probabilidades (em termos convencionais, riscos e retornos esperados dos títulos). Isso pode ser realizado pelo investidor, munido com formas eficientes para interagir com os resultados do trabalho do conselheiro. Em muitos casos, entretanto, pode ser feito mais eficientemente pelo conselheiro, depois de interações suficientes com o investidor para estabelecer as posições e preferências futuras e as aplicações correntes. Seja qual for o processo, a meta é assegurar que as decisões finais levem em conta a situação pessoal do investidor e as oportunidades disponíveis nos mercados financeiros.

De forma mais ampla, o conjunto de decisões-chave incluem não somente a escolha de uma carteira de investimento, mas também planos para montantes a serem poupados (até a aposentadoria) ou gastos (após a aposentadoria). Em alguns casos, as decisões sobre moradia, financiamento imobiliário, seguro e anos de vida ativa podem ser incluídos, igualmente.

8.4 Otimização de Carteiras

No procedimento simples, representado na Figura 8-2, é necessário determinar o conjunto de negociação que cria a melhor carteira para o investidor em questão. O conselheiro (ou o computador do conselheiro) deve estar melhor preparado para desempenhar esse papel. A meta é maximizar a utilidade esperada do investidor, levando em conta toda informação relevante, incluindo quaisquer restrições sobre posições investidas. O objetivo é encontrar a carteira ótima para o investidor em questão.

Muito do material coberto nos primeiros sete capítulos deste livro é relevante nessa conexão. No entanto, há diferenças.

Qualquer mudança nas posições de investimento do investidor requer que negociações sejam feitas com outro investidor ou instituição, e essas trocas mudam a situação de equilíbrio e afetam os preços dos títulos. Entretanto, em todos os casos, com exceção dos investidores mais ricos e das ações menos líquidas, o impacto nos preços dos títulos de mudanças nas posições de carteira de uma pessoa é suficientemente pequeno que pode ser ignorado. Dessa forma, conselheiros de investimento tipicamente admitem que cada título pode ser comprado ou vendido ao preço muito próximo àquele do mais recente negócio ou à média dos preços de oferta e procura cotados correntemente. O investidor é visto como um *tomador de preço* – apto a negociar qualquer montante desejado de qualquer título ou classe de ativos com "o mercado" ao preço de mercado corrente. A meta é maximizar a utilidade esperada do investidor realizando possíveis negócios como co-participante.

Enquanto o programa de simulação não está projetado para resolver esse problema diretamente, a abordagem básica pode facilmente ser adaptada para concluir a tarefa, conforme segue. Cada título é considerado em negociação, com um "papel de negócios" feito para trazer o preço de reserva do investidor em linha com o preço de mercado (ou até que uma restrição seja atingida). O processo é repetido para todos os títulos, completando uma rodada. Se nenhum papel negociável for fechado na primeira rodada, a carteira inicial é ótima e nenhuma computação adicional é requerida. Se, entretanto, algum papel negociável for concretizado, outra rodada é conduzida. O processo continua até que uma rodada inteira tenha sido completada com nenhum papel negociável adicional. Nesse ponto, a carteira inicial é comparada com a carteira final e os negócios vigentes realizados para efetuar o movimento do início para o fim.

No caso especial em que a função utilidade do investidor é quadrática, uma abordagem mais simples pode ser empregada. Como mostramos, tal investidor está preocupado somente com a média e a variância do retorno da carteira. Procedimentos computacionais eficientes foram desenvolvidos para selecionar carteiras nessas condições, usando somente os retornos esperados para os títulos, os desvios-padrão de seus retornos e as correlações entre os retornos. Casos simples podem ser resolvidos usando o método gradiente de Sharpe (1987). O método de linha crítica desenvolvido por Markowitz (1952) pode ser utilizado para problemas mais gerais. O procedimento *solver* incluído no software Excel da Microsoft pode também ser utilizado.

Naturalmente uma carteira "ótima" é tão boa quanto as previsões usadas para determiná-la. A maior parte do restante do capítulo é devotada à discussão de modos úteis para prever retornos e probabilidades.

8.5 Retornos Passados e Retornos Futuros

Quando previsões são feitas, a maioria dos conselheiros começa olhando para a série histórica. Para títulos sazonais, alguém pode analisar um número maior de períodos de retornos realizados. Esse tipo de abordagem é freqüentemente usado quando se faz uma recomendação de alocação de carteira de um investidor entre classes de ativos. Um período histórico é selecionado e um número limitado de classes escolhidas. Retornos médios históricos, desvios-padrão de retornos e correlações são computados e, então, usados como estimativas de retornos futuros esperados, riscos e correlações. Carteiras ótimas são escolhidas assumindo que os investidores atentam somente para o retorno esperado e o desvio-padrão de retorno da carteira, e então resultados possíveis ao longo de muitos períodos futuros são computados, tipicamente usando simulações de Monte Carlo.

Se cada um dos períodos históricos for uma realização de uma distribuição de probabilidade imutável e muitos períodos estão disponíveis, freqüências passadas de vários resultados podem fornecer uma boa aproximação de probabilidades futuras. Mas, como foi visto no Capítulo 4, mesmo sob essas condições ideais a história pode ser um guia imperfeito para o futuro. Pior ainda, probabilidades correntes podem diferir significativamente de freqüências históricas. Alguns eventos futuros possíveis podem nunca ter ocorrido no passado. Além disso, quanto mais longo o período histórico, menos provável de que probabilidades futuras sejam similares àquelas que deram margem aos resultados passados. Felizmente, verificamos que os perigos são menores para algumas estimativas do que para outras, e informação adicional pode ser usada para minimizar o problema.

Para ilustrar o problema, tomamos estatísticas resumidas de Dimson, Marsh e Staunton (2002), um estudo extensivo de retornos de títulos de renda fixa de longo prazo, de ações e da moeda em 16 países entre 1900 e 2000. Focamos no desempenho de agregados mais amplos: "títulos de renda fixa de longo prazo internacionais" e "ações internacionais" computados tomando médias ponderadas de retornos em 16 países. Estatísticas resumidas dos retornos reais para o investidor dos Estados Unidos estão mostrados na Figura 8-3. A correlação década-a-década dos retornos reais para títulos de renda fixa e ações inernacionais é igual a 0,52.

	Média Aritmética	Desvio-padrão
Títulos de renda fixa internacionais	1,70	10,30
Ações internacionais	7,20	17,00

Figura 8-3   Retornos reais históricos para títulos de renda fixa e ações internacionais.

Com o objetivo de investigar relações possíveis entre retornos passados e futuros, conduzimos um experimento com essas estatísticas. Admitimos que essas são de fato as previsões corretas dos retornos reais esperados e dos riscos de títulos de renda fixa e ações e que a correlação é igual ao valor histórico. Além disso, assumimos que os valores correntes de títulos de renda fixa e ações estão em uma proporção de 40% para títulos de renda fixa e 60% para ações (muito próximo das médias nos Estados Unidos ao longo dos últimos 25 anos). Usamos, então, os procedimentos padrão de média/variância para descobrir o grau de tolerância ao risco de um investidor (Richard) com utilidade quadrática para quem uma carteira ações/títulos de renda fixa com proporções 60/40 é ótimo.

Agora, imagine que Richard não está privado do conhecimento acerca dos riscos, retornos e correlação verdadeiros, mas que tenha 25 anos de dados anuais. Se Richard calcular retornos médios históricos, desvios-padrão e um coeficiente de correlação e então selecionar uma carteira ótima usando somente estatísticas históricas, quase que certamente decide por investir muito ou muito pouco em ações. Quão distante está Richard? Podemos ter uma idéia analisando várias séries históricas possíveis de 25 anos com um programa de computador que projete retornos anuais a partir de uma distribuição de probabilidade normal conjunta com os retornos esperados, riscos e correlações verdadeiros.

Os resultados mostram que Richard pode terminar com uma carteira, de fato, sub-ótima. Em mais da metade dos 1.000 possíveis cenários simulados, Richard escolhe uma carteira com uma proporção menor ou igual a 40% ou maior ou igual a 80% em ações, ao invés de 60% (o montante correto).

Baseando-se apenas em séries históricas, Richard tem dois problemas: (1) suas estimativas de retornos esperados futuros são quase certamente equivocadas e (2) suas estimativas de riscos e correlações futuros são também equivocadas. Para ver a contribuição de cada um desses componentes às escolhas de carteiras sub-ótimas, repetimos o experimento mais duas vezes, assumindo que Richard está apto a contratar um vidente capaz de obter um ou outro aspecto correto. A Figura 8-4 mostra os resultados para as três simulações, bem como para aquelas obtidas pelo vidente.

Nesse caso, usando apenas retornos médios históricos para estimar retornos esperados futuros verificamos erros maiores na escolha de carteira do que usando dados históricos para estimar apenas risco e correlações.

Retornos esperados	Riscos e Correlações	Porcentagens de casos com participações relativas <40% ou >80% ações
Verdadeiro	Verdadeiro	0,0
Verdadeiro	Amostral	35
Amostral	Verdadeiro	47,1
Amostral	Amostral	55,7

Figura 8-4   Intervalo de erros para 1.000 amostras.

Pode-se levantar duas razões. Primeiro, a história é geralmente um estimador melhor para riscos, correlações, valores de beta e outras medidas que envolvam variação do que o é para médias. Segundo, a otimização exacerba erros de previsão e procedimentos de otimização são tipicamente mais sensíveis a variações em retornos esperados do que a variações em riscos e correlações.

A escolha de carteiras razoáveis requer mais do que uma simples projeção de que o futuro seja igual ao passado. Outra informação deve ser utilizada também. Tratamos com duas abordagens projetadas para obter melhores previsões. A primeira envolve o uso de modelos de fatores e o segundo a incorporação de informação acerca dos valores de mercado correntes dos ativos.

8.6 Modelos Fatoriais

Em todos os casos examinados, uma carteira que inclui todos os títulos negociáveis ocupa lugar central, embora possa não ser a única. Isso sugere que deve haver forte demanda por um fundo indexado mantendo a carteira de mercado internacional de todos os títulos negociáveis, incluindo títulos de renda fixa de longo prazo, ações e outros instrumentos, em proporções iguais a seus valores de mercado. Quando este livro estava sendo escrito, nenhum fundo desempenhava esse papel e nem tentava se aproximar de algo parecido. Ao invés disso, cada fundo indexado disponível tenta replicar o retorno total de um conjunto particular de títulos. Alguns têm ampla cobertura, visando atingir todo o mercado de ações norte-americano, todo o mercado de *bonds* norte-americano, todo o mercado de ações fora dos Estados Unidos, e assim por diante. Outros são mais restritos, objetivando atingir as ações dos Estados Unidos de alta capitalização, títulos governamentais de longa duração, ações com alto índice preço sobre valor patrimonial, etc. E alguns são muito restritos; por exemplo, replicando retornos sobre ações de companhias de um setor específico.

Isso sugere que mesmo que alguns investidores não acreditem em tentativas de encontrar títulos individuais mal apreçados, não obstante, desejam alocar recursos entre tais fundos de índices em proporções que diferem daquelas de mercado. Portanto, muitos procedimentos analíticos amplamente usados se baseiam em algum tipo de *modelo fatorial* de retornos de títulos. A forma básica é dada pela seguinte equação:

$$\tilde{R}_i = b_{i1}\tilde{F}_1 + \ldots + b_{in}\tilde{F}_n + \tilde{e}_i$$

Em que R_i é o retorno de um título específico ou carteira; $\tilde{F}_1, \tilde{F}_n$ são os valores dos fatores 1 a n, b_{i1} a b_{in} são constantes, e e_i, o termos residual: a parte do retorno sobre i não atribuível aos efeitos conjuntos dos fatores (F's) e aos coeficientes de sensibilidade (b's) associados a estes fatores. Os símbolos "~" sobre as variáveis indicam que valores das mesmas não são conhecidos *a priori*, ou são variáveis aleatórias. Na maioria das aplicações, assume-se que os valores de e_i não são correlacionados com os fatores. O não-fator ou risco residual, devido à incerteza sobre o resultado para o termo e_i, é idiossincrático para o título ou carteira em questão. Dada essa suposição, segue que uma carteira com um grande número de títulos tem, relativamente, pouco risco idiossincrático, devido ao efeito da diversificação.

Modelos fatoriais formam o cerne de muitas práticas correntes de investimento. Em muitas aplicações, os fatores são os retornos de carteiras ou de carteiras hedgeadas de posições compradas e vendidas. Por exemplo, uma ação ou carteira pode ser caracterizada como equivalente a uma carteira *benchmark* com 80% investido em um índice de ações ordinárias e 20% em um índice de ações que paga os dividendos crescentes mais um retorno residual. Em termos de modelo fatorial, temos o seguinte:

$$\tilde{R}_i = 0,8\tilde{V} + 0,2\tilde{G} + \tilde{e}_i$$

De particular interesse no contexto são modelos fatoriais de classe de ativos, em que cada fator é o retorno de um subconjunto de todos os títulos disponíveis, com (1) todo título incluído em um, e somente um, fator ou classe de ativos e (2) os títulos em cada classe de ativos incluídos proporcionalmente a seus valores de mercado. Se os fatores são formados dessa forma a construção de um fundo indexado é direta para cada fator, e construir uma carteira de mercado, que combine os fundos indexados de classe de ativos em suas proporções de mercado, quando desejado.

8.6.1 Desempenho e Análise de Risco

Modelos fatoriais de classes de ativos podem ser usados para medir o desempenho do gestor ativo de investimento. A meta é encontrar um conjunto de *cargas fatoriais* (valores b) de soma 1 *que constitua uma mescla de classes de ativos que reflita o estilo* de investimento do gestor. A soma dos termos correspondentes na equação do modelo fatorial representa, então, o retorno da carteira passiva que serve como um *benchmark* adequado para o gestor em questão. O termo final (e_j) mede, então, a parte do retorno do gestor devido à administração ativa.

Para determinar as cargas fatoriais relevantes a um gestor e, conseqüentemente, para uma carteira *benchmark* relevante, um investidor pode investigar a composição da carteira do gestor ou, mais facilmente, analisar o movimento conjunto histórico de seu retorno com aqueles das classes de ativos, usando uma técnica conhecida por *análise de estilo baseada em retorno* (Sharpe, 1992).

Adicionalmente, para fornecer os *benchmarks* de desempenho, modelos fatoriais podem ser usados para estimar o risco total de uma carteira, as fontes deste risco, e os efeitos de pequenas variações nas carteiras sobre o risco total. Para ser tão eficaz quanto possível, os fatores devem capturar as principais fontes de risco que afetam mais que alguns poucos títulos. Modelos usados para esse propósito no setor de investimento abrangem aqueles com poucos fatores (para simples análise de alocação de ativos) àqueles com grande número de fatores (para alguns tipos de análises de risco).

Não há dúvida que certos grupos de títulos mostram retornos conjuntos. Retornos das ações de duas grande empresas são prováveis de serem mais correlacionados do que os retornos de uma grande e uma pequena empresa. Ações vendidas a preços similares aos respectivos valores contábeis por ação tendem a se mover conjuntamente mais do que ações vendidas a índices preço-valor patrimonial descolados. Ações do mesmo setor tendem a mover-se conjuntamente, assim como ações emitidas no mesmo país. E assim por diante.

A melhor escolha de fatores para propósitos de *benchmarking* e análise de risco depende da aplicação final, de um entendimento das economias subjacentes das empresas e dos setores e dos possíveis efeitos das preferências e posições do investidor. Há claramente fatores de risco nos mercados de capitais modernos. Este livro em nada desconsidera este fato, e modelos fatoriais podem ser valiosos para medir tais efeitos.

Os retornos esperados são uma questão separada. O que a teoria e os dados empíricos podem nos dizer acerca dos retornos esperados das carteiras fator e, conseqüentemente, dos retornos esperados dos títulos? Descrevemos duas abordagens: uma baseada nas características de um mercado de capitais competitivo, e outra baseada primariamente na observação empírica.

8.6.2 A Teoria de Apreçamento por Arbitragem

Em uma situação com um número finito de estados, a equação do modelo fatorial pode apenas aproximar o verdadeiro processo gerador dos dados de retorno, visto que os retornos residuais não podem estar correlacionados. Para verificar por que, considere uma carteira que inclua todos os títulos em uma carteira de fatores de classe de ativos. Se a equação se mantém para cada um dos títulos, uma combinação ponderada por valor também se manterá. Deve ter uma carga (b_i) igual a 1 nesse fator e zero em todos os demais. Incorpora pouco risco residual por causa da inclusão de um número de títulos com retornos residuais não correlacionados. Mas matematicamente, há ainda o risco residual, que é conceitualmente impossível uma vez que a carteira é exatamente aquela da classe de ativos. Essa sutileza pode ser negligenciada para carteiras grandes, mas pode causar problemas em conjuntos com um pequeno número de classes de ativos (por exemplo, a equação do modelo fatorial implica que a carteira de mercado tem pelo menos algum risco que não é o de mercado). Essa discrepância também torna difícil reconciliar plenamente modelos fatoriais tradicionais com nossa abordagem, em que retornos residuais resultam da divisão da torta que representa um dado nível de retorno de mercado.

Deixando essa questão de lado, é freqüente a argumentação que, em equilíbrio, as únicas fontes de retornos esperados para um título ou uma carteira são os fatores e exposições aos mesmos. A idéia geral é que o retorno esperado de um investimento deve igualar àquele de uma composição equivalente de carteiras de fatores. Dessa forma:

$$E_i = b_{i1}E1 + \ldots + b_{in}E_n$$

Isso obviamente requer estimar os retornos esperados de equilíbrio das carteiras fatoriais (E_1 a E_m). Em um mercado de capitais em que a Linha de Mercado de Títulos (CML) se mantenha, o retorno esperado de qualquer título ou carteira é uma função linear do beta em relação à carteira de mercado. Isso é verdadeiro para o título ou carteira *i* e para cada uma das carteiras fatoriais. Mas, o beta do título ou carteira *i* igual a média ponderada dos betas dos fatores, usando as cargas (valores b_i) como pesos. Dessa maneira, em uma situação em que se aplica o Modelo de Apreçamento de Ativos de Capital (CAPM, sigla em inglês de *Capital Asset Pricing Model*), podemos calcular o retorno esperado de um título ou carteira, baseado no beta de mercado, ou indiretamente, usando os retornos esperados das carteiras fatoriais baseados nos betas de mercado.

A teoria de apreçamento por arbitragem (APT, sigla em inglês de *arbitrage pricing theory*) desenvolvida por Ross (1976) presume que os retornos são gerados por um modelo fatorial e que diferenças em retornos esperados de títulos e carteiras são explicados plenamente por diferenças em suas cargas fatoriais e nos retornos esperados dos fatores. Entretanto, o APT não especifica a identidade dos fatores ou dos determinantes de seus retornos esperados. Retornos esperados dos fatores podem ser linearmente relacionados aos seus valores beta de mercado, ou não. A identificação dos fatores apropriados e a mensuração de seus retornos esperados são deixadas para análises empíricas, macroeconômicas e de organização industrial.

8.6.3 O Modelo de Três Fatores de Fama/French

Em anos recentes, alguns pesquisadores concluíram que os retornos esperados de alguns fatores podem não depender, plenamente, dos respectivos betas. De forma notável, Fama e French (1992) estudaram o desempenho de carteiras de títulos agrupados com base na capitalização de mercado e nos índices de preço sobre o valor contábil. Modelos de risco comerciais estavam usando fatores similares por vários anos, mas Fama e French, de forma louvável, tornaram seus resultados disponíveis (French, 2005), e isso tem levado ao uso disseminado na academia.

Não há dúvida de que os fatores de Fama/French são valiosos para análises de risco e desempenho. Por outro lado, seu uso na estimativa de retornos esperados tem levantado controvérsia. Fama e French declaram que relativamente aos betas, as ações de pequenas empresas parecem ter um desempenho melhor do que ações com elevado índice preço de mercado sobre valor contábil (de crescimento).

Alguns têm argumentado que os registros históricos sobre os quais essas declarações estão baseadas fornecem evidência de que traços comportamentais do ser humano levam a vieses nos preços dos ativos. Outros têm sugerido que isso pode não ser o caso desde que, relativos a possibilidades futuras prováveis, os registros contêm muito poucos resultados desastrosos em que ações de pequenas empresas e ações de valor caíram ou desapareceram inteiramente. Outras explicações também merecem consideração. Sabemos que os retornos médios históricos podem facilmente diferir de retornos esperados estimados, mesmo em períodos relativamente longos de tempo. Tais discrepâncias podem ser especialmente elevadas para carteiras representando uma pequena parte do valor total da economia. Além disso, quaisquer possíveis ganhos a serem alcançados investindo em ações de pequenas empresas e/ou de valor podem ser perdidos devido aos custos elevados de execução. Finalmente, mesmo sabendo que a relação pode ter sido verdadeira no passado, uma vez que é reconhecida e publicada, os preços podem se ajustar de tal modo que não voltam a ocorrer no futuro.

Os fatores de Fama/French são construídos a partir de seis carteiras formadas e baseadas nas capitalizações de mercado e nos índices de valor contábil sobre valor de mercado. O processo de atribuição não resulta em carteiras com valor similar, desde que foque nos nomes dos títulos ao invés dos valores. Como resultado, carteiras de pequenas empresas e de valor consistente representam muitas pequenas partes do valor da carteira de mercado total. A Figura 8-5 mostra estatísticas para as seis carteiras entre Julho 1926 e Dezembro 2004. A primeira linha mostra as porcentagens médias de valor de mercado total das carteiras. A segunda indica os retornos excedentes médios mensais das carteiras (sobre os *treasury bills* de um mês). A terceira linha mostra os betas de mercado baseados em regressões de retornos excedentes sobre os retornos excedentes da carteira de mercado de ações de Fama e French. A quarta linha mostra os valores de alfa das carteiras – as diferenças médias entre o retorno excedente médio de cada carteira e o beta vezes o retorno excedente médio da carteira de mercado. Cada valor alfa indica o desempenho médio de uma carteira acima (se positivo) ou abaixo (se negativo) de uma linha de mercado de títulos *ex post*. A quinta linha mostra os desvios-padrão que indicam a extensão em que os retornos excedentes de cada carteira desvia ao longo dos meses daqueles de uma combinação da carteira de mercado e *bills* com beta comparável. A linha final mostra as *estatísticas-t*, indicando as significâncias estatísticas dos valores alfa para a SML. Retornos excedentes médios e valores alfa estão expressos em termos de unidades de retorno percentual por mês (por exemplo, o retorno excedente médio da carteira foi 1,04% ao mês).

	Small Growth	Small Neutral	Small Value	Big Growth	Big Neutral	Big Value
Porcentagem média do mercado	2,35	2,85	2,06	51,65	31,10	9,99
Retorno em excesso médio	1,04	1,33	1,52	0,93	1,01	1,24
Beta	1,28	1,19	1,32	0,97	1,02	1,20
Alfa	−0,10	0,25	0,36	−0,01	0,04	0,15
Desvio-Padrão	3,60	3,05	4,12	1,17	1,79	3,23
Estatística-*t*	−0,82	2,56	2,69	−0,29	0,74	1,41

Figura 8-5 Desempenho da carteira Fama/French, 07/1926 a 12/2004.

Tomando a regra conhecida de que se o valor calculado da estatística "t" for superior a dois, podemos rejeitar a hipótese de capacidade de previsão da SML para duas carteiras apenas: Small Natural e Small Value. Em média, essas carteiras representam menos de 5% do valor total do mercado (2,85% para a carteira Pequenas Neutro e 2,06% para a carteira Pequenas Valor).

Fama e French constroem um modelo de três fatores dos retornos a partir das seis carteiras. Cada fator é o retorno de uma carteira protegida com zero de investimento com o mesmo montante investido nas posições compradas, bem como nas posições vendidas. O primeiro fator são os retornos obtidos de uma posição comprada na carteira de mercado e uma posição vendida em notas do tesouro. O segundo fator ("Pequeno menos Grande") mostra os retornos de posições compradas em montantes idênticos de três carteiras pequenas, financiadas por posições vendidas em montantes idênticos em três carteiras grandes. Fama e French. No caso do terceiro fator, denominaram "Elevado menos Baixo" para diferenciação entre razões elevadas de preços contábeis e preços de mercado e razão mais baixas em menores. Chamamos este fator de "Preço menos Dividendo Crescente", uma vez que representa os retornos de iguais montantes investidos em posições compradas de carteiras de pequeno valor e elevado valor, financiadas por idênticos montantes investidos em posições vendidas em carteiras de ação que pagam dividendos crescentes e pouco crescentes.

A Figura 8-6 mostra os balanços representando os três fatores, com as proporções médias de valor de mercado total para os componentes mostrados entre parênteses. Como pode ser visto, para os segundo e terceiro fatores, as posições compradas incluem ações representando relativamente pequenas porções do valor do mercado, enquanto que as posições vendidas incluem ações representando porções grandes do valor total de mercado.

Para capturar os retornos dos fatores de Fama/French um investidor necessita depositar fundos para servir como margem. Um fundo de *hedge* típico requer margem igual ao tamanho da posição comprada (e vendida). Em alguns casos juros iguais à taxa das notas do tesouro pode ser ganho nesses fundos; em outros casos, os juros ganhos são pouca coisa menor. Em qualquer evento, o retorno líquido em qualquer dado mês de investimento, ou no PMG de Fama/French ou no fator VMC, é, consideravelmente, menor que a soma do retorno do fator e a taxa de juros livre e de risco, devido aos custos envolvidos. A composição de cada uma das seis carteiras é modificada todos os meses de junho, baseada nos preços de mercado, valores contábeis e ações em circulação naquele momento. Além disso, acompanhar cada fator exige mudar os saldos investidos nas carteiras subjacentes a cada mês para retornar às proporções mostradas na Figura 8-6. Despesas consideráveis podem ocorrer comprando e vendendo as ações de empresas relativamente pequenas e sem liquidez, mantidas nas posições compradas. Mudar a posição vendida pode também ser custoso, mesmo sabendo que os títulos são grandes e relativamente líquidos. É possível que os custos associados à implementação das estratégias de investimento requeridos para obter os retornos dos segundo e terceiro fatores de Fama/French podem ser facilmente maiores do que qualquer vantagem associada.

Isso à parte, o registro mostra que os fatores PMG e VMC fornecem retornos brutos médios históricos maiores do que aqueles das estratégias lineares baseadas no mercado com beta igual. Mas o que dizer acerca de seus *retornos esperados futuros*? As ações de pequenas empresas e de valor provavelmente têm valores de alfa futuros positivos? Se a resposta é positiva, isso é consistente com um equilíbrio em que os preços dos ativos refletem as melhores estimativas possíveis de probabilidades futuras ou é predito pela ineficiência de mercado?

Fator 1: Mercado – Renda Fixa					
Mercado	(1,000)	1,0000	Renda fixa		1,0000

Fator 2: Crescimento pequeno – Crescimento grande					
SG	(0,0235)	0,3333	BG	(0,5165)	0,3333
SN	(0,0285)	0,3333	BN	(0,3110)	0,3333
SV	(0,0206)	0,3333	BV	(0,0999)	0,3333

Fator 3: Valor - Crescimento					
SV	(0,0206)	0,5000	sg	(0,0235)	0,5000
BV	(0,0999)	0,5000	bg	(0,5165)	0,5000

Figura 8-6   Composição percentual dos fatores de Fama/French. Porcentagem do valor de mercado em parênteses.

Logo, há equilíbrio de mercado em que os preços refletem plenamente informação disponível e alguns ativos têm alfas positivos ou negativos. Pode ser que os retornos de ações de valor e de ações de pequenas empresas sejam particularmente pobres em mercados muito pobres. Talvez empresas pequenas e oprimidas (com um retorno de -100%) em uma séria depressão do que empresas grandes e rentáveis. Em um mercado em que o núcleo do preço diminui com o retorno de mercado a uma taxa decrescente, os ativos com gráficos de retorno "sombrios" podem ter alfas positivos e aqueles com gráficos de retorno "sorridentes" alfas negativos. E se desempenhos de mercado desastrosos são mais prováveis no futuro do que foram nos registros históricos, os retornos passados médios são maiores do que os retornos esperados, levando a valores de alfa históricos maiores em magnitude do que devem ser esperados no futuro.

Há também a possibilidade de que os retornos de ações de pequenas empresas e de valor sejam mais correlacionados com o capital humano do que as são ações de crescimento. A possibilidade, apesar de remota, de que demissões de empregados em massa coincidam com a falência de muitas empresas pequenas e com baixos valores de mercado pode levar os investidores a exigir retornos esperados maiores das ações dessas empresas do que seria indicado pelos seus valores de beta relativos a uma carteira de ações negociáveis.

É ainda possível que os registros históricos de aparente desempenho superior de títulos representando uma pequena parte do mercado de ações reflitam ineficiência do mercado. Se isto ocorre, este desempenho pode persistir, visto que os custos de transação podem impedir a tentativa de explorá-lo. Mas, a superioridade de retornos de ações de empresas pequenas diminuem, substancialmente, após 1980 seguindo-se atenção ao fenômeno. Mais recentemente, a superioridade das ações de valor tem sido amplamente divulgada. Se isso verdadeiramente reflete ineficiências de mercado, alguma diminuição futura pode ser antecipada. Métodos para vencer o mercado freqüentemente carregam a semente da sua própria destruição. Alguns têm argumentado que o desempenho dos fatores de Fama/French mostram que os mercados de títulos são ineficazes e que isso significa a "morte do beta". Os registros empíricos podem indicar que os mercados são mais complexos do que colocado pelo modelo CAPM básico. Mas parece improvável que retornos esperados não estejam relacionados aos riscos de errar em maus estados. Nesse sentido mais amplo, anunciar a morte do beta parecem ser prematuros.

8.7 Investindo e Especulando

Algumas das discussões acerca dos resultados de Fama/French dizem respeito à extensão a que a vox populi leva aos preços de ativos que refletem informações disponíveis sobre prospectos futuros. Conselheiros que acreditam que os preços refletem essas informações concentram-se em alinhar a carteira de um cliente às suas preferências e posições. Aqueles que pensam de forma contrária tentam explorar suas habilidades preditivas supostamente superiores. Os primeiros investem o dinheiro de seus clientes. Os últimos optam por investir e especular contra outros investidores.

Os investidores são claramente diferentes e escolhem carteiras distintas. Como sabemos, alguma diversidade na escolha de carteiras é observada em um mercado em que todos compartilham um único conjunto de previsões (em nossas palavras, "concordante"). Preferências e posições diferem; os investidores podem e devem separar em partes iguais os títulos disponíveis para acomodar essas diferenças. Investimentos permitem obter ganhos através das operações que podem melhorar a situação de todos (pelo menos *ex ante*).

Mas, mesmo um observador casual do comportamento financeiro deve admitir que muitas diferenças nas composições de carteiras e muitos negócios surgem de previsões diversas. Além do ato de investir, os mercados financeiros facilitam o ato de especular. Em um mercado em que todos têm acesso a toda informação disponível e a processa do mesmo modo, muita atividade corrente não ocorre.

As carteiras da maioria das pessoas refletem uma combinação de investimento e especulação. Algumas vezes isso é explícito: alguém pode investir em fundos indexados e especular usando fundos de *hedge* comprados/vendidos. Mais freqüentemente, o desdobramento é, pelo menos, parcialmente implícito, envolvendo investimento em fundos que incorporam riscos alheios ao mercado que não são planejados para compensar posições outros.

Conselheiros que acreditam que suas previsões são muito melhores do que aquelas refletidas nos preços de mercado podem especular com o dinheiro de seus clientes; aqueles com percepções mais modestas de suas habilidades podem mostrar mais reserva.

Se alguma versão da premissa de fundos indexados aplica-se para mercados de capitais vigentes, um conselheiro criterioso especula pouco ou quase nada. Mas se os mercados falham em refletir as probabilidades correntes por causa de vieses significativos na mesma direção por parte da maioria dos investidores, pode fazer sentido, para pelo menos uma minoria de investidores bem informados, especular (com moderação) contra o mercado.

Em outro caso, uma pessoa não pode tomar decisões de investimento ou especulações conscientes sem uma noção dos determinantes dos preços dos ativos. Estando ausente um conceito do preço "correto" para um título, é impossível decidir se está subavaliado ou sobreavaliado. Alguma espécie de modelo de equilíbrio é um pré-requisito para o aconselhamento responsável de investimento.

8.8 Previsões Macro-Consistentes

Sejam quais forem as visões de um conselheiro acerca de equilíbrio em mercados financeiros, é imperativo formar um conjunto de previsões consistentes com uma visão de preferências e posições dos investidores, bem como dos preços correntes dos ativos. Essas previsões podem ser denominadas macro-consistentes.

A questão que deve ser colocada para um conselheiro que reivindica o repúdio à especulação e deseja somente investir o dinheiro de seus clientes é a seguinte:

Se você aconselhasse a todos, os mercados estariam mais claros?

Se a resposta para questão é sim, as previsões do conselheiro são macro-consistentes. Se a resposta é não, não são.

Um conselheiro que deseja especular contra o mercado escolhe um conjunto de previsões que não são macro-consistentes. Mas, para saber quais posições especulativas assumir requer-se a comparação das previsões do conselheiro com um conjunto que é macro-consistente. Antes de investir ou especular é crucial para um conselheiro construir um conjunto de previsões consistentes com uma visão de equilíbrio em que preços correntes dos ativos refletem as informações disponíveis acerca da incerteza futura.

É impossível construir um conjunto de previsões macro-consistentes sem levar em conta explicitamente os valores de mercado correntes de vários ativos. Se as ações de empresas européias tem um valor corrente igual a 20% do valor da carteira de mercado mundial, para ser consistente com o *clearing* do mercado (isto é, para a demanda igualar a oferta) a soma das carteiras que são recomendadas para todos os investidores internacionais devem ter 20% de seu valor alocado para as ações de empresas européias. Se o conselheiro recomenda 30% para ser investido em ações de empresas européias, estaria assumindo que as ações de empresas européias estão subavaliadas. Isso pode ser correto, garantindo a correspondente especulação em ações de empresas européias e contra outras classes de ativos. Mas é uma especulação todavia e, deve ser reconhecida como tal.

Claramente, alguém não pode saber se um conjunto de previsões (e, mais amplamente, um sistema para aconselhamentos dados) é macro-consistente sem conhecer os valores do ativo corrente. Surpreendentemente, muitos conselheiros de investimento falham em monitorar esses valores, não se incomodando em levá-los em conta quando fazem previsões. Esses conselheiros provavelmente especulam sem mesmo conhecer as magnitudes ou possivelmente as direções das especulações.

Uma coisa é solicitar os serviços de um conselheiro para produzir um conjunto de previsões consistentes com valores correntes dos ativos e um conjunto de preferências e posições do investidor. A outra é fazê-lo. Diferentes conselheiros podem adotar procedimentos distintos. Há um campo amplo para competição entre empresas financeiras que escolhem investir o dinheiro de seus clientes, mesmo que desdenhem a especulação. Para ilustrar uma possível abordagem, descrevemos um procedimento que utiliza informações sobre retornos históricos, preços correntes de ativos e condições de uma maneira consistente com as suposições de média/variância e com os resultados do modelo CAPM básico.

8.8.1 Otimização Reversa

O primeiro procedimento, conhecido como otimização reversa, está calculado no fato de que, reduzido a seus fundamentos, a otimização da carteira de média/variância resolve um problema da forma:

Covariâncias + Retornos Esperados + Preferências do Investidor → Carteira Ótima

As variáveis conhecidas estão no lado esquerdo da seta, enquanto que a variável a ser determinada está no lado direito.

Em um equilíbrio do tipo CAPM a carteira ótima do investidor representativo é a carteira de mercado. Dessa forma:

Covariâncias + Retornos Esperados + Preferências Representativas → Carteira de Mercado

Agora, admita que as covariâncias, as preferências do investidor representativo e a composição da carteira de mercado sejam conhecidas. Com um montante mínimo de informação adicional, podemos então inferir o conjunto de retornos esperados consistentes em equilíbrio. Esquematicamente:

Covariâncias + Preferências Representativas + Carteira de Mercado → Retornos Esperados

Com efeito, esse procedimento reverte o processo de otimização; conseqüentemente o nome atribuido.

Essa abordagem é descrita em Sharpe (1985). Um procedimento similar é parte de um método de alocação de ativos proposto por Black e Litterman (1992); o restante desse procedimento modifica os retornos esperados de equilíbrio para refletir as visões do conselheiro em relação às distorções de preços dos ativos.

Como verificado, as covariâncias históricas dos retornos, provavelmente, prevêem melhor as covariâncias futuras dos retornos do que os retornos médios prevêem os retornos futuros esperados. Aqueles que usam otimização reversa de média/variância tipicamente exploram essa relação, usando covariâncias históricas como estimativas de covariâncias futuras, inferindo então os retornos esperados dos ativos de uma combinação de preços correntes dos ativos: suposições acerca das preferências do investidor representativo e as condições de equilíbrio do modelo CAPM.

Dado um conjunto de covariâncias e os valores correntes relativos dos ativos na carteira de mercado, alguém pode calcular um conjunto de valores de beta dos ativos, usando as histórias e as previsões futuras implícitas nos preços de mercado correntes. Se os retornos esperados são linearmente relacionados a valores de beta (isto é, se a relação da SML se mantém), alguém necessita apenas marcar a localização na SML para computar os retornos esperados dos ativos implícitos. A taxa de juros livre de risco corrente fornece o intercepto vertical para a SML. A inclinação é usualmente determinada especificando um retorno esperado para a carteira de mercado – freqüentemente baseado na média do prêmio de risco de muitos países ao longo de um período extenso de tempo. O conjunto resultante de previsões, expresso em termos de covariâncias e retornos esperados, é macro-consistente se os investidores preenchem as condições do modelo CAPM básico com o investidor representativo escolhendo manter a carteira de mercado.

Com efeito, a otimização reversa computa o valor de beta para cada título, usando covariâncias históricas e os valores de mercado correntes dos ativos na carteira de mercado. Retornos excedentes esperados, proporcionais aos valores de beta dos títulos, são, então, adicionados à taxa de juros livre de risco corrente para produzir estimativas para os retornos esperados futuros. A premissa é que os valores de beta computados dessa maneira produzem melhores estimativas dos retornos esperados futuros do que os retornos médios históricos.

Para ilustrar esse caso, realizamos outro experimento, começando com um equilíbrio conhecido, usando, então, simulação de Monte Carlo para gerar um conjunto de resultados amostrais desenhados do conjunto de possíveis resultados de acordo com suas probabilidades correntes. Nosso exemplo usa os títulos, as probabilidades e os retornos esperados de equilíbrio do Caso 7. Como foi mostrado na Figura 4-28 nem todos os retornos esperados em equilíbrio acomodam-se sobre a SML, mas as divergências não são expressivas

Para cada caso simulado, geramos retornos para um período de tempo de 25 anos, aleatoriamente, escolhendo um estado para cada ano, usando as probabilidades de estado subjacentes. Calculamos, então, os riscos e as correlações históricas para os 25 retornos anuais, combinamos essa informação com os valores correntes de mercado dos ativos e calculamos valores de beta estimados. Calculamos também os retornos médios para os títulos ao longo dos 25 anos. Finalmente, calculamos dois coeficientes de correlação. O primeiro indica a correlação entre os retornos esperados projetados para o futuro e os retornos médios históricos, o segundo, a correlação entre os retornos esperados projetados para o futuro e os valores de beta calculados usando covariâncias históricas e valores de mercado correntes. Repetimos, então, esse procedimento, criando 1.000 replicações para 25 anos.

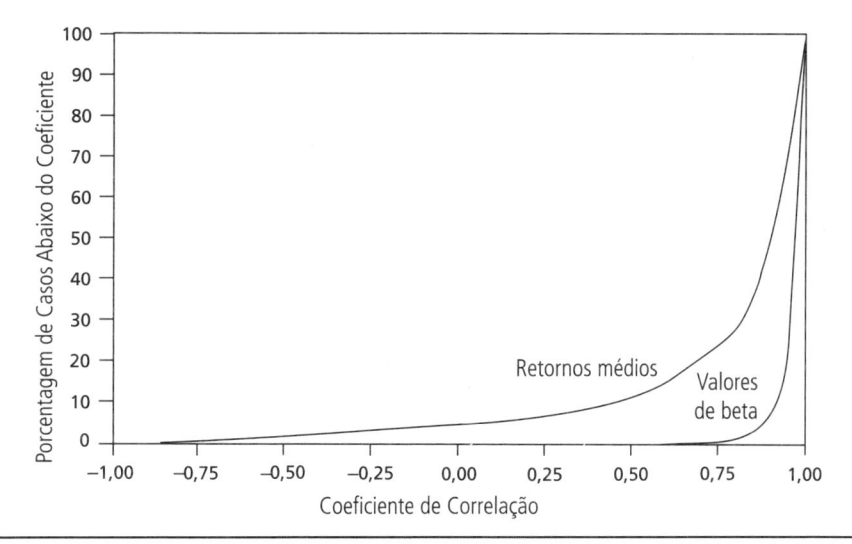

Figura 8-7 Correlações dos retornos esperados com os retornos médios e com os valores de beta usando covariâncias históricas e valores de mercado atuais.

A Figura 8-7 mostra os resultados. O eixo vertical contém as porcentagens das 1.000 replicação com coeficientes de correlação abaixo dos montantes mostrados no eixo horizontal. Por exemplo, em aproximadamente 5% dos casos os retornos médios históricos foram, efetivamente, correlacionados negativamente com retornos esperados futuros. Esse nunca foi o caso quando os valores de beta, usando co-variâncias históricas e preços de mercado correntes, foram utilizados. Em média, a correlação dos retornos esperados com os valores de beta calculados foi igual a 0,18 maior do que a correlação de retornos esperados com retornos médios históricos; além disso, os valores de beta proporcionam melhores previsões em mais de 81% dos casos.

Embora as condições do modelo CAPM não fossem plenamente atendidas em equilíbrio, usado para essas simulações, foi claramente melhor para fundamentar previsões de retornos esperados sobre covariâncias de ativo históricas e valores de mercado correntes do que sobre retornos médios históricos. Valores de mercado correntes contêm informações valiosas acerca das previsões dos investidores sobre o futuro. Torna-se insensato, inclusive, ignorar essas informações ao fazer previsões próprias para alguém.

8.8.2 Calibrando um Núcleo de Apreçamento

O procedimento de otimização reversa funciona bem se o mundo contém investidores que cuidam somente da média e da variância dos retornos da carteira. Um conselheiro pode, então, usar os retornos esperados resultantes e as covariâncias históricas com um procedimento padrão de otimização de média/variância para determinar a melhor carteira para um cliente, baseado em sua disposição em aceitar maiores variâncias da carteira a fim de obter maiores retornos esperados. Mas muito desse livro tem tratado de situações mais complexas. Como um conselheiro pode selecionar um conjunto de previsões macro-consistentes em um contexto mais geral?

Uma abordagem genérica envolve a calibragem de um modelo de equilíbrio para torná-lo consistente com valores relativos correntes dos ativos. Em alguns casos, isso pode ser obtido somente alterando retornos históricos dos títulos; em outros casos, mais deve ser feito. O procedimento de otimização reversa é um caso do primeiro tipo. Para tratá-lo, novamente, focamos na calibragem do núcleo de apreçamento. Assuma, por exemplo, que temos uma tabela de 25 retornos totais anuais para cada uma das várias classes de ativos, bem como os valores de mercado correntes desses ativos. A composição da carteira de mercado corrente é calculada dividindo cada valor de mercado de ativo pela soma dos valores dos ativos. Em seguida, um retorno do mercado (R_m) é computado para todos os anos, usando os retornos dos ativos naquele ano e a composição corrente da carteira de mercado. Ausente qualquer razão para presumir algo diferente, tratamos cada um desses resultados anuais (para os ativos e o mercado) bem como um estado da natureza e assumimos que cada estado é equiprovável.

A próxima etapa é alterar os retornos de mercado adicionando uma constante (d_m) (que pode ser negativa) de tal modo que o retorno total esperado do mercado iguala um valor pré-especificado (E_m). Para cada estado s calculamos um retorno total de mercado revisado (R'_{ms}):

$$R'_{ms} = R_{ms} + d_m$$

Em que a constante d_m satisfaz:

$$\bar{R}_m + d_m = E_m$$

O primeiro termo representa a média dos valores R_m.

Mostramos que em situação padrão de média/variância os preços dos ativos são consistentes com um núcleo de apreçamento, que é uma função linear do retorno total da carteira de mercado. Nesse caso:

$$p_s = a + bR'_{ms}$$

Em que b é negativo.

O núcleo de apreçamento deve satisfazer a duas condições. Primeiro, quando usado para apreçar os retornos da carteira de mercado, deve dar um resultado igual a um. Segundo, a soma dos preços de estado deve igualar a taxa de desconto corrente (o valor presente de um título sem risco pagando $1). Essas condições fornecem duas equações lineares a duas variáveis (a e b). Resolvendo esse sistema de equações, obtêm-se valores para a e b e dessa forma para todos os preços de estado.

Dado o núcleo de apreçamento resultante, é direto o ajuste dos retornos totais para cada um dos ativos a fim de obter macro-consistência. Para cada ativo, uma constante (d_i) (que pode ser positiva ou negativa) é escolhida para ser acrescentada ao retorno total em cada estado:

$$R'_{is} = R_{is} + d_i$$

A constante é selecionada de tal forma que quando o *núcleo* for usado para apreçar os retornos dos títulos o resultado é igual a um. Essas revisões proporcionam um conjunto de retornos totais de ativos consistentes com o núcleo de apreçamento linear e com os retornos de mercado revisados.

Esse procedimento produz os mesmos retornos esperados dos ativos e covariâncias, assim como aqueles obtidos com métodos padrão de otimização reversa. Isso é facilmente visto, notando que a adição de uma constante para os retornos de cada ativo não altera a matriz de covariância, desde que cada covariância meça o valor médio ponderado pelas probabilidades do produto dos desvios dos retornos em relação a seus valores esperados. Além disso, os mesmos valores relativos dos ativos na carteira de mercado são usados em cada abordagem, de tal modo que os valores de beta dos ativos são também os mesmos. Ademais, quando o núcleo de apreçamento é uma função linear do retorno total de mercado, retornos esperados são linearmente relacionados com os valores de beta. Esse também é o caso para o procedimento de otimização reversa. Finalmente, desde que a taxa de juros livre de risco e o retorno esperado especificado do mercado sejam os mesmos em cada caso, os retornos esperados dos ativos são idênticos.

De forma distinta da otimização reversa, essa abordagem fornece retornos detalhados em diferentes estados tornando possível encontrar carteiras ótimas que maximizem a utilidade esperada para os investidores que não têm preferências de média/variância e/ou que desejam considerar outras posições. Entretanto, isso pode estar em desacordo com a suposição subjacente de que os preços dos ativos de equilíbrio são consistentes com um núcleo de apreçamento linear.

Infelizmente, pode não ser uma simples questão de se alterar retornos históricos de tal modo que se conformem com um tipo especificado de núcleo de apreçamento, que é uma função não linear do retorno de mercado. Mas há amplo espaço para que conselheiros experimentem e desenvolvam abordagens sofisticadas. Seja qual for o procedimento utilizado, um ingrediente chave deve ser o uso explícito de valores correntes de mercado correntes.

8.9 Alocação de Ativos e Conselhos para Investimento

Muitos daqueles que gerenciam grandes fundos de pensão de recursos, ou aqueles que prestam consultoria a esses fundos abordam a seleção de carteiras por parte. Primeiro, o universo de investimentos é dividido em um número relativamente pequeno de classes de ativos. Seqüencialmente, uma alocação ótima de fundos entre aqueles ativos é determinada. Os gestores são, então, contratados a fim de levantar fundos, sendo que cada um mantém os títulos ou os associam a outras classes de ativos. Alguns destes fundos são passivos: tentam seguir o desempenho de um indicador de mercado. Outros são ativos: pretendem exceder o desempenho de um determinado índice de mercado. A meta é ter a soma dos estilos dos fundos gerenciados (*benchmarks*), o que corresponde a uma alocação de ativos ótima predeterminada.

Procedimentos similares são usados por vários daqueles que proporcionam conselho de investimentos aos indivíduos ou para aqueles que geram a carteira de um indivíduo. Uma alocação ótima de ativos ou "modelo de carteira" é determinada, então, os fundos mútuos ou veículos similares são utilizados para implementar essa alocação. Primeiro, vem a divisão da torta dos investidores, então, há o preenchimento dos pedaços com os investimentos (escolha dos fundos).

8.9.1 Políticas de alocação de ativos

Os investidores institucionais ocupam-se de estudos de alocação de ativos ou, se as obrigações são levadas em conta, dos estudos do tipo alocação ativo/passivo. Esses estudos, normalmente, envolvem membros de um conselho de investimentos, que seleciona uma política-meta (alocação de ativos) estabelecendo intervalo de confiança aceitável em relação aos valores objetivos. Entre os estudos, os membros do *staff* são responsáveis por assegurar que a alocação dos atuais fundos se enquadrem em intervalos já especificados. Desde que tais estudos consomem tempo e são caros, não são executados freqüentemente. Tipicamente, em intervalos de um a três anos. Aqueles que trabalham com indivíduos, revisam as alocações de ativos de forma mais freqüente – pelos menos anualmente e, às vezes, trimestralmente e também mensalmente. Em alguns casos, a carteira é modificada a fim de que haja conformidade com a mais recente alocação de ativos. Em outros, as mudanças são realizadas somente se a divergência entre as alocações ótimas e atuais excederem um limite predeterminado.

Enquanto é simples sua execução, tais procedimentos particionados são provavelmente inferiores a uma abordagem mais integrada. Em uma típica abordagem de dois passos, a alocação de ativos preferida é selecionada pela hipótese de que todos os ativos são investidos em fundos indexados com menor custo e em fundos passivos. Mas, os veículos de investimentos atuais são caros, arriscados e complexos, de acordo com aquela classe de ativos. O resultado promove prováveis carteiras selecionadas e classes de ativos inferiores.

Através de uma abordagem mais racional em que se utiliza apenas um estágio, trabalha-se diretamente com os veículos de investimento atuais, com todas as suas características atrativas e não-atrativas. Isso não implica que as classes de ativos não devam ser a regra do jogo. É completamente o oposto. Como verificamos mais tarde, as classes de ativos podem servir muito bem como fatores de risco. Se os retornos esperados são ou não diferentes daqueles implicados por seus valores de beta, há uma dependência da visão a respeito do equilíbrio de mercado. Mas, abordando-se o problema em dois estágios podemos nos deparar com resultados inferiores.

8.9.2 Alocação de Ativos e Estratégias de Combinação Constantes

Muitos conselheiros continuam a trabalhar com políticas de alocação de ativos. Um número de fundos de investimentos projetados para servir como soluções completas seguem uma abordagem similar. Fundos mútuos equilibrados freqüentemente explicitam suas metas de alocação. Fundos com ciclos de vida especificam as metas de alocação que variaram muito gradualmente em muitos anos, mas as alocações não possuem a intenção de responder aos movimentos do mercado.

Entretanto, as metas de alocação de ativos são quase sempre expressadas em termos de porcentagens do valor da carteira total. Assim, uma combinação recomendada pode conter cerca de 60% do valor da carteira de mercado e 40% em títulos de renda fixa.

Em muitos casos, as políticas de alocação de ativos são escolhidas sem a consideração das características do equilíbrio. Muitos conselheiros falham ao levar em conta os valores do mercado, quando as previsões são realizadas a fim de escolherem as políticas de alocação de ativos. Outra manifestação desta falha é admitir que o mercado em equilíbrio se origina quando os valores dos ativos sofrem variação. Desde que a metas de alocações de ativos sejam expressadas em valores, uma carteira deve ser reequilibrada a fim de evitar o intercepto proveniente da alocação ótima. Por exemplo, assumindo-se que uma carteira comece com uma política de alocação de 60% em ações e 40% em títulos de renda fixa. Subseqüentemente, as ações passam a representar um valor de 55% do valor investido e os títulos representam 45% do valor total investido. Há uma conformidade com as políticas de alocação, as ações devem ser compradas e os títulos vendidos. A partir dos termos discutidos no Capítulo 7, esta é uma estratégia contrária, pois houve a compra de perdedores (relativos) e a venda de vencedores (relativos). Todo investidor com uma política predeterminada deve ser composta dessa forma. Mas, é claro que ninguém pode comprar perdedores relativos e vender vencedores relativos. Dessa forma, os que praticam essa estratégia devem negociar com os que praticam a estratégia por momento.

Em relação a um investidor que modifica, novamente, suas posições a fim de que haja conformidade com a política declarada em termos de porcentagens do valor total, afirma-se que existe uma estratégia de combinação constante. Conforme o Capítulo 7, esta é uma estratégia dinâmica que proporciona uma versão nebulosa de um gráfico de retornos. Mas, este é o caminho mais ineficiente a fim de que se obtenha a função de rendimentos. Considerando-se toda a extensão, as estratégias de combinação constante envolvem especulações com outros investidores. Se os ativos relacionados aos vencedores relativos tendem a se tornar perdedores relativos e os perdedores relativos tendem a se tornar os vencedores relativos, os investidores com estratégias de combinação constante lucram em relação aos demais investidores. Se os ativos relacionados aos vencedores relativos tendem a continuar vencendo e os perdedores relativos tendem a continuar perdendo, os investidores com estratégias de combinação constante proporcionam lucros para outros investidores. Mesmo que uma política de combinação constante seja consistente de forma abrangente, esta perde tal propriedade desde que os preços dos ativos variem de forma significativa.

Certo ou errado, os investidores com estratégias de combinação constante especulam contra o mercado. Uma estratégia verdadeiramente passiva é útil desde que os mercados não possam seguir uma política constante em termos dos valores dos ativos investidos. Aqueles que evitam especulações devem, periodicamente, usar os valores atuais do mercado a fim de se formar novas previsões consistentes, então pode-se determinar uma atualização para a posição dos ativos. A implementação dessa abordagem tende a requerer poucos títulos a serem comprados e vendidos, resultando em uma carteira mais eficiente com custos de transação menores.

8.10 Outros Aspectos do Equilíbrio

Este livro foca as propriedades do equilíbrio em mercados financeiros. Enquanto exploramos muitos aspectos do equilíbrio, outras características podem ser consideradas (mas, em outros lugares e outros momentos).

A omissão evidente no texto é negligenciar modelos com mais de um período. Enquanto nossa estrutura aplica os termos longo, médio e curto prazos, essas análises não podem levar em conta as interações existentes entre os períodos. Sugere-se a utilização de diferentes taxas de descontos entre os estados, podendo aproximar oportunidades diferenciadas de investimentos subseqüentes, mas isso está longe de ser um modelo multiperiódico.

Isso não é uma tarefa fácil. Há vários modelos que tratam com comportamentos dos retornos ao longo de períodos seqüenciados, mas são geralmente representados por resultados assumidos no processo de equilíbrio e não pelos determinantes dos preços dos ativos e retornos do processo. Deve ser possível criar um programa de simulação com múltiplas datas e estados que seguem condicionalmente dos estados *a priori*. Mas, um modelo multiperiódico realista necessita a inclusão de oportunidades de produção. Os casos que envolvem mercados insuficientemente completos podem ser difíceis, requerendo muitas decisões complexas por parte dos investidores individuais. Nenhum dos casos aqui tratados leva em conta os custos associados com transações, criação de títulos, conselho de investimentos, taxas administrativas de fundos ou outros serviços proporcionados pelo setor financeiro. Isso não é fácil. Como indicado, há vários caminhos para os investidores obterem uma determinada alocação de contingências em estados futuros, podendo representar vários títulos alternativos com diferentes custos ou predeterminar a estrutura mais barata incluindo somente os títulos associados e os procedimentos de negociação.

Finalmente, deixamos de lado duas importantes questões associadas a alguns contratos financeiros: a seleção adversa e o risco moral.

A seleção adversa origina-se quando um indivíduo que deseja realizar transações financeiras possui informação relevante que não esteja disponível aos demais participantes. O caso clássico é encontrado no mercado de seguros. Se uma companhia seguradora anuncia um prêmio pela cobertura do seguro de vida e convida pessoas a comprarem apólices, espera-se que haja um grande número de pessoas em péssimo estado de saúde. Isso pode ser mitigado pela requisição de exames médicos, mas o processo é imperfeito.

Se há assimetria informacional entre as duas partes que desejam realizar o contrato, há o perigo de que os interesses de ambas as partes não sejam atendidos. Há também o perigo oposto – um acordo é realizado por aquela parte que recusa a outra parte – uma situação não conhecida no mercado de fundos de *hedge*. O risco moral origina-se quando o comportamento de um indivíduo sofre variação por algum relacionamento contratual. O caso clássico provém do mercado segurador. Um motorista com carteira de motorista pode ser mais irresponsável do que aquele que não a possua. Isto pode ser um importante aspecto para outras transações financeiras.

Vamos admitir um caso simples em que haja 5 pessoas. Se a economia está ruim, uma (mas somente uma delas) está desempregada sem uma renda salarial. Há, assim, 5 estados ruins, aquele em que a primeira pessoa está desempregada, aquele em que a segunda pessoa está desempregada e assim por diante. Em uma abordagem de mercado completo, os cinco investidores especulam contra o risco de desemprego a fim de que cada um deles tenha a mesma renda nos estados ruins. As condições de equilíbrio são familiares. O MRRT continua válido, e o prêmio pelo risco de mercado reflete o fato de que mesmo em um estado ruim, a economia não sofre um declínio desastroso.

Mas, quem concorda em pagar para Mario uma soma substancial de dinheiro se ele estiver desempregado? Nem Hue, ou Daniel, ou Arthur, ou Patrícia. Mario está coberto por um seguro de desemprego. Mario pode decidir a diminuição suficiente caso esteja empregado, não importando o estado da economia. Na prática, o seguro desemprego é geralmente proporcionado pelo governo cobrindo somente uma fatia de suas perdas salariais. Os mercados que não são suficientemente completos, nos estados ruins da economia, carregam mais risco do que o indicado pelo consumo agregado. Como resultado, o prêmio pelo risco de mercado pode ser bem maior do que um mercado com risco moral.

Enquanto se torna bem difícil incluir alguns destes aspectos dos mercados financeiros em um modelo de equilíbrio integrado ou em um programa de simulação, isso não diminui a capacidade de influenciar os preços dos ativos – um cuidado que deve ser destacado, quando fazemos afirmações em mercado.

8.11 Conselho para investimentos individuais

É tempo de concluir este capítulo. Baseamos a conclusão em quatro pilares dos conselhos de investimentos individuais. Estes são:

Diversificar
Economizar
Personalizar
Contextualizar

8.11.1 Diversificar

Mostramos que em muitas das abordagens o retorno esperado é associado com o risco de mercado. Isso implica que muitos investidores devem tomar risco específico somente se este conseguir ajudar na diminuição do risco das posições vendidas no mercado de capitais ou satisfazer as preferências que estejam em estados dependentes. Enquanto poucos investidores são aconselhados a investir unicamente na carteira de mercado, a diversificação extensiva é ainda altamente desejável. Para muitos investidores, um elevado nível de diversificação com baixo custo dos fundos indexados pode ser adequado.

8.11.2 Economizar

Neste livro, ignoramos os custos de transação, as taxas administrativas, entre outros encargos. Mas, no mercado financeiro isso não ocorre. Alguns gestores de fundos mútuos cobram taxas administrativas baixas (10 centavos por ano para cada $100 investido) e incorrem em poucos custos de transação devido à baixa rotatividade. Outros cobram altas taxas administrativas (bem acima de $1 por ano para cada $100 investido) e altos custos de transação devido à rápida rotatividade de suas posições. Alguns custos de transação elevados podem ser justificados se os gestores são especuladores superiores. Mas, o mercado financeiro é competitivo, e somente uma minoria de investidores e gestores pode especular. Na ausência de argumentos contrários, um investidor e um conselheiro economizam custos de transação desnecessárias.

8.11.3 Personalizar

Os investidores diferem em muitas formas. Alguns revelam preferências consistentes com o foco na média e na variância da carteira, mas muitos não o fazem. Muitos indivíduos tem posições vendidas nos mercados financeiros que devem ser levadas em conta quando selecionamos carteiras. Os preços dos ativos refletem uma diversidade das preferências dos investidores e posições bem como uma diversidade de previsões por parte dos indivíduos, gestores e conselheiros. Bons conselhos de investimentos pessoais levam em conta as preferências e circunstâncias dos indivíduos.

8.11.4 Contextualizar

Os preços dos ativos não são um conjunto determinado no vácuo. Como verificamos, resultam das interações de muitos investidores e profissionais de investimentos que proporcionam pagamentos que geralmente diferem em diferentes estados da natureza. A maioria dos investidores assume que suas escolhas não afetam significativamente os preços. Mas, é impossível escolher uma carteira apropriada sem uma visão coerente dos determinantes dos preços dos ativos. Como afirmamos, os conselhos de investimento requerem um bom conhecimento dos conceitos da natureza do equilíbrio dos mercados financeiros. Se a meta é apenas investir sem especular, isso é adequado. Se especulações são realizadas, outras relações ocorrem, mas o modelo de equilíbrio continua um ingrediente chave. Todo conselheiro deve ser capaz de justificar as diferenças entre as posições recomendadas para um particular indivíduo e as proporções dos ativos na carteira de mercado. Uma escolha de carteira deve ser feita no contexto da determinação dos preços dos ativos.

Afirmamos ao longo deste livro que os preços dos ativos e a seleção de carteiras não são dois assuntos separados, mas um só. O cientista social que deseja estudar os mercados financeiros deve estudar ambos os processos. Se este livro conseguir ajudar aqueles com interesses normativos e positivos, nossa meta foi alcançada.

REFERÊNCIAS

Arrow, Kenneth J. 1951. "An Extension of the Basic Theorems of Classical Welfare Economics." In *Proceedings of the 2nd Berkeley Symposium* on *Mathematical Statistics and Probability*, edited by J. Neyman. Berkeley: University of Califomia Press.

———.1953. "Le Rôle de valeurs boursieres pour la répartition le meillure des risques." *Econométrie, Colloques Intemationaux du Centre National de la Rechereche Scientifique* 11:41–47.

Black, Fischer, and Robert Litterman. 1992. "Global Portfolio Optimization." *Financial Analysts Journal*, September-October, 28–43.

Citigroup. 2004a. *TIERS Principal-Protected Minimum Return Asset Backed Certificates Trust Series Russell 2004-1*.

———. 2004b. *Principal Protected Equity Linked Minimum Return Trust Certificares*.

Cochrane, John H. 2001. *Asset Pricing*. Princeton: Princeton University Press.

Constantinides, G., J. Donaldson, and R. Mehra. 2002. "Junior Can't Borrow: New Perspective on the Equity Premium." *Quarterly Journal of Economics* 117(1):269-96.

Debreu, Gerard. 1951. "The Coefficient of Resource Utilization." *Econometrica* 19(3): 273-292.

Dimson, Elroy, Paul Marsh, and Mike Staunton. 2002. *Triumph of the Optimists: 101 Years of Global Investment Returns*. Princeton: Princeton University Press.

Fama, Eugene, and Kenneth R. French. 1992. "The Cross-Section of Expected Stock Returns." *Journal of Finance* 47(2):427-6S.

French, Kenneth R. 200S. Data Library. http://mba.tuck.dartmouth.edu/pages/faculty/ken.french/data_Iibrary.html.

Galton, Francis. 1907. "Vox Populi." *Nature*, March 7, 450–51.

Goldstein, Daniel G., Eric J. Johnson, and William E Sharpe. 2005. "Measuring Consumer Risk-Return Tradeoffs." October 3, 200S. http://ssrn.com/abstract=81906S.

Hakansson, Nils. 1976. "The Purchasing Power Fund: A New Kind of FinanciaI Intermediary." *Financial Analysts Journal*, November/December, 49-59.

Kahneman, D., and A. Tversky. 1979. "Prospect Theory: An Analysis of Decision Under Risk." *Econometrica* 47:263-91.

Lintner, John. 1965. "The Valuation of Risky Assets and the Selection of Risky Investment in Stock Portfolios and Capital Budgets." *Review of Economics and Statistics* 47:13-37.

Markowitz, Harry. 1952. "Portfolio Selection." *Journal of* Finance 7:77-99.

Mossin, Jan. 1966. "Equilibrium in a Capital Asset Market." *Econometrica* 34:768-83.

Ross, Stephen A. 1976. "The Arbitrage Theory of Capital Asset Pricing." *Journal of Economic Theory* 13(3):341-60.

———. 1977. "Return, Risk, and Arbitrage." In *Risk and Return in Finance*, edited by I. Friendand and J. Bicksler, pp. 189-218. Cambridge: Ballinger.

———. 2005. *Neoclassical Finance*. Princeton: Princeton University Press.

Rubinstein, Mark. 1976. "The Valuation of Uncertain Income Streams and the Pricing of Options." *Bell Journal of Economics and Management Science* 7(2):407-25.

———. 1990. "The Supertrust" (with historical note, 2000). www.in-the-money.com/artandpap/SuperTrust.doc.

———. 2006. *A History of the Theory of Investments: My Annotated Bibliography*. New York: John Wiley & Sons.

Sharpe, William F. 1964. "Capital Asset Prices: A Theory of Market Equilibrium under Conditions of Risk." *Journal of Finance* 19:425-42.

———. 1970. *Portfolio Theory and Capital Markets*. New York: McGraw-Hill.

———. 1978. *Investments*. Upper Saddle River, N.J.: Prentice-Hall.

———. 1985. *AAT: Asset Allocation Tools*. Redwood City, Calif: The Scientific Press.

———. 1987. "An Algorithm for Portfolio Improvement." In *Advances in Mathematical Programming and Financial Planning*, edited by K. D. Lawrence, J. B. Guerard, Jr., and G. D. Reeves, pp. 155-70. Greenwich, Conn.: JAI Press.

———. 1991. "The Arithmetic of Active Management." *Financial Analysts Journal*, January-February, 7-9.

———. 1992. "Asset Allocation: Manager Style and Portfolio Measurement." *Journal of Portfolio Management* 18(2):7-19.

———. 2001. "Individual Risk and Return Preferences: A Preliminary Survey." September 2001. www.stanford.edu/~wfsharpe/art/rrsurvey/vienna2001.htm.

Sharpe, William F., Gordon J. Alexander, and Jeffery V. Bailey. 1999. *Investments*, 6th edition. Upper Saddle River, N.J.: Prentice-Hall.

Sharpe, William S., Daniel G. Goldstein, and Philip W. Blythe. 2000. "The Distribution Builder: A Tool for Inferring Investor Preferences." October 2000. www.wsharpe.com/art/qpaper/qpaper.html.

Stevens, Stanley S. 1957. "On the Psychophysical Law." *Psychological Review* 64(3):53-81.

Surowiecke, James. 2004. *The Wisdom of Crowds: Why the Many Are Smarter Than the Few and How Collective Wisdom Shapes Business, Economics, Societies and Nations*. New York: Doubleday.

Treynor, J. L. 1999. "Toward a Theory of Market Value of Risky Assets." *In Asset Pricing and Portfolio Performance*, edited by Robert A. Korajczyk, pp. 15-22. London: Risk Books.

Tversky, A., and D. Kahneman. 1992. "Advances in Prospect Theory: Cumulative Representation of Uncertainty." *Journal of Risk and Uncertainty* 5:297-323.

United States Census Bureau. 2005. http://www.census.gov/ipc/www/idbpyr.html. Wikipedia, the free encyclopedia. www.wikipedia.org.

Impressão e acabamento:

Orgrafic
Gráfica e Editora
tel.: 25226368